BORDER CROSSINGS

BORDER CROSSINGS

A Trilingual Anthology of Caribbean Women Writers

Edited by

NICOLE ROBERTS

and

ELIZABETH WALCOTT-HACKSHAW

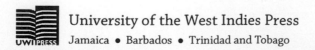

University of the West Indies Press

Jamaica • Barbados • Trinidad and Tobago

University of the West Indies Press
7A Gibraltar Hall Road   Mona
Kingston 7   Jamaica
www.uwipress.com

A catalogue record of this book is available
from the National Library of Jamaica.

ISBN: 978-976-640-251-8

Cover illustration: Abstract Head with Tree, © Spots Illustration, veer.com

Book and cover design by Robert Harris.

Set in ChaparralPro 10.5/14.5 x 27

Printed in the United States of America.

The stories in this anthology were originally published as follows and appear
with permission:

Yanick Lahens, "Les Survivants", in *Tante Résia et les Dieux, nouvelles d'Haiti*
(six nouvelles) (Paris: L'Harmattan, 1994), 29–59.

Carmen Lugo Filippi, "Entre condicionales e indicativos", in *Vírgenes y
Mártires (Cuentos)*, quinta edición (Río Piedras, Puerto Rico: Editorial
Antillana, 1981), 57–69.

Shani Mootoo, "The Upside-downness of the World as it Unfolds", in *Out on
Main Street and Other Stories* (Vancouver: Press Gang, 1993), 106–22.

Gisèle Pineau, "Amélie et les Anolis", in *Nouvelles des Amériques*, dir. Maryse
Condé et Lise Gauvin (Montréal: L'Hexagone, 1998), 25–40.

Olive Senior, "Bright Thursdays", in *Summer Lightning and Others Stories*
(London: Longman, 1986), 36–53.

Mirta Yáñez, "Kid Bururú y los caníbales", in *Cuento Cubano del siglo XX*, Jorge
Fornet and Carlos Espinosa Domínguez; selección y notas (México City:
Fondo de Cultura Económica, 2002), 237–44.

CONTENTS ꧄

Contents

BORDER CROSSINGS

An Introduction

When we started this trilingual anthology we could not have imagined the length of time it would have taken us to realize this project, nor could we have foreseen the many ways in which the writers of the region would remind us that literature has no geographical border and can so easily relocate and migrate into our literary imagination. The only real difficulty facing such crossings are the ever-present language barriers that have for too long limited the ways in which the Caribbean is read, perceived and interpreted. As teachers of both francophone Caribbean and Hispanic literatures we recognized these limitations, particularly when trying to teach across linguistic borders. With an ever-increasing desire to reflect cultural distinctions as well as cultural convergences, we knew that the greatest cultural barrier that we faced as a region was our inability to "speak" to each other, and yet our writers were continually engaging in a dialogue through their creative works. Our goal was to reflect these border crossings in the literature. Initially we saw our primary public as university students, both regional and international who had a definite interest in Caribbean women writers. However, we soon realized that such collections could and should extend beyond university classrooms to attract an audience that would want to engage not only with the different writers in their original language but also with the possibilities of comparative readings that the translations would allow.

Having both grown up in an anglophone country, we were well aware of the challenges faced by those who wish to explore the multilingual literature of the region. Students of Caribbean Literature are seldom exposed to the literature and language of the non English-speaking territories in the region. In many ways, this limits the possibilities of their analytical lens. The term Caribbean literature defines a corpus that reflects the multilingual nature of the region. Within the last decade there have been valuable contributions to the corpus; we must take time to mention here one of the most notable, *The Oxford Book of Caribbean Short Stories* (1999).[1] This collection has given anglophone speakers access to other Caribbean writers from the French-, Spanish- and Dutch-speaking Caribbean. All of the short stories (fifty-two) are presented in English translation. The Oxford collection has contributed in no small way to the crossing of literary borders. However, what is distinctive about *Border Crossings: A Trilingual Anthology of Caribbean Women Writers* is its trilingual nature; all of the stories appear in English, French and Spanish. To date, no anthology of short stories from the Caribbean region has accomplished this.

As French and Spanish lecturers in an English-speaking university, we had to consider our audience. One aim was also to provide students of francophone and Hispanic literatures with the opportunity to study texts in the original language and at the same time to be exposed to the work of other writers from the Caribbean. Bilingual and trilingual readers would also be provided with a unique opportunity to be able to read all three languages in a single anthology.

The first part of this project was a database that spanned the period 1960s to the present, and focused on the three language areas. At this point we discovered that there were in fact numerous women writing in several countries with various thematic concerns. The database includes titles from Martinique, Guadeloupe, Cuba, Puerto Rico, the Dominican Republic, Antigua, Jamaica and Trinidad. Having completed the database,[2] we began a careful process of selection governed by the overriding and haunting question of representation. This was not an easy task, considering the wealth of literature from the three language areas. We looked at location in terms of the writer's identification with a particular country or countries. We identify Olive Senior as a Jamaican writer; her short story "Bright Thursdays" is also set in Jamaica.

We chose Shani Mootoo's story because of its multiple locations, set in both Trinidad and Canada. Mootoo herself was born in Ireland, raised in Trinidad and moved to Canada at nineteen; "The Upside-downness of the World as It Unfolds" reflects Mootoo's own multicultural narrative. We saw in these two stories rich possibilities for comparative analysis on the questions of identity, identification and cultural location. A similar question of location is a preoccupation in Gisèle Pineau's "Amélie et les anolis", which examines the notion of a return to the island home of Guadeloupe from the metropole. Our method of selection was based on the desire to reveal among the chosen writers these emerging patterns of convergence and divergence.

The short story as an art form is not easily mastered primarily due to the density and economy of style required. We considered the range of literary aesthetics that would govern the selection of any short fiction. The writers chosen are born within the decades of the 1940s and 1950s. Chronological age was not a major consideration, since a writer's artistry develops at different stages, yet we did consider that chronological age and personal experience both within the Caribbean itself and in the Caribbean diaspora could enhance comparative readings. Among the stories chosen, there are various thematic areas of concern as are explained next.

Olive Senior's "Bright Thursdays" explores the theme of alienation and is a commentary on the subtle fears linked to race and colour preoccupations in Jamaican society. This story, like much of her writing, explores issues of Caribbean identity in terms of gender and ethnicity. Senior has said: "I've had to deal with race because of who I am and how I look. In that process, I've had to determine who I am. I do not think you can be all things to all people. As part of that process, I decided I was a Jamaican. I represent many different races and I'm not rejecting any of them to please anybody. I'm just who I am and you have to accept me or not."[3]

The simplicity of the plot of "Bright Thursdays" belies a much greater message on Jamaican norms and values. The child protagonist (Laura) is moved from her home with her black mother to the house of her grandparents in search of the financial security afforded by her wealthier, brown-skinned paternal grandparents. Through the move, she must also confront the notion of social mobility, which her heritage (the absent father) provides. This relocation, poverty-stricken, lower class to upper middle class, results in an internalization of a sense of exile in the child. At times humorous, Senior's style of writing is also very descriptive and contradictory. Her depiction of Jamaican community life in this story is apt. We see the poverty of Laura's existence in the village, yet we also see an affirmation of the value of the rural, small-town experience in Jamaican life. It is in this smallness of space that we clearly discern Laura's limitations: her blackness, her simplicity and most importantly, her mother's and her own heritage of poverty. On the other hand, we also see the luxurious rural home of the grandparents, the crassness of their power and material wealth and the surety of their self-image.

Senior's use of language is also a useful topic for critical review. In the story she uses some Jamaican Creole, together with her aptitude for storytelling and the naming devices encountered in the story; these all make for a uniquely powerful narrative. The story manages to perfectly reflect pertinent issues of race and hierarchy as well as class stratification in Jamaican society.

Finally, although the protagonist is a child and the narrator omniscient, this in no way diminishes the representation of the female perspective in the story. In terms of the title, there is nothing "bright" about this story with its theme of alienation and displacement. Perhaps the protagonist's search for personal identity, in the form of her absent father and her subsequent discovery of a rich cultural identity marked by the society's level of racial discrimination and the ironic twist of colonial victimization, seen in the continued absence of the father, is the key to understanding the story "Bright Thursdays".

Shani Mootoo's "The Upside-downness of the World as It Unfolds", could easily be characterized as an exploration in cultural transformations and reconfigurations. The work focuses on the necessity for continuous revision when trying to locate the protagonist's identities both inside and outside of the Caribbean. The diasporic experience in particular lends itself to interrogations of cultural borders, both real and imaginary. There is no doubt that the work is meant to destabilize fixed constructs of identification within a specific cultural location and that this in turn forces the reader to reconceptualize basic notions of belonging. Mootoo has written a short fiction that offers a comprehensive study in the problematics of definitions. She explores the promise of an identity without geographical or national borders and exposes at the same time the confines of classification.

Mootoo's narrator is continually forced to re-examine her cultural differences. Language, more than action, or perhaps language as action, is the medium often used by the characters to negotiate their cultural definitions. As we see from the first lines of the story, personal history is reconstructed through language, or more specifically through the use of a simple word, "okay". The powerful memory of that word marks her use of the English language even as an adult. It also characterizes the continual negotiations that she has to face throughout her life in her attempt to erase traditional borders of cultural, gender and national demarcations. This short story successfully interrogates the notion of crossing these borders.

"Amélie et les anolis" by Gisèle Pineau looks at cultural displacement, through the prism of exile and return. Many of Pineau's narratives have been set in Paris, and this metropolitan location is often used to explore the effects of exile from the island home of Guadeloupe. Pineau's construction of exile in her works is dynamic as well as organic; the effect of the exile varies from character to character and the definition of exile itself develops as changes occur within the characters themselves. The feeling of being culturally displaced is a result of both internal and external factors; the characters are often forced to negotiate the practical aspects of metropolitan life and the prejudices of certain metropolitans towards those who have come from the islands. Also, this geographical and cultural relocation often results in an internal exile where the characters experience both a sense of alienation from the new culture and are estranged from their own.

Another central theme in Pineau's story is the notion of a return to the native land. Amélie and Fortuné have spent forty years in France, during which Amélie has tried to ensure that they save every last cent earned to build their retirement home in Guadeloupe. Paris has been the location of sacrifice and Guadeloupe that of the idealized return where they will construct a dream home. In fact, Amélie has only managed to survive her time in Paris by creating in her mind's eye an "imaginary construction site". But typical of Pineau, neither exile nor return is ever simple. Framed with the complicated nature of love and the concept of lost time, the story becomes a powerful interrogation into these haunting questions of continual displacement.

Yanick Lahens's "Les Survivants", set in Haiti in the late 1960s, draws on the ever-present violent political situation on the island. This story, like the country of Haiti itself when placed among other Caribbean territories, at first appears quite different to the other stories in the collection, notably for its focus on political repression. Lahens, like many other Haitian writers, places the island's politics and history in the foreground of her literary canvas. But like many of the other stories in the collection, "Les Survivants" underlines the common colonial legacy of class conflicts and the relationality of race in the Caribbean region that take place on personal and political levels.

The narrative focuses on a group of young men from mostly middle-class backgrounds who decide to plot against the ruling party. Unfortunately their heroic, idealistic and innocent aspirations lead to exile, death and madness. Lahens's treatment of violence and terror through the eyes of one of the members of the group is typical of the writer's style. The threat of terror is always present but seldom discussed in these middle-class homes. In fact, the narrator's family instructs him "to mind his own business". And a visit from a government official confirms their fear of being watched by the powerful in the society.

As with her other works set in Haiti, Lahens focuses to a great extent on the psychological trauma of living in such repressed and oppressive situations. She exposes the hypocrisy of the middle-class environment and the subtle yet divisive class and colour stratifications that still exist on the island. Ultimately she points to the loss of freedom in such a society where the political police regulate not only behaviour but also the minds of those who dare to dream of change.

"Entre condicionales y subjuntivos" by Carmen Lugo Filippi is perhaps one of the best examples of testimonial writing coming out of Puerto Rico. It is appropriately named because the story's major concern is the grey area of in-betweenness in the woman's search for place and selfhood. After it has become evident that her husband has betrayed her, by leaving her for another woman, the narrator accepts her social situation of solitude and loneliness. This acceptance and self-denial, she is told by church and state, is the duty of a woman.

In a world dominated by men and which focuses on the pleasure/s of men, Carmen Lugo Filippi examines the diverse problems of Puerto Rican society and presents them through the lens of this female narrator. The social reality serves only to support the author's heavy criticism of the unfair relations between men and women in Puerto Rican society as well as the docility of many women. The female narrator spends much time reflecting on her past life and the martyrdom that she accepted as her fate in life but, in the end, does not serve for much. In learning that she can say "no" to the demands society places on her as a woman in search of her own self-gratification, the realization may have come about as too little, too late.

The final story in the collection is "Kid Bururú y los caníbales" by Mirta Yáñez. It is a story of depth despite its brevity. It is a different coming of age story. The woman protagonist turns forty and remembers the past. However, it is not simply her past on which she reflects but also, with imaginative intensity, we revisit the experience of a Cuban past: the sights and sounds of the street, the Malecon, the number nineteen bus. The first person narrator spends much time reflecting on past experiences, such as an obviously too young marriage, her university life and career but perhaps, more importantly, all this is punctuated with the nostalgic memory of Kid Bururú, an aging boxer, who boards the bus at one stop but is thrown off the bus for misbehaving, despite the fact that he is provoked to this reaction. The sense of place and life experiences is tangible in this story but it is mixed in with feelings of nostalgia and solitude. Yáñez's descriptions mix the memory of Kid Bururú's past failed attempts at boxing and life with the bad habits of others and the solitude of the narrator. In this story, what Yáñez exposes is the protagonist's realization of the meaninglessness of existence.

In this trilingual anthology, all of the stories appear first in their original language, whether English, French or Spanish, and are followed by the translations to the other two languages. The order of the stories is thematic and not meant to privilege any one language over another.

Many stories in the collection do not offer the reader a comforting end. Instead, they suggest the possibilities and the complexities of depicting a Caribbean, not singular but plural, not closed but open-ended and decidedly one without borders.

NICOLE ROBERTS
ELIZABETH WALCOTT-HACKSHAW

NOTES

1. Stewart Brown and John Wickham, eds., *The Oxford Book of Caribbean Short Stories* (Oxford: Oxford University Press, 1999).
2. The database can be accessed online via the main portal of the University of the West Indies, at: http://www.mainlib.uwi.tt/womenwriters/womenwritersearch. htm.
3. "One-on-one with Olive Senior", part 3, *Jamaica Gleaner*, 7 November 2004, http://www.jamaica-gleaner.com/gleaner/20041107/arts/arts2.html.

CRUCES FRONTERIZOS ⌒

Introducción

Cuando empezamos esta antología trilingüe no alcanzamos a imaginarnos la cantidad de tiempo que nos tomaría llevar a cabo este proyecto; como tampoco previmos de qué forma los escritores de la región nos recordarían que la literatura no tiene fronteras geográficas y que puede trasladarse y migrar fácilmente dentro de nuestra imaginación literaria. La única dificultad que realmente enfrentan dichas migraciones está en las siempre presentes barreras lingüísticas que por mucho tiempo han limitado las formas en las que se lee, se percibe y se interpreta el Caribe. Como profesoras de literatura francófona e hispánica, reconocemos estas limitaciones, particularmente al intentar enseñar cruzando fronteras lingüísticas. Con el ánimo incesante de reflejar tanto las distinciones culturales como las divergencias culturales, sabíamos que la barrera cultural que enfrentábamos como región era nuestra incapacidad de "hablarnos" unos con otros; sin embargo, nuestros escritores han permanecido en un diálogo continuo por medio de su escritura creativa. Nuestra meta era reflejar esos cruces fronterizos en la literatura. Inicialmente percibimos como nuestra audiencia primaria a nuestros estudiantes universitarios, tanto regionales como internacionales, e interesados en escritoras caribeñas; sin embargo, muy pronto nos dimos cuenta de que tales colecciones podrían y deberían extenderse más allá de las aulas universitarias para atraer a una audiencia que quisiera involucrarse no sólo con diferentes escritoras en su lengua original, sino también con la posibilidad de comparar las distintas lecturas que la traducción permita.

Habiendo crecido ambas en un país angloparlante, éramos muy conscientes de las dificultades que enfrentan aquellos que desean explorar la literatura multilingüe de la región. Los estudiantes de la literatura caribeña están pocas veces expuestos a la literatura y a la lengua de países no anglófonos en la región. De muchas formas, esto limita las posibilidades de observar y criticar la literatura con un lente más analítico. El término literatura caribeña define un corpus que refleja la naturaleza multilingüe de la región. Durante la década anterior ha habido valiosas contribuciones a dicho corpus; debemos destacar aquí uno de los más notables, *El libro Oxford de Cuentos del Caribe (The Oxford Book of Caribbean Short Stories)* (1999).[1] Esta colección le ha dado acceso al público angloparlante a otros escritores caribeños del Caribe francófono, hispanoparlante y holandés. Todos los cuentos (cincuenta y dos en total) están presentados con una traducción al inglés. La colección de Oxford ha contribuido de manera significativa al cruce de fronteras literarias; sin embargo, lo que diferencia a la presente colección: *Cruces fronterizos: Una antología trilingüe de escritoras caribeñas* es su naturaleza trilingüe; todas las historias aparecen en inglés, francés y español. Hasta la fecha, ninguna antología de cuentos de la región del Caribe ha logrado esto.

Como profesoras universitarias de francés y español en una universidad angloparlante, tuvimos que tener en cuenta a nuestra audiencia; por eso, uno de los objetivos era también brindarles a los estudiantes de literatura francófona e hispánica la oportunidad de estudiar los textos en su lengua original y, al mismo tiempo, mostrarles el trabajo de otros escritores del Caribe. Los lectores bilingües y trilingües también tendrán una oportunidad única de poder leer en las tres lenguas en una sola antología.

La primera parte de este proyecto fue el desarrollar una base de datos que abarcó el periodo de los sesentas hasta nuestros días y que se concentró en los tres idiomas. En este punto descubrimos que había muchas mujeres escribiendo en muchos países con varios temas de interés. La base de datos incluye títulos de Martinica, Guadalupe, Cuba, Puerto Rico, República Dominicana, Antigua, Jamaica y Trinidad. Después de terminar la base de datos,[2] empezamos un cuidadoso proceso de selección guiado por la primordial e inquietante cuestión de la representación. Esto no fue una tarea fácil teniendo en cuenta la riqueza de la literatura en los tres idiomas; prestamos atención a la ubicación en términos de la identificación de la escritura con un país o países en particular. Identificamos a Olive Senior como escritora jamaicana; su cuento "Jueves soleados" también está ambientado en Jamaica. Seleccionamos el cuento de Shani Mootoo por sus múltiples ubicaciones, ambientado en Trinidad y el Canadá. Mootoo nació en Irlanda, fue criada en Trinidad y se mudó al Canadá a los diecinueve años de edad; "Las vueltas que da la vida en su discurrir" refleja la narrativa multicultural propia de Mootoo. En estas dos historias vimos muchas posibilidades para analizar comparativamente las cuestiones de identidad, identificación y ubicación cultural. Una cuestión similar de ubicación es una preocupación del cuento de Gisèle Pineau "Amélie y les anolis" que examina la idea del retorno a su natal Guadalupe desde la Metrópolis. Nuestro método de selección estuvo basado en el deseo de revelar entre las escritoras que escogimos, aquellos patrones convergentes y divergentes que surgen en sus historias.

El cuento como forma de arte no se llega a dominar fácilmente, principalmente debido a la densidad y a la economía de estilo requeridas.Consideramos registros estéticos literarios que guiarían la selección de cualquier cuento de ficción. Las escritoras escogidas nacieron entre las décadas de los cuarenta y los cincuenta; la edad cronológica no fue un factor a tener en cuenta ya que las capacidades de escritura se desarrollan en diferentes etapas; no obstante, sí tuvimos en cuenta que la edad cronológica y la experiencia personal, tanto dentro del Caribe mismo como en la Diáspora del Caribe, pudieran mejorar las comparaciones entre los cuentos. Dentro de los escogidos hay varios temas de interés que serán explicados a continuación.

El cuento de Olive Senior "Jueves soleados" explora el tema de la alienación y es un comentario sobre los miedos imperceptibles vinculados con las preocupaciones de raza y color en la sociedad jamaicana. Esta historia, como muchas de las obras de escritura de Senior, explora asuntos de la identidad caribeña en términos de género y etnicidad. Senior dijo: "He tenido que enfrentar el tema de la raza por quien soy y por cómo me veo. En ese proceso, he tenido que determinar quién soy. No creo que uno pueda ser todas las cosas para toda la gente. Como parte de ese proceso, decidí que era jamaicana. Represento muchas razas diferentes y no rechazo a ninguna de ellas para complacer a nadie. Sólo soy quien soy y me tienen que aceptar o no."[3]

La simplicidad del argumento de "Jueves soleados" encubre un mensaje más grande acerca de las normas y los valores jamaicanos. La niña protagonista (Laura) se muda de su casa con su madre negra a la casa de sus abuelos en busca de seguridad económica proporcionada por sus abuelos paternos quienes son más ricos y quienes tienen la tez más clara. A través del traslado, ella también debe confrontar la idea de movilidad social, que se presenta debido al origen de Laura y la ausencia de su padre en su vida. Esta reubicación, desde la pobreza absoluta y la clase baja hacia la clase media alta, da como resultado la internalización de un sentido de exilio en la niña. Aunque cómico algunas veces, el estilo narrativo de Senior es también descriptivo y contradictorio. La representación que ella hace de la vida comunitaria en Jamaica en esta historia es acertada. Vemos la pobreza de la existencia de Laura en la aldea; sin embargo, también vemos una afirmación del valor de lo rural, de la experiencia en un pueblo pequeño en la vida jamaicana. Es en esta estrechez de espacio que claramente percibimos las limitaciones de Laura: su raza negra, su simplicidad y, más importante aún, su madre y su propia pobreza heredada. Por otro lado, también vemos el lujo de la casa rural de los abuelos, la insensibilidad de su poder y su riqueza material, y su autoimagen asegurada.

El uso de la lengua de Senior es también un tema útil de revisión crítica. En el cuento ella usa el criollo jamaicano, pero junto con su aptitud para contar historias y los dispositivos para nombrar objetos que encontramos en la historia, todos estos elementos hacen de ésta una historia única con gran poder narrativo. La historia logra reflejar perfectamente la problemática de raza y jerarquía, así como de estratificación de clases sociales en la sociedad jamaicana.

Finalmente, aunque la protagonista es una niña y el narrador es omnisciente, estos factores no disminuyen de ninguna manera la representación de la perspectiva femenina en el cuento. En cuanto al título, no hay nada "soleado" o "luminoso" en este cuento con su tema de alienación y desplazamiento. Quizás la búsqueda de identidad personal por parte de la protagonista, representada por su padre ausente y su posterior descubrimiento de una rica identidad cultural marcada por el nivel de discriminación racial y la ironía de la victimización colonial de la sociedad, vistos en la continua ausencia del padre, son las claves para comprender el cuento "Jueves soleados".

El cuento de Shani Mootoo, "Las vueltas que da la vida en su discurrir," podría caracterizarse fácilmente como una exploración de las transformaciones y reconfiguraciones culturales. El cuento se concentra en la necesidad de continua revisión cuando se trata de ubicar las identidades de la protagonista dentro y fuera del Caribe. La experiencia en la diáspora en particular se presta para cuestionamientos sobre las fronteras culturales, tanto reales como imaginarios. No hay duda de que este cuento busca desestabilizar construcciones de identificación en una ubicación cultural específica. De esta forma, se obliga al lector a reconceptualizar nociones básicas del sentido de pertenencia. En este cuento Mootoo ofrece un estudio exhaustivo sobre la problemática de las definiciones, explora la promesa de una identidad sin fronteras geográficas o nacionales y expone, al mismo tiempo, los confines de la clasificación.

La narradora de Mootoo se ve continuamente obligada a reevaluar sus diferencias culturales. El lenguaje, más que la acción, o quizás el lenguaje como acción, es el medio más usado por los personajes para negociar sus definiciones culturales. Como podemos ver desde las primeras líneas de la historia, la historia personal es reconstruida a través del lenguaje, o más específicamente, a través del uso de una simple palabra, "*okay*". La poderosa memoria de esa palabra marca su uso de la lengua inglesa, incluso como adulta. También caracteriza las continuas negociaciones que ella debe enfrentar a lo largo de su vida en su intento de borrar las fronteras tradicionales de cultura, género y demarcaciones nacionales. Este cuento, de forma exitosa, cuestiona la noción de estas fronteras.

"Amèlie et los anolis" de Gisèle Pineau considera el desplazamiento cultural, por medio del prisma del exilio y el regreso. Muchos de los escritos de Pineau se han ambientado en París, y esta ubicación metropolitana es utilizada frecuentemente para explorar los efectos del exilio de su isla natal de Guadalupe. La construcción del exilio que realiza Pineau en sus escritos es dinámica así como orgánica; el efecto del exilio varía entre cada personaje, y la definición del exilio en sí se desarrolla por medio de los cambios que ocurren en los personajes mismos. El sentimiento de ser desplazado culturalmente es el resultado de efectos tanto internos como externos; los personajes con frecuencia se ven obligados a negociar los aspectos prácticos de la vida metropolitana y los prejuicios de ciertos metropolitanos hacia aquellos que provienen de las islas. De igual forma, esta reubicación geográfica y cultural a menudo tiene como resultado un exilio interno en el que los personajes experimentan tanto un sentimiento de alienación de la nueva cultura como el de alejamiento de sí mismos.

Otro tema central en la historia de Pineau es la idea del retorno a la tierra natal. Amèlie y Fortuné han vivido cuarenta años en Francia, y durante este tiempo Amèlie ha intentado asegurarse de que ambos ahorren hasta el último céntimo que ganan para construir su casa después de su jubilación en Guadalupe. París ha sido la ciudad de los sacrificios, mientras que Guadalupe ha sido el lugar idealizado de regreso donde ellas construirán la casa de sus sueños. De hecho, Amèlie ha logrado sobrevivir durante su tiempo en París creando en su mente un "sitio imaginario de construcción". No obstante, propio de los escritos de Pineau, ni el exilio, ni el retorno son nunca simples. Enmarcada dentro de la complicada naturaleza del amor y del concepto del tiempo perdido, la historia se convierte en un poderoso cuestionamiento a estos inquietantes temas del desplazamiento continuo.

"Los sobrevivientes" de Yanick Lahens ambientada en Haití a finales de los años sesenta, recurre a la siempre presente violencia que caracteriza la situación política de la isla. Esta historia, como el mismo país de Haití, cuando se coloca al lado de otros territorios caribeños, a primera vista parece muy diferente de las demás historias en esta colección, particularmente por su enfoque en la represión política. Lahens, como muchos otros escritores haitianos, ubica la política y la historia de la isla en el primer plano de sus lienzos literarios. Pero, como muchas otras historias en esta colección, "Los sobrevivientes" subraya el legado colonial común de conflictos de clase y de relaciones de raza en la región caribeña que tienen lugar a nivel personal y político.

La narrativa se concentra en un grupo de chicos jóvenes, en su mayoría provenientes de clase media, que deciden conspirar en contra del partido en el poder. Desafortunadamente, sus heroicas, idealistas e inocentes aspiraciones los llevaron al exilio, a la muerte y a la locura. El tratamiento que Lahens hace de la violencia y del terror por medio de los ojos de uno de los miembros del grupo es típico del estilo narrativo de la autora. La amenaza de terror siempre está presente pero rara vez se discute en estos hogares de clase media. De hecho, la familia del narrador le enseña "a meterse en sus propios asuntos". Y con una visita de un oficial del gobierno, se confirma el miedo de la familia de estar siendo observados por los poderosos de la sociedad.

Como otros de sus trabajos ambientados en Haití, Lahens se enfoca en gran parte en los traumas sicológicos de vivir en tales circunstancias de represión y opresión. Ella pone al descubierto la hipocresía que impera en el sector de la clase media y las sutiles pero divisorias estratificaciones de clase y color que aún existen en la isla. En última instancia, la autora señala la pérdida de libertad en tal sociedad en donde la policía política regula no solamente la conducta, sino también las mentes de aquellos que se atreven a soñar con el cambio.

El cuento "Entre condicionales y subjuntivos" de Carmen Lugo Filippi es quizás uno de los mejores ejemplos de escritura testimonial proveniente de Puerto Rico. El nombre que recibe el cuento es apropiado dado que el mayor interés de la historia radica en el área gris que enmarca entre dos mundos la búsqueda de la mujer por encontrar su lugar y su identidad en el mundo. Después de volverse evidente que su esposo la había traicionado al dejarla por otra mujer, la narradora acepta su situación social de soledad y desamparo. Según la iglesia y el estado, esta aceptación y negación de sí misma son atributos y obligaciones de la mujer.

En un mundo dominado por los hombres y el cual se enfoca en los placeres de los hombres, Carmen Lugo Filippi evalúa los diversos problemas de la sociedad puertorriqueña y los presenta a través de la óptica de la narradora. La realidad social sirve solamente para sustentar la fuerte crítica en cuanto a las injustas relaciones entre hombres y mujeres en la sociedad puertorriqueña, al igual que la docilidad de muchas mujeres. La narradora dedica mucho tiempo a reflexionar sobre su pasado y el martirio que ella acepta como su destino en la vida, pero que al final no le sirve de mucho. Aprende que ella puede decir que "no" a las exigencias que la sociedad le impone a ella como mujer en busca de su propia gratificación, pero el darse cuenta de esto puede haber sucedido tarde, muy tarde.

El último cuento de la colección es "Kid Bururú y los caníbales" de Mirta Yáñez. Esta es una historia profunda a pesar de su brevedad. Es una historia diferente que describe lo que es llegar a la madurez. La protagonista cumple cuarenta años y recuerda su pasado. Sin embargo, no es simplemente su pasado sobre lo que ella reflexiona, sino que, con una imaginativa intensidad, también regresamos a la experiencia del pasado cubano: el panorama y los sonidos de la calle, el Malecón, el bus número diecinueve. La narradora en primera persona dedica mucho tiempo a reflexionar sobre las experiencias pasadas como un matrimonio evidentemente prematuro a una muy corta edad, su vida universitaria y su carrera; pero quizás y más importante aún, todo esto salpicado con la memoria nostálgica de Kid Bururú, un envejecido boxeador que sube al bus en una parada pero a quien sacan del bus por su comportamiento agresivo, a pesar del hecho de que su agresividad fue provocada. La sensación del lugar y las experiencias de vida son tangibles en esta historia pero están mezcladas con sentimientos de nostalgia y soledad. Las descripciones de Yáñez mezclan la memoria de los fallidos intentos de Kid Bururú de boxear y de ganarse la vida con los malos hábitos de otros con la soledad de la narradora. En esta historia lo que Yáñez presenta es el sin sentido de la existencia del cual se da cuenta su protagonista.

En esta antología trilingüe, todos los cuentos aparecen primero en el idioma de publicación original, sea inglés, francés, o español; seguidos de sus respectivas traducciones en los demás idiomas. El orden de aparición de cada uno de los cuentos enumerados anteriormente fue establecido de acuerdo a las diferentes temáticas, y en ningún momento se pretendió privilegiar una lengua u otra.

En conclusión, debemos decir que muchas de las historias de esta colección no le ofrecen al lector un final consolador; en lugar de ello, sugieren las posibilidades y las complejidades de representar y describir el Caribe, no un Caribe singular sino plural; no un Caribe cerrado sino abierto e indudablemente un Caribe sin fronteras.

NICOLE ROBERTS
ELIZABETH WALCOTT-HACKSHAW

Agradecimientos
Traducido por Diego Mideros

NOTAS

1. Stewart Brown, John Wickham, eds., *The Oxford Book of Caribbean Short Stories* (Oxford: Oxford University Press, 1999).
2. Se puede acceder la base de datos online por el portal de la Universidad de las Antillas: http://www.mainlib.uwi.tt/womenwriters/womenwritersearch.htm.
3. "One-on-one with Olive Senior", part 3, *Jamaica Gleaner*, Noviembre 07, 2004, http://www.jamaica-gleaner.com/gleaner/20041107/arts/arts2.html

PASSAGES DE FRONTIERES ୶

Introduction

Quand nous avons commencé cette anthologie trilingue, nous n'avions pas imaginé le temps que ce projet allait prendre, ni imaginé les nombreuses façons pour les écrivains de la région de nous rappeler que la littérature n'a pas de frontière géographique définie et qu'elle peut très facilement se déplacer et émigrer dans notre imagination littéraire. Les seules vraies difficultés face à ces déplacements sont les barrières linguistiques toujours présentes qui ont depuis trop longtemps limité la façon dont la Caraïbe est lue, perçue et interprétée. En tant qu'enseignants de littérature hispanique et de la Caraïbe francophone nous avons reconnu ces obstacles, en particulier quand nous avons essayé d'enseigner par-delà ces frontières linguistiques. Avec un désir toujours plus grand de refléter les différences autant que les convergences culturelles, nous savions que le plus grand obstacle culturel que nous allions rencontrer en tant que région était notre incapacité à « communiquer » les uns avec les autres, et cependant nos écrivains faisaient vivre cette communication de façon permanente par leurs écrits de fiction. Notre objectif était de refléter ces passages de frontières dans la littérature. Au départ nous envisagions notre public principal comme étant des étudiants, de la région et d'ailleurs, ayant un intérêt certain pour les femmes écrivains de la Caraïbe. Néanmoins, nous avons rapidement réalisé que ce recueil pouvait et devait aller au-delà de la salle de classe universitaire pour toucher un public voulant non seulement découvrir des auteurs différents dans leur langue originelle mais également les possibilités de lectures comparées que les traductions permettraient.

Ayant toutes deux grandi dans un pays anglophone, nous étions très conscientes des problèmes rencontrés par ceux qui désirent explorer la littérature multilingue de la région. Les étudiants de littérature caribéenne sont rarement exposés à la littérature et à la langue des territoires non-anglophones de la région. Souvent cela limite les possibilités de lecture analytique. Le terme «Littérature caribéenne» définit un corpus qui reflète la nature multilingue de la région. Au cours de la dernière décennie de nombreuses contributions très intéressantes ont été ajoutées à ce corpus ; nous devons prendre le temps de mentionner ici l'une des plus remarquables, *The Oxford Book of Caribbean Short Stories* (1999).[1] Ce recueil a donné aux anglophones accès à d'autres auteurs de la Caraïbe francophone, hispanophone et néerlandophone. Les cinquante-deux nouvelles sont présentées dans leur traduction en anglais. Le recueil d'Oxford a grandement contribué à ce passage de frontières littéraires. Cependant ce qui distingue *Border Crossings : A Trilingual Anthology of Caribbean Women Writers* (*Passages de frontières : anthologie trilingue des Ecrivains femmes de la Caraïbe*), c'est sa nature trilingue ; toutes les nouvelles sont publiées en anglais, espagnol et français. C'est aujourd'hui la seule anthologie de nouvelles de la Caraïbe à l'avoir fait.

En tant que Maîtres de conférences dans une université anglophone, il nous a fallu réfléchir à notre public ; l'un des objectifs était également de donner aux étudiants de littératures francophone et hispanique l'occasion d'étudier des textes dans leur langue originelle et en même temps de les exposer à l'œuvre d'autres auteurs de la Caraïbe. Les lecteurs bilingues et trilingues auraient aussi l'occasion unique d'être capable de lire les trois langues dans un seul recueil.

La première partie de ce projet consistait en une base de données couvrant la période des années soixante à aujourd'hui et mettait l'accent sur les trois zones linguistiques. Nous avons alors découvert qu'il y avait en fait de nombreuses femmes écrivant dans plusieurs pays sur diverses préoccupations thématiques. La base de données comprend des titres de Martinique, Guadeloupe, Cuba, Porto Rico, République Dominicaine, Antigua, Jamaïque et Trinidad. Une fois terminée la base de données,[2] nous avons commencé un processus de sélection détaillé guidé par la question principale et délicate de la représentation. Il n'a pas été facile de choisir étant donné la richesse de la littérature de ces trois zones linguistiques. Nous nous sommes intéressées à l'emplacement géographique en termes d'identification de l'auteur à un pays ou des pays particuliers. Nous considérons Olive Senior comme une auteure jamaïquaine ; sa nouvelle « Bright Thursdays » (« Les beaux jeudis ») se déroule également à la Jamaïque. Nous avons choisi la nouvelle de Shani Mootoo à cause de ses multiples emplacements, à la fois à la Trinité et au Canada. Mootoo elle-même est née en Irlande, a été élevée à la Trinité, et a émigré au Canada à dix-neuf ans ; « The Upside-downness of the World as It Unfolds » (« Le monde à l'envers ») reflète la narration multiculturelle propre à Mootoo. Nous avons vu dans ces deux nouvelles de riches possibilités pour une analyse comparative sur les questions d'identité, d'identification et d'emplacement culturel. Cette même question d'emplacement est aussi une des préoccupations dans la nouvelle de Gisèle Pineau « Amélie et les anolis », qui examine la notion du retour dans l'île natale de Guadeloupe depuis la métropole. Notre méthode de sélection était basée sur le désir de révéler parmi les auteures sélectionnées ces modèles émergents de convergence et de divergence.

La nouvelle comme forme artistique n'est pas facile à maîtriser étant donné principalement la densité et l'économie de style nécessaires. Nous avons étudié la gamme d'esthétique littéraire qui devrait guider la sélection d'une nouvelle. Les auteures choisies sont nées entre les années 1940 et 1950 ; l'âge chronologique n'était pas un choix délibéré, car le style d'un écrivain se développe à des âges différents, néanmoins nous avons pensé que l'âge chronologique et l'expérience personnelle à la fois dans la Caraïbe et au sein de la diaspora caribéenne pouvaient renforcer les lectures comparatives. Parmi les histoires sélectionnées, il y a divers domaines thématiques d'intérêt que nous allons maintenant développer.

La nouvelle d'Olive Senior, « Bright Thursdays » (« Les beaux jeudis ») explore le thème de l'aliénation et est un commentaire sur les angoisses subtiles liées aux préoccupations de teint et de race dans la société jamaïquaine. Cette histoire, comme la plupart de son œuvre, explore les questions d'identité caribéenne en termes de genre et d'ethnicité. Senior a ainsi déclaré : « J'ai dû réfléchir à la question de la race à cause de ce que je suis et ce à quoi je ressemble. Par ce processus, il m'a fallu définir qui je suis. Je ne pense pas que l'on puisse correspondre toujours à l'image que chacun se fait de soi. Dans le cadre de ce processus, j'ai décidé que j'étais Jamaïcaine. Je représente beaucoup de races différentes et je n'en rejette aucune pour plaire à quiconque. Je suis simplement qui je suis et vous devez m'accepter comme telle ou pas. »[3]

La simplicité du récit de « Bright Thursdays » cache un message beaucoup plus fort sur les normes et valeurs jamaïcaines. Le personnage principal de la petite fille (Laura) quitte la maison où elle vivait avec sa mère noire pour aller habiter chez ses grands-parents paternels plus clairs de peau et plus aisés, ceci pour obtenir la sécurité financière qu'ils peuvent lui procurer. Par ce déplacement, elle doit également affronter la notion de mobilité sociale, que son héritage (le père absent) procure. Ce déplacement, d'une classe inférieure et pauvre vers une classe moyenne de deuxième rang, entraîne une internalisation de la perception de l'exil chez l'enfant. Parfois drôle, le style littéraire de Senior est également très descriptif et varié. Sa description de la vie communautaire jamaïcaine dans cette histoire est très juste. Nous voyons la pauvreté de la vie de Laura dans le village, et pourtant nous voyons également une affirmation de la valeur de l'expérience d'une petite ville rurale dans la vie à la Jamaïque. C'est dans cette petitesse de l'espace que nous voyons clairement les limites de Laura : le noir de sa peau, sa simplicité et plus encore, la transmission de la pauvreté par sa mère, son unique héritage. D'un autre côté, nous voyons également la maison de campagne luxueuse des grands-parents, la vulgarité de leur puissance et de leur richesse matérielle et la certitude de leur vision d'eux-mêmes.

L'utilisation de la langue par Senior est également une question utile pour une étude critique. Dans cette histoire elle utilise parfois le créole jamaïcain mais grâce à son talent de conteuse et aux procédés qu'elle utilise pour nommer les gens et les choses, tout ceci contribue à un style narratif très fort. Cette histoire parvient à refléter parfaitement les questions pertinentes de race et de hiérarchie ainsi que la stratification des classes dans la société jamaïcaine.

Enfin, bien que le personnage principal soit une enfant et que la narratrice soit omnisciente, ceci ne diminue en rien la représentation de la perspective féminine de l'histoire. En ce qui concerne le titre, il n'y a rien de « beau » dans cette histoire avec son thème d'aliénation et de déplacement. Peut-être que la quête d'identité personnelle du personnage principal, sous la forme de son père absent et de sa découverte ultérieure d'une riche identité culturelle marquée par le niveau de discrimination raciale de la société et le tour ironique des brimades coloniales, vue dans l'absence permanente du père, est la clé pour comprendre la nouvelle « Bright Thursdays ».

La nouvelle de Shani Mootoo, "The Upside-downness of the World as It Unfolds" (*Le monde à l'envers*) pourrait facilement se définir comme une exploration des transformations et reconfigurations culturelles. L'histoire met l'accent sur le besoin d'une révision permanente quand on essaie de deviner les identités du personnage principal à la fois dans et à l'extérieur de la Caraïbe. L'expérience de la diaspora en particulier se prête bien à ce genre d'interrogations sur les frontières culturelles, qu'elles soient réelles ou imaginaires. Il est clair que cette histoire cherche à déstabiliser les constructions d'identification fixes au sein d'un emplacement culturel donné. Et ceci force le lecteur à re-conceptualiser les notions de base sur l'appartenance. Mootoo a écrit une nouvelle qui offre une étude exhaustive de la problématique des définitions ; elle explore la promesse d'une identité sans frontières géographiques ou nationales et expose en même temps les limites de la classification.

La narratrice de Mootoo est en permanence forcée de réexaminer ses différences culturelles. Le langage, plus que l'action, ou peut-être le langage comme action, est le moyen souvent utilisé par les personnages pour négocier leurs définitions culturelles. Comme on le voit dans les premières phrases de l'histoire, l'histoire personnelle est reconstruite par le langage, ou plus spécifiquement par l'utilisation d'un simple mot : « OK ». Le souvenir fort de ce mot marque son utilisation de la langue anglaise en tant qu'adulte, et il continue également à définir les négociations permanentes auxquelles elle doit faire face tout au long de sa vie afin d'effacer les frontières traditionnelles des démarcations en termes de culture, de genre et de nationalité. Cette nouvelle pose avec succès les questions liées à la notion de passages de ces frontières.

« Amélie et les anolis » de Gisèle Pineau s'intéresse au déplacement culturel à travers le prisme de l'exil et du retour. Beaucoup des histoires de Pineau se situent à Paris, et cet emplacement métropolitain est souvent utilisé pour explorer les effets de l'exil de l'île natale de Guadeloupe. La construction de l'exil de Pineau dans son oeuvre est dynamique autant qu'elle est organique ; l'effet de l'exil varie de personnage en personnage et la définition de l'exil lui-même se développe au fur et à mesure que les changements ont lieu chez les personnages eux-mêmes. Le sentiment d'être culturellement déplacé est le résultat à la fois de facteurs internes et externes. Les personnages sont souvent forcés de négocier les aspects pratiques de la vie en métropole et des préjugés de certains métropolitains envers ceux qui viennent des îles. Par ailleurs, ce déplacement géographique et culturel se manifeste souvent par un exil interne où les personnages ressentent à la fois un sentiment d'aliénation vis-à-vis de la nouvelle culture et de celle qui leur est propre.

Un autre thème central de l'histoire de Pineau est la notion de retour au pays natal. Amélie et Fortuné ont passé quarante ans en France, et pendant cette période Amélie a essayé de faire en sorte qu'ils économisent le plus possible pour construire la maison pour prendre leur retraite en Guadeloupe. Paris a été le lieu du sacrifice et la Guadeloupe le lieu d'un retour idéalisé où ils vont construire la maison de leurs rêves. En fait Amélie est simplement parvenue à survivre à Paris en créant dans son esprit un « chantier imaginaire ». Mais comme souvent chez Pineau, ni l'exil ni le retour ne sont simples ; ils s'accompagnent du sentiment compliqué de l'amour et du concept du temps perdu. L'histoire devient une interrogation puissante sur ces questions obsédantes de déplacement permanent.

« Les Survivants » de Yanick Lahens, qui se déroule en Haïti à la fin des années soixante, s'appuie sur la situation politique violente omniprésente de l'île. Cette histoire, comme le pays Haïti lui-même quand on le compare aux autres territoires caribéens, apparaît tout d'abord très différent des autres histoires du recueil, en particulier avec ses accents de répression politique. Lahens, comme de nombreux autres auteurs haïtiens, place la politique et l'histoire de l'île au premier plan de son canevas littéraire. Mais comme dans beaucoup d'autres histoires du recueil « Les Survivants » souligne l'héritage colonial commun des conflits de classes et des relations de race dans la région Caraïbe qui ont lieu à un niveau personnel et politique.

L'histoire se concentre sur un groupe de jeunes hommes principalement de la classe moyenne qui décident de conspirer contre le parti au pouvoir. Malheureusement leurs aspirations héroïques, idéalistes et innocentes entraînent l'exil, la mort et la folie. Le traitement de la violence et de la terreur chez Lahens à travers les yeux de l'un des membres du groupe est typique du style de l'auteure. La menace de la terreur est toujours présente mais rarement discuté dans leurs foyers de la classe moyenne. En fait la famille du narrateur lui demande de « s'occuper de ses affaires ». Et la visite d'un responsable gouvernemental confirme leur peur d'être surveillés par les puissants dans la société.

Comme avec ses autres écrits situés en Haïti, Lahens met l'accent dans une grande mesure sur le traumatisme psychologique de vivre dans des situations de répression et d'oppression. Elle expose l'hypocrisie de la classe moyenne et les stratifications de classe et de couleur subtiles et qui pourtant divisent existant encore sur l'île. Finalement elle souligne le manque de liberté dans une telle société où la police politique règle non seulement les comportements mais également l'esprit de ceux qui osent rêver de changement.

La nouvelle « Entre condicionales y subjuntivos » (« Entre conditionnels et subjonctifs ») de Carmen Lugo Filippi est peut-être l'un des meilleurs exemples d'écriture de témoignage en provenance de Porto Rico. Elle est intitulée de manière fort à-propos car la principale préoccupation de l'histoire est cette situation floue d'entre-deux du personnage féminin en quête d'elle-même et de sa place. Après qu'il fut devenu évident que son mari l'a trompé, en la quittant pour une autre femme, la narratrice accepte sa situation sociale de solitude et d'isolement. Cette acceptation et ce renoncement à soi-même, l'Eglise et l'Etat lui disent que c'est là le rôle d'une femme.

Dans un monde dominé par les hommes et qui met l'accent sur le plaisir des hommes, Carmen Lugo Filippi examine les divers problèmes de la société portoricaine et les présente à travers le regard de cette narratrice. La réalité sociale sert seulement à soutenir la critique forte de l'auteur à l'encontre des relations inéquitables entre les hommes et les femmes dans la société portoricaine ainsi que de la passivité de nombreuses femmes. La narratrice passe beaucoup de temps à réfléchir à sa vie passée et au martyre qu'elle a accepté comme son destin dans la vie mais qui, en fin de compte, ne lui sert pas à grand-chose. Quand elle apprend qu'elle peut dire « non » aux exigences que la société lui impose en tant que femme à la recherche de sa propre satisfaction, elle s'en rend compte sans doute trop tard.

La dernière nouvelle du recueil est « Kid Bururú y los caníbales » (« Kid Bururu et les cannibales ») de Mirta Yáñez. C'est une histoire très profonde malgré sa brièveté. C'est une histoire différente sur le passage à l'âge adulte. Le personnage féminin principal vient d'avoir quarante ans et se remémore son passé. Cependant, ce n'est pas seulement à son passé qu'elle réfléchit mais également, avec une grande intensité d'imagination, nous redécouvrons l'expérience du passé cubain : les images et les son de la rue, le front de mer du Malecon, le bus numéro dix-neuf. Le narrateur à la première personne passé beaucoup de temps à revenir sur ses expériences passées telles que son mariage beaucoup trop précoce, sa vie à l'université et sa carrière mais, peut-être de façon plus importante encore, tout ceci est ponctué par le souvenir nostalgique de Kid Bururú, boxeur vieillissant, qui monte dans le bus à un arrêt mais s'en fait éjecter pour s'être mal tenu, malgré le fait qu'il ait été provoqué. Le sentiment des expériences de vie et de lieu est tangible dans cette histoire mais se trouve mélangé aux sentiments de nostalgie et de solitude. Les descriptions de Yáñez mélangent les souvenirs de l'échec des tentatives passées de Kid Bururú pour boxer et vivre aux mauvaises habitudes des autres et à la solitude du narrateur. Dans cette histoire, ce que Yáñez montre c'est la prise de conscience par le personnage principal de l'absence de sens de l'existence.

Dans cette anthologie trilingue, toutes les histoires apparaissent tout d'abord dans leur langue originelle (anglais, espagnol ou français) et ensuite dans leurs traductions dans les deux autres langues. L'ordre des histoires présentées ci-dessus est thématique et n'a pas pour objet de privilégier l'une ou l'autre langue.

Pour conclure nous devons dire que beaucoup d'histoires du recueil ne proposent pas aux lecteurs une fin heureuse. Au lieu de cela, elles présentent les possibilités et les complexités liées à la description d'une Caraïbe, non unique mais plurielle, non fermée mais ouverte et sans aucun doute d'une Caraïbe sans frontières.

NICOLE ROBERTS
ELIZABETH WALCOTT-HACKSHAW

Remerciements
Traduit par Eric Maitrejean.

NOTES

1. Stewart Brown, John Wickham, eds., *The Oxford Book of Caribbean Short Stories* (Oxford: Oxford University Press, 1999).
2. La base de données est disponible en ligne sur le portail principal de l'Université des Antilles, http://www.mainlib.uwi.tt/womenwriters/womenwritersearch. htm.
3. "One-on-one with Olive Senior", part 3, *Jamaica Gleaner*, 07 novembre 2004, http://www.jamaica-gleaner.com/gleaner/20041107/arts/arts2.html.

BRIGHT THURSDAYS ⌒

Olive Senior (1941–)

Thursday was the worst day. While she had no expectations of any other day of the week, every Thursday turned out to be either very good or very bad, and she had no way of knowing in advance which one it would be. Sometimes there would be so many bad Thursdays in a row that she wanted to write home to her mother, "Please, please take me home for I cannot stand the clouds." But then she would remember her mother saying, "Laura, this is a new life for you. This is opportunity. Now dont let yu mama down. Chile, swallow yu tongue before yu talk lest yu say the wrong thing and dont mek yu eye big for everything yu see. Dont give Miss Christie no cause for complain and most of all, let them know you have broughtupcy."

Miss Christie was the lady she now lived with, her father's mother. She didn't know her father except for a photograph of him on Miss Christie's bureau where he was almost lost in a forest of photographs of all her children and grandchildren, all brown skinned with straight hair and confident smiles on their faces. When she saw these photographs she understood why Miss Christie couldn't put hers there. Every week as she dusted the bureau, Laura looked at herself in the mirror and tried to smile with the confidence of those in the photographs, but all she saw was a being so strange, so far removed from those in the pictures, that she knew that she could never be like them. To smile so at a camera one had to be born to certain things – a big house with heavy mahogany furniture and many rooms, fixed mealtimes, a mother and father who were married to each other and lived together in the same house, who would chastise and praise, who would send you to school with the proper clothes so you would look like, be like everyone else, fit neatly into the space Life had created for you.

But even though others kept pushing her, and she tried to ease, to work her way into that space too, she sometimes felt that Life had played her tricks, and there was, after all, no space allotted for her. For how else could she explain this discomfort, this pain it caused her in this her father's house to confront even the slightest event, such as sitting at the table and eating a meal.

In her mother's house, she simply came in from school or wherever and sat on a stool in the corner of the lean-to kitchen or on the steps while Mama dished up a plate of food which one ate with whatever implement happened to be handy. Mama herself would more often than not stand to eat, sometimes out of the pot, and the boys too would sit wherever their fancy took them. Everything would be black from the soot from the fireside which hung now like grotesque torn ribbons from the roof. After the meal, Laura would wash the plates and pots in an enamel basin outside and sweep out the ashes from the fireside. A meal was something as natural as breathing.

But here in this house of her father's parents, a meal was a ritual, something for which you prepared yourself by washing your hands and combing your hair and straightening your hair before approaching the Table. The Table was in the Dining Room and at least twelve could have comfortably sat around it. Now Laura and the grandparents huddled together at one end and in the sombre shadows of the room, Laura sometimes imagined that they so unbalanced the table that it would come toppling over on them. At other times, when she polished the mahogany she placed each of the children of the household at a place around this table, along with their mother and father and their bewhiskered and beribboned grandparents who looked down from oval frames. When they were all seated, they fitted in so neatly in their slots that there was now no place left for her. Sometimes she didn't mind.

But now at the real mealtimes, the ghosts were no longer there and she sat with the old people in this empty echoing space. Each time she sat down with dread in her heart, for the mealtime was not a time to eat so much as a time for lessons in Table Manners.

First Mirie the cook would tinkle a little silver bell that would summon them to the dining room, and the house would stir with soft footsteps scurrying like mice and the swish of water in the basin. All the inhabitants of the house were washing and combing and straightening themselves in preparation for the Meal. She tried not to be the last one to the table for that was an occasion for chastisement. Then she had to remember to take the stiffly starched white napkin from its silver ring and place it in her lap.

"Now sit up straight, child. Don't slump so," Miss Christie would say as she lifted the covers off tureens. Miss Christie sat at the table uncovering dishes of food, but by the time Laura was served, her throat was already full and she got so confused that she would forget the knife and start to eat with her fork.

"Now dear, please use your knife. And don't cut your meat into little pieces all at once."

At the sulky look which came over Laura's face, Miss Christie would say, "You'll thank me for this one day you know, Laura. If you are going to get anywhere, you must learn how to do things properly. I just can't imagine what your mother has been doing with you all this time. How a child your age can be so ignorant of the most elementary things is beyond me."

The first time Miss Christie had mentioned her mother in this way, Laura had burst into tears and fled from the room. But now, remembering her mother's words, she refused to cry.

Laura's father had never married her mother. The question never came up for, said Myrtle without even a hint of malice in her voice, "Mr Bertram was a young man of high estate. Very high estate." She was fond of telling this to everyone who came to her house and did not know the story of Laura's father. How Mr Bertram had come visiting the Wheelers where Myrtle was a young servant. They had had what she liked to call "a romance" but which was hardly even imprinted on Mr Bertram's mind, and Laura was the result. The fact that Mr Bertram was a man of "high estate" had in itself elevated Miss Myrtle so far in her own eyes that no one else could understand how she could have managed to bear her sons afterwards for two undoubtedly humble fathers.

Laura had come out with dark skin but almost straight hair which Miss Myrtle did her best to improve by rubbing it with coconut oil and brushing it every day, at the same time rubbing cocoa butter into her skin to keep it soft and make it "clear". Miss Myrtle made the child wear a broad straw hat to keep off the sun, assuring her that her skin was "too delicate".

Miss Myrtle had no regrets about her encounter with Mr Bertram even though his only acknowledgement of the birth was a ten dollar note sent to her at the time. But then he had been shipped off to the United States by his angry parents and nothing further had been heard from him.

Miss Myrtle was unfortunate in her choice of fathers for her children for none of them gave her any support. She single-handedly raised them in a little house on family land and took in sewing to augment what she got from her cultivation of food for the pot and ginger for the market. She did not worry about the fate of her sons for they were after all, boys, and well able to fend for themselves when the time came. But her daughter was a constant source of concern to her, for a child with such long curly hair, with such a straight nose, with such soft skin (too bad it was so dark) was surely destined to a life of ease and comfort. For years, Miss Myrtle sustained herself with the fantasy that one day Laura's father would miraculously appear and take her off to live up to the station in life to which she was born. In the meantime she groomed her daughter for the role she felt she would play in life, squeezing things here and there in order to have enough to make her pretty clothes so that she was the best-dressed little girl for miles around. For the time being, it was the only gift of heritage that she could make her.

Then after so many years passed that it was apparent even to Myrtle that Mr Bertram had no intention of helping the child, she screwed up her courage, aided and abetted by the entire village it seemed, and wrote to Mr Bertram's parents. She knew them well, for Mr Bertram's mother was Mrs Wheeler's sister and in fact came from a family that had roots in the area.

Dear Miss Kristie

Greetings to you in Jesus Holy Name I trust this letter will find that you an Mister Dolfy ar enjoin the best of helth. Wel Miss Kristie I write you this letter in fear and trimblin for I am the Little One and you are the Big One but I hope you will not take me too forrard but mr. Bertram little girl now nine year old and bright as a button wel my dear Mam wish you could see her a good little girl and lern her lesson wel she would go far in Life if she could have some help but I am a Poor Woman With Nothing! To Help I am in the fidls morning til night. I can tel you that in looks she take after her Father but I am not Asking Mr Bertram for anything I know. He have his Life to live for but if you can fine it YourPower to do Anything for the little girl God Richest Blessing wil come down on You May the Good Lord Bles and Keep you Miss Kristie also Mas Dolfy. And give you a long Life until you find Eternal Rest Safe in the arms of the Savor

Your Humble Servant
Myrtle Johnstone

The letter caused consternation when it was received by the old people for they had almost forgotten about what the family referred to as "Bertram's Mistake" and they thought that the woman had forgotten about it too. Although Myrtle was only seventeen at the time and their son was twenty-eight, they had never forgiven what Miss Christie called the uppity black gal for seducing their son.

"Dying to raise their colour, all of them," Miss Christie had cried, "dying to raise their colour. That's why you can't be too careful with them." Now like a ghost suddenly materializing they could see this old scandal coming back to haunt them.

At first the two old people were angry, then, as they talked about the subject for days on end, they soon dismissed their first decision which was to ignore the letter, for the little girl, no matter how common and scheming her mother was, was nevertheless family and something would have to be done about her. Eventually they decided on limited help – enough to salve their consciences but not too much so that Myrtle would get the idea that they were a limitless source of wealth. Miss Christie composed the first of her brief and cool letters to the child's mother.

Dear Myrtle

In response to your call for help we are sending a little money for the child, also a parcel which should soon arrive. But please don't think that we can do this all the time as we ourselves are finding it hard to make ends meet. Besides, people who have children should worry about how they are going to support them before they have them.

Yours truly,
Mrs C. Watson

They made, of course, no reference to the child's father who was now married and living in New Jersey.

Myrtle was overjoyed to get the letter and the parcel for they were tangible indications that the child's family would indeed rescue her from a life of poverty in the mountains. Now she devoted even more care and attention to the little girl, taking pains to remind her of the fineness of her hair, the straightness of her nose, and the high estate of her father. While she allowed the child to continue to help with the chores around the house, she was no longer sent on errands. When all the other children were busy minding goats, fetching water or firewood, all these chores in her household now fell on Laura's brothers. Myrtle was busy grooming Laura for a golden future.

Because of her mother's strictures, the child soon felt alienated from others. If she played with other children, her mother warned her not to get her clothes too dirty. Not to get too burnt in the sun. Not to talk so broad. Instead of making her filled with pride as her mother intended, these attentions made the child supremely conscious of being different from the children around her, and she soon became withdrawn and lacking in spontaneity.

Myrtle approved of the child's new quietness as a sign of "quality" in her. She sent a flood of letters to Miss Christie, although the answers she got were meagre and few. She kept her constantly informed of the child's progress in school, of her ability to read so well, and occasionally made the child write a few sentences in the letter to her grandmother to show off her fine handwriting. Finally, one Christmas, to flesh out the image of the child she had been building up over the years, she took most of the rat-cut coffee money and took the child to the nearest town to have her photograph taken in a professional studio.

It was a posed, stilted photograph in a style that went out of fashion thirty years before. The child was dressed in a frilly white dress trimmed with ribbons, much too long for her age. She wore long white nylon socks and white T-strap shoes. Her hair was done in perfect drop curls, with a part to the side and two front curls caught up with a large white bow. In the photograph she stood quite straight with her feet together and her right hand stiffly bent to touch an artificial rose in a vase on a rattan table beside her. She did not smile.

Her grandparents, who were the recipients of a large framed print on matte paper, saw a dark-skinned child with long dark hair, a straight nose, and enormous, very serious eyes. Despite the fancy clothes, everything about her had a countrified air except for the penetrating eyes which had none of the softness and shyness of country children. Miss Christie was a little embarrassed by this gift and hid the picture in her bureau drawer for it had none of the gloss of the photos of her children and grandchildren which stood on her bureau. But she could not put the picture away entirely; something about the child haunted her and she constantly looked at it to see what in this child was her flesh and blood. The child had her father's weak mouth, it seemed, though the defiant chin and bold eyes undoubtedly came from her mother. Maybe it was the serious, steady, unchildlike gaze that caused Miss Christie sometimes to look at the picture for minutes at a time as if it mesmerised her. Then she would get hold of herself again and angrily put the picture back in the drawer.

Despite her better judgement, Miss Christie found herself intensely curious about this child whose mother made her into such a little paragon and whose eyes gazed out at the world so directly.

Soon, she broached the subject obliquely to her husband. One evening at dusk as the two of them sat on the verandah, she said, "Well, just look at the two of us. Look how many children and grandchildren we have, and not one to keep our company."

"Hmm. So life stay. Once your children go to town, country too lonely for them after that."

"I suppose so. But it really would be nice to have a young person about the house again." They dropped the subject then, but she kept bringing it up from time to time.

Finally she said, as if thinking about it for the first time, "But Dolphie, why don't we get Myrtle's little girl here?"

"What! And rake up that old thing again? You must be mad."

"But nobody has to know who she is."

"Then you don't know how ol'nayga fas'. They bound to find out."

"Well, they can't prove anything. She doesn't have our name. She bears her mother's name."

They argued about it on and off for weeks, then finally they decided to invite the child to stay for a week or two.

When Laura came, she was overawed by the big house, the patrician old couple who were always so clean and sweet-smelling as if perpetually laundered each day anew by Mirie the cook. She fell even more silent, speaking only when spoken to, and then in a low voice that could hardly be heard.

Miss Christie was gratified she was so much lighter than the photograph (indeed, Myrtle had quarrelled with the photographer for just this reason) and although she was exactly like a country mouse, she did fill the house with her presence. Already Miss Christie was busy planning the child's future, getting her into decent clothes, correcting her speech, erasing her country accent, teaching her table manners, getting her to take a complete bath every day – a fact which was so novel to the child who came from a place where every one bathed in a bath pan once a week since the water had to be carried on their heads one mile uphill from the spring.

In the child Miss Christie saw a lump of clay which held every promise of being moulded into something satisfactory. The same energy with which Miss Christie entered into a "good" marriage, successfully raised six children and saw that they made good marriages themselves, that impelled her to organize the Mothers' Union and the School Board – that energy was now to be expended on this latest product which relatives in the know referred to as "Bertram's stray shot".

Although her husband fussed and fumed, he too liked the idea of having a child in the house once more though he thought her a funny little thing who hardly made a sound all day, unlike the boisterous family they had reared. And so, as if in a dream, the child found herself permanently transported from her mother's two-room house to this mansion of her father's.

Of course her father was never mentioned and she only knew it was him from the photograph because he had signed it. She gazed often at this photograph, trying to transmute it into a being of flesh and blood from which she had been created, but failed utterly. In fact, she was quite unable to deduce even the smallest facet of his character from the picture. All that she saw was a smiling face that in some indefinable way looked like all the faces in the other photographs. All were bland and sweet. In none of these faces were there lines, or frowns, or blemishes, or marks of ugliness such as a squint eye, or a broken nose, or kinky hair, or big ears, or broken teeth which afflicted all the other people she had known. Faced with such perfection, she ceased to look at herself in the mirror.

She had gone to live there during the summer holidays and Miss Christie took every opportunity to add polish to her protégé whom she introduced everywhere as "my little adopted". As part of the child's education, Miss Christie taught her to polish mahogany furniture and to bake cakes, to polish silver and clean panes of glass, all objects which had been foreign to the child's former upbringing.

The child liked to remain inside the house which was cool and dark and shaded for outside, with its huge treeless lawn and beyond, the endless pastures, frightened her.

She had grown up in a part of the mountain cockpits where a gravel road was the only thing that broke the monotony of the humpbacked hills and endless hills everywhere. There were so many hills that for half of the day their house and yard were damp and dark and moss grew on the sides of the clay path. It was only at midday when the sun was directly overhead that they received light. The houses were perched precariously up the hillsides with slippery paths leading to them from the road, and if anyone bothered to climb to the tops of the hills, all they would see was more mountains. Because it was so hilly the area seemed constantly to be in a dark blue haze, broken only by the occasional hibiscus or croton and the streams of brightly coloured birds dashing through the foliage. They were hemmed in by the mountains on all sides and Laura liked it, because all her life was spent in a space that was enclosed and finite, protecting her from what dangers she did not even know.

And then, from the moment she had journeyed to the railway station some ten miles away and got on the train and it had begun to travel through the endless canefields, she had begun to feel afraid. For suddenly the skies had opened up so wide all around her; the sun beat down and there was the endless noisy clacking of the train wheels. She felt naked and anxious, as if suddenly exposed, and there was nowhere to hide.

When she got off the train at the other end, there were no canefields there, but the land was still flat and open, for this was all rolling pastureland. Her curiosity about the herds of cattle she saw grazing in the shade of an occasional tree could not diminish the fear she felt at being so exposed.

Her father's parents' house was set on the top of a hill from where they could see for miles in all directions. Whenever she went outside she felt dizzy for the sky was so wide it was like being enclosed inside a huge blue bowl. The summer was cloudless. And the hills were so far away they were lost in the blue. But then summer came to an end and it was time for her to go to school. The nearest school was three miles away. Her grandmother, deciding this was too far for her to walk – though walking greater distances had meant nothing in her former life – had arranged for her to travel to and from school on the bus which went by at the right time each day. This single fact impressed her most as showing the power and might of her grandmother.

She was glad of the bus for she did not want to walk alone to school. Now the clear summer days were ending, the clouds had begun to gather in the sky, fat cumulus clouds that travelled in packs and in this strange and empty country became ugly and menacing. They reminded her of the pictures she used to get in Sunday School showing Jesus coming to earth again, floating down on one of those fat white clouds. And because the Jesus of their church was a man who had come to judge and punish sinners, these pictures only served to remind her that she was a sinner and that God would one day soon appear out of the sky flashing fire and brimstone to judge and condemn her. And until he came, the clouds were there to watch her. For why else did they move, change themselves, assume shapes of creatures awesome and frightful, if not to torment her with her unworthiness? Sometimes when she stood on the barbecue and looked back at the house outlined against the sky, the house itself seemed to move and she would feel a wave of dizziness as if the whole earth was moving away off course and leaving her there alone in the emptiness.

She would run quickly inside and find Miss Christie or Mirie or somebody. As long as it was another human being to share the world with.

While all day long she would feel a vague longing for her mother and brothers and all the people she had known since childhood, she never felt lonely, for if her mother had given her nothing else, in taking her out of one life without guaranteeing her placement in the next, she had unwittingly raised her for a life of solitude. Here in this big house she wandered from room to room and said nothing all day, for now her lips were sealed from shyness. To her newly sensitized ears, her words came out flat and unmusical and she would look with guilt at the photographs and silently beg pardon for being there.

There were no other children around the house and she was so physically removed from others that she had no chance to meet anyone. Sometimes she would walk down the driveway to the tall black gate hoping some child would pass along and talk so that they could be friends, but whenever anyone happened by, her shyness would cause her to hide behind the stone pillar so they would not see her. And although her grandmother said nothing on the subject, she instinctively knew after a while that she would never in this place find anyone good enough to bring into Miss Christie's house.

Although she liked the feeling of importance it gave her to get on and off the bus at the school gate – the only child to do so – most times she watched with envy the other children walking home from school, playing, yelling, and rolling in the road. They wore no shoes and she envied them their freedom, for her feet, once free like theirs except for Sundays, were now encased in socks and patent leather shoes handed down from one or the other of the rightful grandchildren who lived in Kingston or New York.

Most days the bus was on time. Every morning she would wait by the tall black gate for the bus to arrive. The bus would arrive on time every day. Except Thursdays. Sometimes on Thursdays the bus wouldn't arrive until late evening. She would nevertheless every Thursday go to the gates and wait, knowing in her heart that the bus would not come. Miss Christie would sometimes walk out and stand by the gate and look the road up and down.

Sometimes Mr Dolphie, passing on his way from one pasture to the next, would rein in his horse and would also stand by the gate and look up the road. All three would stand silently. The road swayed white in an empty world. The silence hummed like telegraph wires. Her life hung in the air waiting on a word from Miss Christie. Her chest would begin to swell like a balloon getting bigger and bigger. "The bus isn't coming. You'll have to walk," Miss Christie pronounced with finality.

"Oh Miss Christie, just a few minutes more," she begged. It was the only thing she begged for. But she knew that the bus wouldn't come, and now, at this terribly late hour, she would have to walk alone the three miles to school in a world that was empty of people. She would walk very fast, the dust of the marl road swirling round her ankles, along this lonely road that curved past the graveyard. Above, following every step of the way, the fat clouds sat smirking and smug in the pale blue sky. She hated them for all they knew about her: her clumsiness, her awkwardness, the fact that she did not belong in this light and splendid place. They sat there in judgement of her every

11

Thursday. Thursday, the day before market day. The day of her Armageddon.

Thursdays the old bus would sit on the road miles above, packed with higglers and their crocus bags, bankras and chickens. The bus would start right enough: somewhere on the road above the bus would start in the dawn hours, full and happy. And then, a few miles after, the bus would gently shudder and like a torn metal bird would ease to a halt with a cough and a sigh and settle down on the road, too tired and worn out to move. It would remain there until evening, the market women sitting in the shade and fanning the flies away, with the men importantly gathered around the machine, arguing and cursing until evening when the earth was cool again and the driver would go slowly, everything patched up till next Thursday when higglers descended with their crocus bags and bankras, their laughter and their girth and their quarrelling and their ferocious energy which proved too much for the old bus. Then with a sigh it would again lie still on the road above her. Every Thursday.

Sometimes though if she managed to dawdle long enough Miss Christie would say, "Heavens, it's 10 o'clock. You can't go to school again."

"O Miss Christie," she would cry silently, "thank you, thank you."

Sometimes when she didn't go to school Mass Dolphie would let her dig around in his Irish potato patch collecting the tiny potatoes for herself.

Digging potatoes was safe. She could not see the sky. And she never knew when a really big potato would turn up among all the tiny ones.

"Like catching fish, eh?" Mass Dolphie said and she agreed, though she didn't know how that was having never seen the sea. And she would laugh too.

II

One day they got a letter from the child's father. He was coming home with his wife for a visit. It wasn't long after their initial joy at hearing the news that the grandparents realized that difficulties were bound to arise with the child. For one thing, they hadn't told their son about her, being a little ashamed that they had not consulted him at all before coming to the decision to take her. Besides, it was a little awkward to write to him about such matters at his home, since from all they had heard of American women they believed that there was a strong possibility that his wife would open his letters.

Their immediate decision was to send the child home, but that too presented certain problems since it was still during the school term and they couldn't quite make up their minds what they would tell her mother to explain a change of heart. They certainly couldn't tell her the truth for even to them the truth seemed absurd: that they wanted to return the girl because her father was coming. For once, Miss Christie was at a loss. It was Mr Dolphie who took a firm line. "Write and ask him what to do," he instructed his wife, "after all, it's his child. If he doesn't want her here when he comes then he can tell us what we should do with her."

They were surprised but not overly so when their son wrote that they should do nothing about the child as he would be greatly amused to see her.

Mr Dolphie didn't see any cause for amusement in the situation and thought it was just like his youngest son to take a serious thing and make a joke of it and all in all act in a reckless and irresponsible manner. He had certainly hoped that Bertram had finally settled down to the seriousness of life.

Long before they told the child the news of her father's coming, she knew, for without deliberately listening to their conversations, she seemed to absorb and intuitively understand everything that happened in the house.

Since hearing the news there had been a joy in her heart, for her mother had told her so often that one day this mysterious father of hers would come and claim her as his own that she had grown to believe it. She knew he would come to rescue her from fears as tenuous as clouds and provide her with nothing but bright Thursdays.

But when she searched out the photograph from the ones on the bureau, his face held that unreadable, bland smile and his eyes gave nothing that would show her how he intended to present his love for her.

One day Miss Christie said to her, "Laura, our son is coming on a visit. Mr Bertram." She said it as if the child and the man bore no relationship to each other. "He is coming with his wife. We haven't seen him for so many years."

Yes. Since I was born, Laura thought.

"Now Laura, I expect you to be on your best behaviour when they are here.'

"Yes mam."

Laura showed no emotion at all as Miss Christie continued to chat on the subject. How does one behave with a father? Laura thought. She had no experience of this. There were so few fathers among all the people she knew.

Miss Christie turned the house upside down in a frenzy of preparation for her son's visit. Without being told so, Laura understood that such preparation was not so much for the son as for his white wife. She was quite right, for as Miss Christie told Mirie, "These foreign women are really too fresh, you know. Half of them don't really come from anywhere but they believe that everybody from Jamaica is a monkey and live in trees. I am really glad my son is bringing her here so that she can see how we live." Laura silently assented to that, for who in the wide world could keep up a life that was as spotless and well-ordered as Miss Christie's?

Laura longed to talk to somebody about her father. To find out what he was really like. But she did not want to ask Miss Christie. She thought of writing secretly to her mother and telling her that Mr Bertram was coming, asking what he was like, but she was too timid to do anything behind Miss Christie's back for Miss Christie was so all-knowing she was bound to find out. Sometimes she wanted to ask Mirie the cook who had been working with the family for forty years. But although she got into the habit of dropping into the roomy kitchen and sitting at the table there for hours, she never got up the nerve to address Mirie, and Mirie, a silent and morose woman, never addressed her at all. She believed, though, that Mirie liked her, for frequently, without saying a word, she would give her some titbit from the pot, or a sample of the cookies, or bread and guava jelly, though she knew that Miss Christie did not approve of eating between meals. But apart from grunting every now and then as she went about her tasks, Mirie said nothing at all on the subject of Mr Bertram or any other being. Laura wished that Mirie would talk to her, for she found the kitchen the most comforting part of the house.

Her father and his wife arrived one day when she was at school. When she got home, she was too shy to go in, and was hanging around trying to hide behind a post when Miss Christie spotted her.

"Oh Laura, come and meet my son," said Miss Christie and swept her into the living room. "Mina," she said to a yellow-haired woman sitting there, "this is Laura, the little adopted I was telling you about." Laura first vaguely made out the woman, then Mass Dolphie, then a strange man in the shadows, but she was too shy to give him more than a covert glance. He did not address her but gave a smile that barely moved his lips. In days to come she would get accustomed to that smile, which was not as bland as in the photograph.

To his daughter he paid no attention. It was his wife who fussed over the little girl, asking questions and exclaiming over her curls. Laura could hardly understand anything the woman said, but was impressed at how trim and neat she was, at the endless fascination of her clothes, her jewellery, her laughter, her accent, her perfume, her assurance. Looking at her long polished nails, Laura had a picture of her mother's hands, the nails cracked and broken like a man's from her work in the fields; of her mother's dark face, her coarse shrill voice. And she was bitterly ashamed. Knowing the mother she had come from, it was no wonder, she thought, that her father could not acknowledge her.

She was extremely uneasy with the guests in the house. Their presence strained to the fullest the new social graces that Miss Christie had inculcated in her. Now she had a twofold anxiety: not to let her mother down to Miss Christie, and not to let Miss Christie down in front of this white woman from the United States of America.

For all the woman's attention, it was the man she wanted to attend her, acknowledge her, love her. But he never did. She contrived at all times to be near him, to sit in his line of vision, to "accidentally" appear on the path when he was walking through the pastures. The man did not see her. He loved to talk, his voice going on and on in a low rumble like the waves of the sea she had never seen, the ash on his cigarette getting longer till it fell on his clothes or Miss Christie's highly polished floor. But he never talked to her. This caused her even greater anxiety than Miss Christie's efforts at "polishing" her, for while she knew that Miss Christie was trying, however painful it was, to build her up, she could not help feeling that her father's indifference did nothing so much as to reduce, nullify her. Laura would have wondered if he knew who she was if she hadn't known that Miss Christie had written to him on the subject. She decided then that his indifference was merely part of a play that he wanted to surprise her when he did claim her, and was working up to one magical moment of recognition that would thereafter illuminate both their lives forever and forever. In the daytime that was how she consoled herself but at nights she cried in the little room where she slept alone in the fearful shadow of the breadfruit tree against the window pane.

Then Thursday came round again and in this anxiety she even forgot about her father. As usual the bus was late and Laura hung around the gate hoping that Miss Christie would forget she was there until it was too late to walk to school. The road curved white and lonely in the empty morning, silent save for the humming of the bees and the beating of her own heart. Then Miss Christie and Mina appeared on the verandah and obviously saw her. Talking together, they started to walk slowly towards the gate where she stood, trapped by several impulses. Laura's heart beat faster then almost stopped when her father appeared from the orange grove and approached the two women. Now the three of them were walking towards her. They were now near enough for Laura to hear what they were saying but her eyes were only for her father.

"Oh dear, that old bus. Laura is going to be late again," Miss Christie said.

"Oh for chrissake. Why don't you stop fussing so much about the bloody little bastard," her son shouted.

Laura heard no more for after one long moment when her heart somersaulted once there was no time for hearing anything else, for her feet, of their own volition, had set off at a run down the road and by the time she got to the school gates she had made herself an orphan and there were no more clouds.

JUEVES SOLEADOS ℒ

Olive Senior (1941–)

El jueves era el peor día. No tenía expectativas sobre ningún otro día de la semana, pero cada jueves resultaba ser muy bueno o muy malo, y no había manera de saber por adelantado cómo sería. Algunas veces había tantos malos jueves seguidos que lo que quería era escribir a casa de su madre: "Por favor, te suplico que me lleves a casa pues no soporto más estas nubes." Pero entonces recordaba a su madre diciéndole: "Laura, ésta es una nueva vida para ti. Significa oportunidades. Ahora no decepciones a la mamá. Nena, muérdete la lengua antes de hablar y meter la pata, y no te quedes boquiabierta con todas las cosas nuevas que veas. No le des a la señorita Christie ningún motivo de queja y sobre todo hazles saber que tienes una buena crianza."

La señorita Christie era la dama con quien ahora estaba viviendo, la madre de su padre. Sólo conocía a su padre por una fotografía suya sobre el buró de la señorita Christie donde quedaba casi perdido en el bosque de fotografías de todos los hijos y nietos, todos de piel tostada, pelo liso y sonrisas de confianza en sus rostros. Cuando ella vio estas fotografías, entendió por qué la señorita Christie no podía poner la suya junto a ellos. Cada semana, cuando limpiaba el polvo del buró, Laura se miraba en el espejo e intentaba sonreír con la misma confianza que los de las fotografías, pero todo lo que veía era un ser tan extraño, tan alejado de los de las fotografías, que sabía que nunca podría ser como ellos. Para sonreír de esa manera a una cámara uno tiene que haber nacido con ciertas cosas—una casa grande con muebles de caoba y muchas habitaciones, horarios de comidas, una madre y un padre casados y viviendo en la misma casa que reprendan y alaben, que te envíen a la escuela con la ropa apropiada para que parezcas y seas como todos los demás; para que encajes tranquilamente en el espacio que La Vida ha creado para ti.

Pero aunque otros continuaban empujándola, y también ella trataba de relajarse para acoplarse a ese espacio, algunas veces sentía que La Vida le había jugado una mala pasada, y no había, después de todo, un lugar destinado para ella. Pues de qué otra manera podía explicar esta incómoda sensación, este dolor, que le causaba en la casa de su padre enfrentarse incluso a la más simple circunstancia como, por ejemplo, sentarse a la mesa a comer.

En la casa de su madre simplemente llegaba de la escuela o de donde estuviera y se sentaba en un taburete en un rincón del cobertizo de la cocina adosada a la casa o en los escalones, mientras la Mamá servía un plato de comida que uno se comía con cualquier utensilio que tuviera a mano. La misma Mamá, la mayoría de las veces, comía de pie, a veces del mismo puchero, y los muchachos se sentaban también dondequiera que les daba la gana. Todo estaba negro del hollín del fuego de la cocina que se quedaba colgado del techo como grotescas guirnaldas rasgadas. Después de comer, Laura lavaba los platos y los pucheros afuera en una pileta de loza y barría las cenizas de cocinar. Una comida era algo tan natural como respirar.

Pero aquí en la casa de los padres de su padre una comida era un ritual, algo para lo que te preparas lavándote las manos, cepillándote el pelo y estirándote el vestido antes de acercarte a La Mesa. La Mesa estaba en El Comedor y al menos doce personas podían sentarse cómodamente a su alrededor. Ahora Laura y los abuelos se apiñaban en un extremo y en las oscuras sombras de la habitación, Laura a veces se imaginaba que la mesa estaba tan desequilibrada que se vencía hacia ellos y se les volcaba encima. En otras ocasiones, cuando lustraba la caoba, situaba a cada uno de los niños de la casa en un lugar alrededor de la mesa, junto a su padre y a su madre y a sus embigotados y engalanados abuelos que les miraban desde los cuadros ovalados que quedaban colgados. Cuando todos estaban sentados, encajaban tan perfectamente en sus espacios que no quedaba sitio para ella. A veces no le importaba.

Pero entonces a la hora de la comida de verdad, los fantasmas ya no estaban allí, y ella se sentaba con esas personas mayores en este espacio vacío que hacía eco. Siempre se sentaba con profundo pavor, pues la hora de la comida no era tanto un tiempo para comer como un tiempo para lecciones de Modales en La Mesa.

Primero Mirie, la cocinera, hacía sonar una campanilla de plata que los convocaba al comedor, y la casa se revolvía con suaves pisadas como de ratones y el susurro del agua en el lavabo. Todos los habitantes de la casa estaban lavándose, peinándose y estirándose la ropa como preparativo para La Comida. Ella trataba de no ser la última en llegar a la mesa porque eso era motivo de reprimenda. Entonces tenía que acordarse de coger del aro de plata la blanca servilleta rígidamente almidonada y colocársela en el regazo.

—Ahora siéntate recta, niña. No te dejes caer así—decía la señorita Christie mientras levantaba las tapas de las soperas. La señorita Christie se sentaba a la mesa destapando platos de comida, pero cuando llegaba el momento de servir a Laura, ésta ya tenía un nudo en la garganta, y se atolondraba tanto que se olvidaba del cuchillo y empezaba a comer con el tenedor.

—No, cariño, usa el cuchillo, por favor. Y no cortes toda la carne en trocitos de una vez.

Al gesto contrariado que aparecía en el rostro de Laura, la señorita Christie respondía:

—¿Sabes Laura? Me agradecerás esto un día. Si quieres llegar a algo, debes aprender a hacer las cosas correctamente. No puedo imaginarme lo que ha estado haciendo tu madre contigo todo este tiempo. No alcanzo a comprender cómo una niña de tu edad puede ignorar las cosas más elementales.—

La primera vez que la señorita Christie había mencionado a su madre de esta manera, Laura rompió a llorar y salió corriendo de la habitación. Pero ahora, recordó las palabras de su madre, y se negó a llorar.

El padre de Laura nunca se casó con su madre. —La cuestión nunca se planteó—decía Myrtle sin ni siquiera un ápice de malicia en su voz: —El señor Bertram era un joven de alta posición. De muy alta posición—era aficionada a contarle esto a todo el que venía a su casa y no conocía la historia del padre de Laura. De cómo el señor Bertram había ido a visitar a los Wheelers en donde Myrtle era una joven sirvienta. Habían tenido lo que a ella le gustaba llamar "un romance", pero que apenas había dejado huella en la mente del señor Bertram, y Laura fue el resultado. El solo hecho de que el señor Bertram fuera un hombre de "alta posición" había elevado tan alto a Myrtle en su propia estima, que nadie más podía entender cómo después había podido concebir sus otros dos hijos de padres indudablemente humildes.

Laura salió con la piel oscura pero el pelo casi liso, y Myrtle hacía lo que podía para mejorarlo frotándolo con aceite de coco y cepillándolo cada día, al tiempo que frotaba mantequilla de cacao en la piel para mantenerla suave y hacerla "clara". Myrtle hacía que su hija llevara un ancho sombrero de paja para que no le diera el sol, insistiéndole que su piel era "demasiado delicada".

La señorita Myrtle no se arrepentía de su encuentro con el señor Bertram, a pesar de que el único reconocimiento de éste sobre el nacimiento de la niña fue un billete de diez dólares que le envió en aquel entonces. Pero en ese momento, sus padres, furiosos, lo habían embarcado hacia los Estados Unidos y nunca más se supo de él.

La señorita Myrtle tuvo mala suerte con la elección de los padres para sus hijos, puesto que ninguno de ellos le prestó apoyo alguno. Como madre soltera, los crió en una casita en las tierras de la familia, y se dedicó a coser para incrementar lo que sacaba del cultivo de comestibles para su propio consumo y de jengibre para el mercado. No le preocupaba el destino de sus hijos porque eran, después de todo, varones, y eran capaces de valerse por sí mismos cuando llegara el momento. Pero su hija era una constante fuente de preocupación para ella, pues una niña con un pelo tan largo y ondulado, una nariz tan recta y una piel tan suave—lástima que fuera demasiado oscura—seguramente estaba destinada para una vida de sosiego y comodidad. Durante años, la señorita Myrtle se animaba con la fantasía de que un día el padre de Laura reaparecería milagrosamente y se la llevaría a vivir al nivel de vida para el que había nacido. Mientras tanto, acicalaba a su hija para el papel que creía que desempeñaría en la vida, recortando gastos a diestro y siniestro para tener lo suficiente para hacerle ropa y que fuera la niña mejor vestida en varias millas a la redonda. Por el momento, era el único regalo de su herencia que podía hacerle.

Después de pasar tantos años, resultó evidente incluso para Myrtle que el señor Bertram no tenía intención de ayudar a la niña. Se armó de valor, apoyada e inducida por lo que parecía la aldea entera, y escribió a los padres del Sr. Bertram. Los conocía bien, pues la madre del señor Bertram era la hermana de la señora Wheeler y de hecho provenían de una familia arraigada en esa zona.

Estimada Señorita Kristie

La saludo en el Santo Nombre de Jesus y confío que esta carta encontrara a Uste y al Señor Dolfy en el mejor estado de salu. Bien Señorita Kristie le escribo esta carta con miedo y tenvlores pues yo soy Pequeña y uste es Grande pero espero que no me tomara por demasiado atrebida pero la hijita del Señor Bertram ya tiene nuebe años y es lista como ella sola. Bien mi querida Señora me gustaria que la viera, es una buena niña y estudiosa de sus leciones. Bien podria llegar lejos en la Vida si tuviera algo de Ayuda pero yo soy ¡una Probe Mujer! ¡Sin Nada! Trabajo en los campos de la mañana a la noche. Le digo que se le parece a su Padre pero no le estoy Pidiendo nada al señor Bertram yo se. El tiene su propia Vida que bibir pero si uste pudiera hacer Algo de lo que este a su Alcanse por la niñita Dios le dara las mas Gloriosas Vendiciones. Que Dios la Vendiga y la proteja Señorita Kristie tanbien al Amo Dolfy. Y les conseda una larga Vida asta que alcancen el Descanso Eterno y Seguro en los Brasos del Salvador

Su Humilde Servidora

Myrtle Johnstone

La carta causó consternación a la anciana pareja cuando la recibieron, pues casi se habían olvidado de eso a lo que la familia se refería como "el error de Bertram", y creían que también se habría olvidado la mujer. Aunque Myrtle tenía en aquel entonces solamente 17 años y su hijo 28, nunca habían perdonado a la que la señorita Christie llamaba la provocadora muchachita negra por seducir a su hijo.

—Se mueren por mejorar el color de su piel—había gritado la señorita Christie—se mueren por mejorar el color de su piel. Eso es por lo que no se puede ser demasiado bueno con ellos. Ahora, como un fantasma que de repente se materializaba, podían ver cómo este viejo escándalo regresaba para acecharles.

Al principio, los dos se enfurecieron, después de hablar del tema sin parar durante días, pronto llegaron a descartar su primera decisión que era la de ignorar la carta. De cualquier modo la niñita, no importaba lo vulgar o maquinadora que fuera su madre, era familia y se debía hacer algo por ella. Finalmente, se decidieron por la ayuda limitada—suficiente para lavar sus conciencias pero sin ser excesiva—, no fuera que Myrtle albergara la idea de que ellos eran una fuente ilimitada de poderío. La señorita Christie compuso la primera de sus breves y frías cartas a la madre de la niña.

Estimada Myrtle:

En respuesta a tu llamada de socorro te enviamos un poco de dinero para la niña y un paquete que deberá llegar pronto. Pero, por favor, piensa que no podemos hacer esto todo el tiempo porque aquí también tenemos nuestras dificultades para cubrir todos los gastos. Por otra parte, la gente que tiene hijos debería preocuparse de cómo van a mantenerlos antes de tenerlos.

Sinceramente tuya,

Sra. C. Watson

Por supuesto, no hicieron referencia alguna al padre de la niña, que ahora estaba casado y vivía en Nueva Jersey.

Myrtle se emocionó al recibir la carta y el paquete porque éstas eran indicaciones tangibles de que la familia de la niña de verdad la rescataría de una vida de pobreza en las montañas. Ahora dedicaría incluso más cuidado y atención a la niñita, poniendo esmero en recordarle la finura de su cabello, la rectitud de su nariz y la alta posición de su padre. Aunque permitía a la niña que ayudase en las tareas de la casa, ya no la enviaba más a hacer recados. Mientras tanto, los demás hijos estaban ocupados cuidando cabras, recogiendo agua o leña; todos estos quehaceres recaían ahora sobre los hermanos de Laura. Myrtle estaba ocupada preparando a Laura para un futuro de ensueño.

A causa de las restricciones de su madre, la niña pronto se sintió separada de los demás. Si jugaba con los otros niños, su madre le advertía que no se ensuciara demasiado la ropa. Que no se tostara demasiado al sol. Que no hablara tan basto. En lugar de hacerla sentirse llena de orgullo, como era la pretensión de su madre, todas estas atenciones hicieron a la niña extremadamente consciente de que era diferente de los demás niños que la rodeaban, y pronto pasó a ser retraída y con falta de espontaneidad.

Myrtle reconoció la nueva quietud de la niña como una muestra de sus "cualidades". Envió avalanchas de cartas a la señorita Christie, a pesar de que las respuestas que recibía eran escasas y escuetas. La mantenía constantemente informada del progreso de la niña en la escuela, de su gran habilidad en la lectura, y ocasionalmente hacía que la niña escribiera unas cuantas líneas en la carta a su abuela para presumir de su fina caligrafía. Finalmente, unas navidades, para materializar la imagen de la niña que había estado construyendo durante años, tomó gran parte del dinero todo roído que sacaba de los granos de café que recogía del suelo, y llevó a la niña al pueblo más próximo para que le sacaran una fotografía en un estudio profesional.

Fue una fotografía de pose, poco natural, de un estilo que había pasado de moda hace treinta años. La niña llevaba un vestido blanco de puntilla, ribeteado con lazos y demasiado largo para su edad. Llevaba calcetines largos de nylon y zapatos blancos abrochados con hebilla. El pelo lo llevaba peinado en perfectos rizos caídos, con una parte hacia un lado y dos rizos delante cogidos con un gran lazo blanco. En la fotografía posó muy recta con los pies juntos y la mano derecha rígidamente inclinada para tocar una rosa artificial de un florero que estaba sobre una mesa de roten situada a su lado. La niña no sonrió.

Los abuelos, que fueron los receptores de una gran foto enmarcada y en papel mate, vieron a una niña de piel oscura, con pelo largo y oscuro, una nariz recta y unos enormes ojos muy serios. A pesar de las modernas ropas, todo en ella tenía un aire rústico excepto los penetrantes ojos, que no tenían nada de la suavidad y la timidez de los niños del campo. La señorita Christie quedó un poco ruborizada con el regalo, y escondió la fotografía en el cajón de su buró porque no tenía el lustre de las fotos de sus hijos y nietos que lucían sobre el mismo. Pero no pudo deshacerse del retrato completamente; había algo en la niña que la obsesionaba y lo miraba constantemente para ver qué había de su propia sangre en esa niña. La niña, según parecía, tenía la boca débil de su padre, aunque la barbilla desafiante y los ojos audaces eran indudablemente de su madre. Fue quizás esa seria y firme mirada, para nada infantil, lo que hizo que la señorita Christie mirara la fotografía durante minutos como si la estuviera hipnotizando. Tras esto volvía en sí de nuevo y con gesto de enfado guardaba otra vez la fotografía en el cajón.

A pesar de juzgarla así, la señorita Christie sentía profunda curiosidad por esta niña cuya madre había hecho de ella un dechado de virtudes, y cuyos ojos miraban al mundo de una manera tan directa.

Al poco tiempo, mencionó el tema indirectamente a su marido. Una tarde al anochecer mientras estaban sentados en el porche, le dijo:

—Bueno, míranos a los dos aquí. Mira cuántos hijos y nietos tenemos, y nadie que nos haga compañía.

—Pues . . . Así es la vida. Una vez que los hijos se marchan a la ciudad, el campo ya les queda demasiado solitario.

—Supongo que así es. Pero sería realmente hermoso tener a alguien joven en la casa de nuevo–. Dejaron el tema ahí por el momento, pero ella siguió mencionándolo de vez en cuando.

Finalmente, como si fuera la primera vez que se le ocurría, dijo:

—Escucha, Dolphie, ¿Por qué no nos traemos a la hijita de Myrtle con nosotros?

—¿Qué? ¿Y remover trapos viejos otra vez? Estás loca.

—Pero nadie tiene por qué saber quién es.

—¿Acaso no sabes lo entrometidos que son todos los negros? Tarde o temprano lo van a saber.

—Bien, pero no pueden demostrar nada. Ella no tiene nuestro nombre. Lleva el nombre de su madre.

Discutieron sobre el tema durante semanas, y finalmente decidieron invitar a la niña a quedarse con ellos durante una o dos semanas.

Cuando llegó Laura, estaba intimidada con la enorme casa y la anciana pareja de patricios que siempre iban tan limpios, y que tenían un olor dulce como si cada nuevo día fueran perpetuamente lavados y planchados por Mirie, la cocinera. Pasó a ser todavía más callada, hablaba sólo cuando le hablaban y, además, en voz muy baja que apenas se le oía.

La señorita Christie quedó complacida de que fuera mucho más clara de piel que en la fotografía—de hecho, Myrtle había discutido con el fotógrafo por esa misma razón—, y aunque realmente parecía un ratoncito de campo, sin duda llenaba la casa con su presencia. Ya estaba la señorita Christie ocupada planificando el futuro de la niña, consiguiéndole ropa decente, corrigiéndole su habla, borrando su acento rural, enseñándole los modales en la mesa, y haciéndole que se diera un baño cada día; hecho que era novedoso para una niña que venía de un lugar donde todo el mundo se bañaba en un barreño una vez por semana, dado que el agua tenía que ser acarreada sobre sus cabezas una milla colina arriba desde la fuente.

En la niña, la señorita Christie vio un pedazo de arcilla que encerraba la promesa de poder ser moldeada en algo satisfactorio. La misma energía con la que la señorita Christie se entregó por un "buen"casamiento, crió satisfactoriamente a seis hijos y vio cómo también ellos hicieron buenos casamientos, y que la impulsaba a organizar La Asociación de Madres y El Comité Escolar; esa misma energía iba a ser dedicada ahora a este último producto al que los parientes conocedores del tema se referían como "la cana al aire de Bertram."

Aunque su esposo se quejaba y echaba chispas, a él también le gustaba la idea de tener un niño en la casa de nuevo, pues pensaba que ella era una cosita graciosa a la que apenas se le oía en todo el día, nada parecida a la bulliciosa familia que habían criado. Y de esta manera, como en un sueño, la niña se encontró transportada de forma permanente de la casa de dos habitaciones de su madre a esta mansión de su padre.

Por supuesto, nunca se mencionaba a su padre y sólo sabía que era el de la fotografía porque la había firmado. A menudo miraba la fotografía, intentando convertirlo en el ser de carne y hueso del que ella había sido creada, pero fracasaba completamente en el intento. De hecho, era incapaz de deducir incluso la menor faceta de su carácter a partir de la fotografía. Todo lo que podía ver era una cara sonriente que de alguna manera indefinible se parecía a todas las otras caras de las fotografías. Todos parecían serenos y dulces. En ninguna de estas caras había arrugas, o ceños fruncidos, o manchas, o rasgos de fealdad como un ojo bizco o una nariz partida, u orejas grandes, o dientes rotos. Rasgos que aquejaban a toda la demás gente que había conocido hasta ahora. Enfrentada a tal perfección, cesó de mirarse al espejo.

Había ido a vivir allí durante las vacaciones de verano y la señorita Christie había aprovechado todas las oportunidades para añadir lustre a su protegida, a quien presentaba en todas partes como a "mi pequeña adoptada." Como parte de la educación de la niña, la señorita Christie le había enseñado a encerar los muebles de caoba y a hornear pasteles, a abrillantar la plata y a limpiar las cristaleras, objetos todos que habían sido ajenos a la educación anterior de la niña.

A la niña le gustaba permanecer dentro de la casa, que estaba fresca, oscura y sombreada porque afuera las enormes extensiones de césped sin árboles y, más allá, los interminables pastos, la asustaban.

Se había criado en una parte del cerro de la montaña donde un camino de grava era la única cosa que rompía la monotonía de las accidentadas e interminables colinas que había por todas partes. Había tantas colinas que durante medio día, su casa y su jardín permanecían oscuros y húmedos y el moho crecía en los lados de la senda de barro. Solamente a mediodía, cuando el sol estaba directamente encima, recibían luz. Las casas estaban encaramadas precariamente en las laderas de las colinas y se llegaba a ellas por sendas resbaladizas desde el camino y, si alguien se molestaba en escalar hasta las cimas de las colinas, lo único que vería sería más montañas. Por el hecho de que era un área tan montañosa, parecía estar constantemente sumida en una bruma azul oscuro que quedaba interrumpida sólo por un ocasional hibisco o cortón y las bandadas de pájaros de colores brillantes que se precipitaban entre el follaje. Estaban rodeados de montañas por todas partes y a Laura le gustaba eso porque había pasado toda su vida en un espacio cerrado y finito, que la protegía de los peligros que ni siquiera conocía.

Y por eso, desde el momento que había viajado a la estación de ferrocarril a unas cuantas millas de distancia, y se había montado en el tren y éste había empezado a viajar por los infinitos campos de caña, había empezado a sentir miedo. Porque de repente los cielos se habían abierto por todo lo ancho alrededor de ella; el sol castigaba con fuerza y además le acompañaba el ilimitado traqueteo de las ruedas del tren. Se sentía desnuda y ansiosa, como si estuviera de repente expuesta, y no hubiera donde esconderse.

Cuando al final del trayecto se bajó del tren, allí no había campos de caña, pero la tierra era todavía llana y abierta, y había ondulados pastizales por todas partes. Su curiosidad por los rebaños de ganado que vio pastando a la sombra de algún ocasional árbol no pudo disminuir el miedo que sentía al sentirse tan expuesta.

La casa de los padres de su papá estaba situada en la cima de una colina desde donde se podía divisar a millas de distancia en todas las direcciones. Cuando salía afuera, se sentía mareada porque el cielo era demasiado ancho; era como estar encerrada en una gigantesca pecera azul. No había nubes durante el verano. Y las colinas quedaban tan lejos que se perdían en el azul del cielo. Pero terminó el verano y llegaba el momento de ir a la escuela. La escuela más próxima quedaba a tres millas. La abuela, tras decidir que estaba muy lejos para poder ir caminando—aunque caminar largas distancia no había significado ningún problema en su vida anterior—, lo había arreglado para que fuera y regresara en el autobús que pasaría a la hora exacta cada día. Este simple hecho la impresionó muchísimo porque demostraba el poder y la grandeza de la abuela.

Estaba contenta por el autobús porque no quería caminar sola a la escuela. Ahora se estaban terminando los días despejados del verano, y las nubes habían empezado a aparecer en el cielo, gordas nubes de cúmulos que viajaban en grupos y que en estos campos vacíos y extraños parecían feas y amenazadoras. Le recordaban los cuadros que solía ver en la catequesis de los domingos y que mostraban a Jesús viniendo a la tierra de nuevo, flotando en una de esas gordas nubes blancas. Y puesto que el Jesús de su iglesia era un hombre que había venido a juzgar y a castigar a los pecadores, esos cuadros sólo le servían para recordarle que era una pecadora y que un día pronto Dios aparecería desde el cielo en las tormentas del fuego eterno para juzgarla y condenarla. Y hasta que Él no viniera, las nubes estaban ahí para vigilarla. ¿Por qué otra razón se movían, cambiaban y adoptaban formas de criaturas asombrosas y temerosas, sino para atormentarla por su poca valía? A veces cuando se quedaba de pie junto a la barbacoa y miraba hacia atrás la casa desdibujada contra el cielo, la propia casa parecía moverse y sentía un repentino mareo como si toda la tierra se estuviera moviendo y la dejara a ella allí sola en el vacío.

Entonces, corría rápidamente dentro de la casa a buscar a la señorita Christie, a Mirie o a alguien. No importaba quién con tal de que hubiera otro ser humano con quien compartir el mundo.

Aunque durante todo el día sintiera un vago anhelo por su madre y sus hermanos y toda la gente que había conocido desde su infancia, nunca se sentía sola. Pues su madre no le había dado mucho al sacarla de su propia vida sin garantizarle una posición en la siguiente, pero, sin ser consciente, la había criado para una vida de soledad. Aquí, en esta gran casa, caminaba de habitación en habitación sin decir palabra en todo el día, pues ahora sus labios se encontraban sellados por la timidez. Para sus recién sensibilizados oídos, sus palabras salían llanas y sin música, y miraba con culpa las fotografías. En silencio pedía perdón por estar ahí.

No había más niños en la casa y Laura quedaba tan remotamente alejada de otros que no tenía posibilidad de conocer a nadie. En ocasiones, caminaba hasta la entrada con el gran portón negro con la esperanza de que pasara algún niño y hablara para que pudieran ser amigos, pero cuando quiera que pasaba alguien, su timidez la hacía esconderse detrás del pilar de piedra de modo que no la veían. Y aunque la abuela no había mencionado nada sobre el tema, después de algún tiempo, Laura supo instintivamente que en este lugar no conocería a nadie suficientemente bueno para poder traerlo a la casa de la señorita Christie.

Aunque le gustaba el aire de importancia que le daba subir y bajar del autobús en la puerta de la escuela—era la única estudiante que lo hacía—, casi todo el tiempo miraba con envidia como los otros niños caminaban a casa desde la escuela, jugando, gritando y rodando por el camino. Iban descalzos y ella envidiaba esa libertad porque sus pies, que habían sido tan libres como los de ellos excepto los domingos, estaban ahora encajonados en calcetines y zapatos de cuero auténtico, que había heredado de alguno de los nietos legítimos que vivían en Kingston o Nueva York.

La mayoría de los días, el autobús era puntual. Cada mañana esperaba junto al gran portón negro a que llegara. El autobús llegaba puntual todos los días. Excepto los jueves. A veces los jueves el autobús no llegaba hasta el final de la tarde. De cualquier manera, Laura iba hasta el portón y esperaba, sabiendo en el fondo de su corazón que el autobús no llegaría. La señorita Christie a veces se acercaba al portón y se quedaba parada mirando a ambos lados de la carretera.

En algunas ocasiones, el amo Dolphie, de camino de una pradera a otra, detenía su caballo y se quedaba también parado mirando la carretera. Los tres se quedaban parados en silencio. La carretera se retorcía blanca hacia un mundo vacío. El silencio zumbaba como los cables del telégrafo. Su vida quedaba suspendida en el aire a la espera de una palabra de la señorita Christie. Su pecho empezaba a hincharse cada vez más, como un globo cada vez más grande.

—El autobús no va a llegar. Tendrás que caminar—sentenciaba la señorita Christie de modo tajante.

—Por favor, señorita Christie, sólo un minuto más—le rogaba. Esto era lo único por lo que le rogaba. Pero sabía que el autobús no vendría y ahora, siendo tan tarde, tendría que caminar sola las tres millas hasta la escuela por un mundo vacío de personas. Caminaba rápido, el polvo de la marga del camino formaba remolinos alrededor de sus tobillos, a lo largo de esta solitaria carretera que pasaba junto al campo santo. Por encima, siguiendo cada paso del camino, las gordas nubes sonreían con complicidad en el cielo azul pálido. Las odiaba por todo lo que sabían de ella. Su torpeza, su rareza, el hecho de que no perteneciera a ese lugar tan espléndido y luminoso. Ahí se sentaban cada jueves para juzgarla. El jueves, el día anterior al mercado. El día de su Apocalipsis.

Los jueves, el viejo autobús se quedaba parado en la carretera millas más arriba, repleto de vendedoras con sacos de rafia, grandes cestas de mimbre y pollos. El autobús iniciaba bien su recorrido: desde algún sitio salía al amanecer, lleno y feliz. Y entonces, unas cuantas millas después, el autobús se estremecía gentilmente y como un pájaro de metal encorvado se paraba con una tos y un suspiro, y se acomodaba en la carretera, demasiado cansado y agotado para moverse. Se quedaba ahí hasta la tarde, las mujeres del mercado sentadas a la sombra espantándose las moscas; y los hombres reunidos con aire de importancia alrededor de la máquina, discutiendo y maldiciendo hasta que llegaba la tarde cuando la tierra refrescaba y el conductor empezaba a circular despacito. Todo apañado hasta el jueves siguiente cuando las vendedoras bajaban con sus sacos de rafia, sus grandes cestas de mimbre, sus risas, sus pintas, sus peleas y su feroz energía que demostraba ser demasiada para el viejo autobús. Entonces, con un suspiro, yacía inmóvil de nuevo en la carretera millas arriba del portón. Cada jueves.

En ocasiones, si se las arreglaba para entretenerse lo suficiente, la señorita Christie decía:

—¡Cielos! Son las 10 en punto. Ahora ya no puedes ir a la escuela.

—¡Yupi, señorita Christie!—gritaba serenamente—¡gracias, gracias!

A veces, cuando no iba a la escuela, el amo Dolphie le dejaba cavar en la huerta de patatas irlandesas y coger las patatas diminutas para ella. Cavar patatas era seguro. No se podía ver el cielo. Y nunca se sabía cuándo saldría una patata realmente grande entre las diminutas.

—Como cuando se pesca, ¿verdad?—decía el amo Dolphie, y ella asentía, aunque no sabía cómo sería eso porque nunca había visto el mar. Pero ella se reía igualmente.

II

Un día recibieron una carta del padre de la niña. Venía de visita con su esposa. Poco después de la alegría inicial que produjo la noticia, los abuelos se dieron cuenta de que a la fuerza iban a surgir dificultades con la niña. Por una razón, no le habían mencionado a su hijo nada sobre ella, dado que se sentían avergonzados de no haberle consultado antes de tomar la decisión de traérsela a su casa. Por otra parte, era un poco extraño escribirle a su casa sobre ese asunto ya que, por lo que sabían de las mujeres americanas, creían que había muchas probabilidades de que su esposa le leyera las cartas.

Su decisión inmediata fue mandar a la niña de regreso a su casa, pero esto también presentaba ciertos problemas puesto que todavía estaban en el trimestre escolar, y no se les ocurría qué podían decirle a su madre para justificar este cambio de planes. No podían decirle la verdad porque incluso para ellos la verdad parecía absurda: que querían devolver a la niñita porque iba a venir su padre. Por una vez, la señorita Christie no sabía qué hacer. Fue el señor Dolphie quien tomó la voz cantante.

—Escríbele a él y pregúntale qué hacemos—instruyó a su esposa,—después de todo, es su hija. Si no quiere que esté aquí cuando él venga, entonces puede decirnos lo que deberíamos hacer con ella.

Se sorprendieron, pero no demasiado, cuando su hijo les contestó que no deberían hacer nada con la niña, pues sería divertido verla.

El señor Dolphie no vio ningún motivo de diversión en la situación y pensó que era propio de su hijo menor hacer un chiste de una cosa seria, y sobre todo actuar de manera imprudente e irresponsable. Había albergado la esperanza de que Bertram habría sentado la cabeza y llevaría una vida seria.

Mucho antes de que le dieran a la niña las noticias sobre la visita de su padre, ella lo sabía, pues sin escuchar intencionadamente sus conversaciones, parecía absorber e intuitivamente entender todo lo que pasaba en la casa.

Desde que escuchó las noticias, había cierto gozo en su corazón, pues su madre le había dicho tantas veces que un día este padre misterioso suyo vendría y la reclamaría como propia, que ella había llegado a creérselo. Sabía que vendría y la rescataría de sus temores tan endebles como las nubes y no le proporcionaría otra cosa más que jueves soleados.

Pero cuando ella miraba la fotografía de su padre de entre todas las del buró, su cara lucía esa sonrisa ilegible y sosa, y sus ojos no expresaban nada que le indicara cómo él intentaría demostrar su amor por ella.

Un día, la señorita Christie le dijo:

—Laura, nuestro hijo, el señor Bertram, va a venir de visita—lo dijo de modo que parecía que la niña y el señor no guardaran ninguna relación—. Viene con su esposa. No lo hemos visto en tantísimos años.

"Sí. Desde que yo nací," pensó Laura.

—Bien Laura, espero que te comportes lo mejor que sepas cuando estén aquí.

—Sí, señora.

Laura no mostró ninguna emoción mientras la señorita Christie continuó hablando del tema. "¿Cómo se comporta uno con su padre?" pensó Laura. No tenía experiencia en ello. Había tan pocos padres entre la gente que ella conocía.

La señorita Christie revolvió toda la casa en un frenesí de preparativos para la visita de su hijo. Sin habérselo dicho, Laura entendió que tales preparativos no eran tanto para el hijo como para su esposa blanca. Estaba bastante en lo cierto, por lo que la señorita Christie le había dicho a Mirie:

—Estas mujeres extranjeras son demasiado descaradas, tú sabes. La mitad de ellas no han salido de ninguna parte pero creen que todo el mundo en Jamaica es un mono y vive en los árboles. Me alegra mucho que mi hijo la traiga para que pueda ver cómo vivimos. Laura asintió a sus palabras en silencio pues, "¿quién a lo largo y ancho de este mundo podía llevar una vida tan impecable y bien ordenada como la señorita Christie?"

Laura ansiaba poder hablar con alguien sobre su padre. Averiguar cómo era él realmente. Pero no quería preguntarle a la señorita Christie. Pensó escribirle en secreto a su madre y contarle que el señor Bertram venía, y preguntarle cómo era realmente, pero era demasiado tímida para hacer nada a espaldas de la señorita Christie; pues la señorita Christie, siendo tan sabedora de todo, iba a averiguarlo a la fuerza. A veces, quería preguntarle a Mirie, la cocinera que llevaba trabajando para la familia casi cuarenta años. Pero aunque había alimentado la costumbre de dejarse caer por la espaciosa cocina y sentarse a la mesa durante horas, nunca consiguió reunir el coraje para dirigirse a Mirie, y Mirie, una mujer silenciosa y taciturna, nunca se dirigía a ella para nada. Creía, sin embargo, que a Mirie le gustaba, pues con frecuencia, sin mediar una palabra, le daba algunas exquisiteces del puchero, o le daba a probar las galletas o el pan con la mermelada de guayaba, a pesar de que sabía que a la señorita Christie no le gustaba que comiera entre horas. Pero aparte de gruñir de vez en cuando mientras hacía sus tareas, Mirie no decía nada en absoluto sobre el tema del señor Bertram o cualquier otro ser humano. Laura deseaba que Mirie le hablara, pues para ella la cocina era el lugar más acogedor de la casa.

Su padre y la esposa llegaron un día mientras ella estaba en la escuela. Cuando llegó a casa, le daba apuro entrar, y se quedó por fuera tratando de esconderse detrás de un poste cuando la señorita Christie la vio.

—¡Oh, Laura! Ven a conocer a mi hijo—dijo la señorita Christie y la introdujo majestuosamente en la sala. —Mina—dijo dirigiéndose a una mujer de pelo amarillo allí sentada, —ésta es Laura, la pequeña adoptada de la que te estaba hablando—. Laura al principio distinguió vagamente a la mujer, luego al amo Dolphie, luego a un hombre extraño en la sombra, pero era demasiado tímida para dirigirle más que una mirada fugaz. Él no se dirigió a ella, pero sonrió sin apenas mover los labios. Durante los días siguientes se acostumbraría a esa sonrisa, que no era tan sosa como en la fotografía. No prestó más atención a su hija. Era la esposa quien se inquietaba con la pequeña, haciendo preguntas y comentando sobre sus rizos. Laura apenas podía entender lo que la mujer decía, pero le impresionaba lo estilizada y elegante que era, sus vestidos de ilimitada fascinación, sus joyas, su risa, su acento, su perfume, la seguridad en sí misma. Al ver sus largas uñas pintadas, le vino la imagen de las manos de su madre, las uñas desiguales y rotas como las de un hombre por su trabajo en el campo; la oscura cara de su madre; su tosca voz chillona. Y sintió una amarga vergüenza. Conociendo quién era su madre, no era sorprendente, pensó, que su padre no pudiera aceptarla.

Le incomodaban exageradamente los invitados en la casa. Su presencia forzaba al máximo las nuevas habilidades sociales que la señorita Christie le había inculcado. Ahora tenía una doble ansiedad: no decepcionar a su madre con respecto a la señorita Christie, y no decepcionar a la señorita Christie delante de la mujer blanca de los Estados Unidos de América.

A pesar de todas las atenciones de la mujer, era el hombre quien ella quería que le prestase atención, la aceptase, la amase. Pero nunca lo hizo. Se las ingeniaba todo el tiempo para estar cerca de él, para sentarse en su ángulo de visión, para aparecer "por casualidad" en la senda cuando él caminaba por los pastizales. El hombre no la veía. A él le encantaba hablar, su voz sonaba sin tregua, como el suave murmullo de las olas del mar que ella nunca había visto. La ceniza de su cigarrillo se iba acumulando hasta que se le caía sobre la ropa o sobre el deslumbrante suelo de la señorita Christie. Pero nunca habló con ella. Esto le causaba más ansiedad incluso que los esfuerzos de la señorita Christie en "pulirla." Pues mientras que sentía que la señorita Christie intentaba, por duro que resultara, engrandecerla, no podía evitar sentir que la indiferencia de su padre no hacía más que empequeñecerla, anularla. Laura se habría cuestionado si él sabía quién era ella, si no fuera porque sabía que la señorita Christie le había escrito sobre el asunto. Decidió que toda esa indiferencia era parte de una comedia, que él quería sorprenderla cuando la reclamase, y que estaba preparando el momento mágico del reconocimiento que después iba a iluminar la vida de los dos por los siglos de los siglos. De esta manera se consolaba durante el día, pero por las noches lloraba en la habitación donde dormía sola con la temerosa sombra del árbol del pan que se reflejaba en los cristales de la ventana.

Y llegó de nuevo el jueves, y con esta ansiedad incluso se olvidó de su padre. Como siempre, el autobús no llegaba y se quedó esperando cerca del portón con la esperanza de que la señorita Christie se olvidara de que estaba allí hasta que fuera demasiado tarde para ir caminando a la escuela. La carretera se perdía blanca y solitaria en la vacía mañana, silenciosa excepto por el zumbido de las abejas y el latir de su propio corazón. Entonces aparecieron la señorita Christie y Mina en el porche y obviamente la vieron. Mientras hablaban, empezaron a caminar tranquilamente hacia el portón donde esperaba ella, atrapada por varios impulsos. Los latidos del corazón de Laura, cada vez más rápidos, casi se pararon cuando su padre apareció por el naranjal, y se aproximó a las dos mujeres. Ahora los tres caminaban hacia ella. Estaban lo suficientemente cerca para que Laura pudiera oír lo que decían, pero sus ojos estaban clavados sólo en su padre.

—¡Ay Señor! Ese viejo autobús. Laura va a llegar tarde otra vez—dijo la señorita Christie.

—¡Por amor de Dios! ¿Por qué no dejas de preocuparte tanto de esa maldita pequeña bastarda?—gritó su hijo.

Laura no escuchó nada más porque, después de un largo silencio en que le dio un vuelco el corazón, no hubo tiempo para escuchar nada más. Sus pies de motu propio habían comenzado a moverse carretera abajo, y para cuando hubo llegado a las puertas del colegio, se había erigido a sí misma en huérfana y ya no había más nubes.

TRANSLATED BY ESPERANZA LUENGO CERVERA

LES BEAUX JEUDIS

Olive Senior (1941–)

Le jeudi était la pire des journées. Alors qu'elle n'attendait rien de particulier des autres jours de la semaine, chaque jeudi était soit très bon soit très mauvais, et elle n'avait aucun moyen de savoir à l'avance sur lequel elle allait tomber. Parfois il y avait tellement de jeudis horribles les uns après les autres qu'elle voulait écrire à sa mère « Je t'en prie, maman, viens me chercher ! Je ne peux plus supporter les nuages. » Mais après elle se rappelait les mots de sa mère : « Laura, c'est une vie nouvelle pour toi. C'est une chance. Va pas me décevoir, ma petite, garde ta langue et t'étonne pas de tout ce que tu vas voir. Je veux pas que Miss Christie se plaigne et surtout, montre que t'es bien élevée. »

Miss Christie était la dame chez qui elle habitait maintenant, la mère de son père. Elle ne connaissait pas son père, à part par la photo de lui sur le bureau de Miss Christie où il était perdu au milieu d'une forêt de photos de tous ses enfants et petits-enfants tous avec le teint mat, des cheveux lisses et des sourires pleins d'assurance. Quand elle a vu ces photos, elle a compris pourquoi Miss Christie ne pouvait pas mettre la sienne au milieu. Chaque semaine, quand elle faisait le ménage dans le bureau, Laura se regardait dans le miroir et essayait de sourire avec l'assurance des personnes sur les photos, mais tout ce qu'elle voyait c'était quelqu'un de si étrange, de si différent des personnes sur les photos, qu'elle savait qu'elle ne pourrait jamais leur ressembler. Pour sourire comme ça devant un appareil photo, il fallait être né dans un certain milieu, une grande maison avec des meubles en acajou et beaucoup de pièces, des heures fixes pour les repas, une mère et un père mariés et habitant ensemble sous le même toit, qui vous punissaient et vous récompensaient, qui vous envoyaient à l'école dans des vêtements comme il faut, pour ressembler à tout le monde, être comme tout le monde, être à la bonne place que la Vie avait choisi pour vous.

Mais même si les autres la bousculaient, et qu'elle essayait de se frayer un chemin, de se mettre à sa place, elle se disait que la Vie lui avait joué un mauvais tour, et qu'il n'y avait, après tout, pas de place pour elle. Sinon comment expliquer ce malaise, cette douleur qu'elle ressentait dans la maison de son père dans toutes les situations, même les plus insignifiantes. Comme s'asseoir à table ou manger.

Chez sa mère elle rentrait juste de l'école ou d'ailleurs, s'asseyait sur un tabouret dans un coin de la cuisine en appentis ou sur les marches pendant que Maman lui servait un plat qu'elle mangeait avec ce qu'elle avait sous la main. Souvent Maman elle-même mangeait debout, parfois directement dans la casserole, et les garçons aussi s'asseyaient où ils voulaient. Tout était noir à cause de la suie de l'âtre qui s'étalait sur les murs comme de ridicules rubans déchirés accrochés au toit. Après le repas, Laura lavait les assiettes et les casseroles dehors dans une bassine en émail et balayait les cendres de l'âtre. Manger était aussi simple que respirer.

Mais ici, dans la maison des parents de son père, le repas était un rituel pour lequel on devait se préparer en allant se laver les mains, se coiffer et arranger sa robe avant de venir à Table. La Table était dans la Salle à manger et douze personnes au moins auraient pu s'y asseoir confortablement. Quand Laura et les grands-parents s'asseyaient ensemble à un bout dans l'ombre de la pièce, elle imaginait parfois qu'ils déséquilibraient tellement la table qu'elle allait basculer sur eux. A d'autres moments, quand elle faisait briller les meubles en acajou, elle attribuait une chaise à chacun des enfants de la famille, ainsi qu'au père, à la mère et aux grands-parents à favoris et rubans qui la regardaient depuis les tableaux ovales accrochés au mur. Quand tout le monde était assis, ils étaient tous tellement bien à leur place qu'il n'y avait maintenant plus du tout de place pour elle. Ça ne la dérangeait parfois pas plus que ça.

Mais maintenant, à l'heure des vrais repas, les fantômes n'étaient plus là et elle s'asseyait avec ces gens âgés dans cette salle vide et sonore. Elle s'asseyait chaque fois avec angoisse, car le repas n'était pas vraiment un moment pour manger mais plutôt pour apprendre à bien se tenir à table.

Tout d'abord Mirie la cuisinière faisait tinter une clochette en argent qui invitait tout le monde à se rendre à la salle à manger, et la maison bruissait de pas légers comme des pas de souris et du bruit de l'eau dans le lavabo. Tous les habitants de la maison se lavaient, se coiffaient et arrangeaient leurs vêtements avant le Repas. Elle essayait de ne pas arriver la dernière à table car c'était à chaque fois l'assurance d'être punie. Ensuite il lui fallait se rappeler d'enlever la serviette blanche amidonnée du rond en argent et la placer sur ses genoux.

« Maintenant tiens-toi droite, ma petite. Ne te tiens pas voûtée comme ça », lui disait Miss Christie tandis qu'elle enlevait les couvercles des soupières. Miss Christie s'asseyait et découvrait les plats, mais quand Laura était servie, sa gorge était déjà serrée et elle était tellement perturbée qu'elle en oubliait d'utiliser le couteau et commençait à manger avec sa fourchette.

« Allons, allons, ma chérie, utilise ton couteau s'il te plaît. Et ne coupe pas toute ta viande en petits morceaux. »

A la vue de l'air sombre sur le visage de Laura, Miss Christie disait : « Tu me remercieras un jour pour tout ça, Laura, tu sais. Si tu veux t'en sortir, tu dois apprendre à faire les choses comme il faut. Je me demande ce que ta mère t'a appris tout ce temps. Je n'arrive pas à imaginer qu'une enfant de ton âge soit si peu au courant des choses les plus élémentaires. »

La première fois que Miss Christie avait parlé comme ça de sa mère, Laura avait éclaté en sanglots et était partie en courant. Mais maintenant, en se remémorant les paroles de sa mère, elle se retenait pour ne pas pleurer.

Le père de Laura n'avait jamais épousé sa mère. La question ne s'était jamais posée, disait Myrtle sans méchanceté, « M. Bertram était un jeune homme de bonne famille. De très bonne famille. » Elle aimait bien dire ça aux gens qui venaient chez elle et ne connaissaient pas l'histoire du père de Laura. Comment il était venu rendre visite aux Wheeler chez qui Myrtle était une jeune domestique. Ils avaient eu ce qu'elle aimait appeler une « aventure » mais qui n'avait même pas laissé de trace dans l'esprit de M. Bertram, et Laura en était le résultat. Le fait que M. Bertram était un homme de « bonne famille » avait d'une certaine manière tellement élevée Miss Myrtle à ses propres yeux que personne d'autre ne pouvait comprendre comment elle avait pu avoir deux fils après ça de deux pères sans aucun doute très modestes.

Laura était née foncée mais avec des cheveux presque lisses que Miss Myrtle s'évertuait à entretenir en les massant avec de l'huile de coco et en les brossant tous les jours, lui frottant la peau en même temps avec du beurre de cacao pour la rendre douce et «l'éclaircir». Miss Myrtle faisait porter à l'enfant un chapeau de paille à larges bords pour la protéger du soleil, lui disant que sa peau était «très fragile».

Miss Myrtle n'avait aucun regret au sujet de son aventure avec M. Bertram même si son seul signe de reconnaissance de la naissance de l'enfant avait été un billet de dix dollars qu'il lui avait envoyé à l'époque. Et après ça il avait été expédié par ses parents furieux aux Etats-Unis et elle n'avait plus entendu parler de lui.

Miss Myrtle n'avait pas eu beaucoup de chance en ce qui concernait le choix des pères pour ses enfants car aucun d'entre eux ne l'avaient aidée. Elle les avait élevés toute seule dans une petite maison sur le terrain de la famille et avait pris des travaux de couture pour augmenter ce qu'elle gagnait avec les légumes du potager et le gingembre qu'elle vendait au marché. Elle ne s'inquiétait pas du sort de ses fils car après tout, c'était des garçons capables de se débrouiller tout seul quand ça serait le moment. Mais sa fille était une source permanente de soucis, car une petite avec des cheveux aussi longs et bouclés, un nez aussi fin, une peau aussi douce (même si c'était dommage qu'elle fût aussi foncée) était faite c'était sûr pour une vie facile et confortable. Pendant des années, Miss Myrtle avait entretenu le rêve qu'un jour le père de Laura reviendrait comme par enchantement et l'emmènerait vivre dans le monde auquel elle appartenait réellement. Entre-temps elle préparait sa fille au rôle qu'elle pensait être amenée à jouer dans la vie, économisant à droite et à gauche afin d'avoir assez d'argent pour lui faire de jolis vêtements afin qu'elle soit la petite fille la mieux habillée à des kilomètres. Pour le moment, c'était le seul héritage qu'elle pouvait lui donner.

Après de nombreuses années, quand il fut devenu apparent même pour Myrtle que M. Bertram n'avait absolument pas l'intention d'aider l'enfant, elle prit son courage à deux mains, aidée et encouragée apparemment par l'ensemble du village, et écrivit aux parents de M. Bertram. Elle les connaissait bien, car la mère de M. Bertram était la sœur de Mme Wheeler et venait en fait d'une famille ayant des racines dans la région.

Chère Miss Kristie,

Soyez bénie au nom de Jésus Christ notre Sauveur j'espère que cette lettre vous trouve, vous et Mister Dolfy, en bonne santé. Alors Miss Kristie je vous écris cette lettre en tremblant parce que je suis toute petite et vous êtes une Grande Dame mais j'espère que vous me trouverez pas trop prétentieuse mais la fille à Monsieur Bertram a neuf ans aujourd'hui et elle est intelligente comme tout ma chère Miss Kristie, comme j'aimerais que vous la voyiez, c'est une brave petite elle apprend bien ses leçons et elle ira loin si quelqu'un pouvait l'aider mais moi je suis trop pauvre ! J'ai rien du tout ! Et en plus je travaille dans les champs jusqu'au soir. Elle ressemble à son père mais je veux rien demander à Monsieur Bertram. Il a sa vie mais si vous pouvez faire quelque chose pour la petite Dieu vous bénisse vous Miss Kristie et aussi Mister Dolfy. Qu'il vous garde et vous prête longue vie jusqu'au repos éternel dans les bras de notre seigneur.

Votre humble servante
Myrtle Johnstone

Cette lettre causa consternation quand les Watson la reçurent car ils avaient presque complètement oublié ce que toute la famille appelait « la faute de Bertram » et ils pensaient que la femme l'avait également oubliée. Bien que Myrtle eut seulement dix-sept ans à l'époque et leur fils de vingt à huit, ils n'avaient jamais pardonné celle que Miss Christie appelait « cette arrogante fille noire » d'avoir séduit leur fils. « Ils rêvent tous d'éclaircir leur peau », avait hurlé Miss Christie, « ils ne pensent qu'à éclaircir leur peau. C'est pour ça qu'il faut tout le temps les surveiller. » Maintenant, tel un fantôme surgissant du passé, ils voyaient cet ancien scandale revenir les hanter.

Au départ ils étaient furieux, et puis alors qu'ils passaient leurs journées à parler de ça sans arrêt, ils abandonnèrent bientôt leur idée initiale d'ignorer la lettre, car la petite fille, même si sa mère était vulgaire et avait dû tout calculer, faisait quand même partie de la famille et il fallait faire quelque chose pour elle. Finalement ils se décidèrent pour une aide limitée, juste assez pour apaiser leur conscience mais pas assez pour que Miss Myrtle s'imagine qu'elle avait trouvé un filon illimité. Miss Christie rédigea la première de ses courtes et froides lettres à la mère de la petite fille.

Chère Myrtle,

En réponse à votre appel à l'aide nous vous envoyons un peu d'argent pour l'enfant, et un paquet qui devrait vous parvenir bientôt. Mais ne croyez pas que nous pourrons renouveler cela régulièrement car nous avons nous aussi des difficultés financières. Par ailleurs, les gens qui font des enfants devraient penser à leur éducation avant d'en avoir.

Salutations.

Mme Watson

Bien entendu, ils ne mentionnèrent nulle part le père de l'enfant qui était maintenant marié et vivait dans le New Jersey.

Myrtle fut ravie de recevoir la lettre et le paquet car c'était des preuves tangibles que la famille de l'enfant allait en effet la sortir de sa vie de misère dans les montagnes. Maintenant elle s'occupait encore plus de la petite fille, s'efforçant de lui rappeler la finesse de ses cheveux et de son nez et le statut social de son père. Même si elle continuait d'aider sa mère à la maison, elle ne sortait plus faire les courses. Quand les autres enfants gardaient les chèvres, allaient chercher de l'eau ou du bois pour le feu, toutes ces tâches chez elle étaient maintenant dévolues aux frères de Laura. Myrtle préparait Laura à un avenir doré.

A cause des interdictions de sa mère, l'enfant se sentit bientôt isolée des autres. Si elle jouait avec les autres enfants, sa mère lui rappelait de ne pas salir ses vêtements. De ne pas rester trop longtemps au soleil. De ne pas parler trop fort. Au lieu de la rendre fière comme sa mère le voulait, ces attentions rendirent l'enfant tellement consciente de sa différence par rapport aux autres enfants autour d'elle, qu'elle se referma rapidement sur elle-même et perdit sa spontanéité.

Myrtle aimait bien cette nouvelle discrétion chez l'enfant, elle voyait ça comme un signe de qualité. Elle envoya une multitude de lettres à Miss Christie, bien que les lettres qu'elle recevait d'elle étaient courtes et peu nombreuses. Elle l'informait régulièrement des progrès scolaires de l'enfant, du fait qu'elle lisait très bien, et parfois elle lui faisait écrire quelques phrases dans la lettre à sa grand-mère pour montrer avec fierté sa belle écriture. Enfin, une année, à Noël, pour donner un visage à cette image de l'enfant qu'elle construisait depuis des années, elle rassembla presque toutes les économies qu'elle avait faites en vendant du café et emmena l'enfant à la grande ville la plus proche pour que sa photo soit prise dans un studio professionnel.

C'était une photo très figée, dans un style passé de mode trente ans auparavant. L'enfant était vêtue d'une robe blanche en dentelles décorée de rubans, beaucoup trop longue pour son âge. Elle portait de longues chaussettes en nylon blanc et des sandales blanches. Ses cheveux tombaient en boucles parfaites, avec une raie sur le côté et deux accroche-cœurs sur le devant, retenus par un grand nœud blanc. Sur la photo elle se tenait très droite, les pieds joints, et sa main droite touchait dans une pose très raide une rose artificielle dans un vase sur une table en rotin à côté d'elle. Elle ne souriait pas.

Ses grands-parents qui reçurent un agrandissement sur papier mat y virent une petite fille à la peau foncée, avec de longs cheveux, un nez droit et de grands yeux très sérieux. Malgré les jolis vêtements, tout chez elle rappelait la campagne sauf son regard pénétrant qui n'avait nullement la douceur et la timidité des enfants de la campagne. Miss Christie était un peu gênée de ce cadeau, et cacha le portrait dans un tiroir de son bureau car il n'avait pas la sophistication des photos de ses enfants et petits-enfants qu'elle avait posées sur son bureau. Mais elle ne pouvait pas non plus jeter cette photo ; il y avait quelque chose chez cette enfant qui la hantait et elle regardait souvent la photo pour trouver ce qui chez elle était de sa chair et de son sang. L'enfant avait la bouche molle de son père, apparemment, même si le menton et les yeux arrogants lui venaient sans doute de sa mère. C'était peut-être le regard fixe, sérieux, certainement pas le regard d'une enfant, qui poussait quelquefois Miss Christie à regarder la photo pendant plusieurs minutes d'affilée comme si elle était hypnotisée. Ensuite elle se reprenait et, très en colère, la remettait dans le tiroir.

Contre son meilleur jugement, Miss Christie devenait de plus en plus curieuse au sujet de cette enfant que sa mère décrivait comme une petite merveille et dont les yeux regardaient le monde de façon aussi intense.

Bientôt, elle commença à aborder indirectement le sujet avec son mari. Un soir, au coucher du soleil, quand ils étaient tous les deux assis sur la véranda, elle lui dit : « Regarde-nous un peu. Regarde combien d'enfants et de petits-enfants on a, et aucun d'entre eux n'est avec nous. »

« Hm. C'est la vie. Une fois les enfants partis à la ville, la campagne c'est trop isolé pour eux. »

« Tu as raison. Mais ce serait bien d'avoir quelqu'un de jeune dans la maison à nouveau. » Ils abandonnèrent le sujet ce soir-là, mais elle y revenait de temps en temps.

Enfin elle lui dit, comme si elle y pensait pour la première fois : « Mais Dolphie, pourquoi on n'accueille pas ici la petite fille de Myrtle ? »

« Quoi ? Pour ressortir cette vieille histoire ? Tu es devenue folle. »

« Mais personne n'a besoin de savoir qui elle est. »

« Alors c'est que tu ne sais pas que ces nègres se mêlent toujours des affaires des autres. Ils découvriront bien qui elle est. »

« Mais personne ne pourra rien prouver. Elle n'a même pas notre nom. Elle a celui de sa mère. »

Ils se disputèrent plusieurs fois à ce sujet pendant les semaines qui suivirent, puis enfin ils décidèrent d'inviter l'enfant à venir passer une ou deux semaines.

Quand Laura arriva, elle était impressionnée par la grande maison, le vieux couple respectable qui était toujours si propre et qui sentait bon comme si Mirie la cuisinière les lavait tous les jours. Elle devint encore plus silencieuse, ne parlant que quand on l'interrogeait, et avec une si petite voix qu'on pouvait à peine l'entendre.

Miss Christie était heureuse de voir qu'elle était plus claire de peau que sur la photo (en fait, Myrtle s'était disputée avec le photographe pour la même raison) et même si elle était discrète comme une petite souris, elle remplissait la maison de sa présence. Miss Christie était déjà occupée à prévoir l'avenir de l'enfant, lui mettant de beaux vêtements, corrigeant son élocution, effaçant son accent de la campagne, lui apprenant à se tenir à table, lui faisant prendre un bain par jour (chose qui lui était tellement étrangère, elle qui venait d'un endroit où tout le monde prenait son bain dans une bassine une fois par semaine car l'eau devait être transportée sur la tête pendant deux kilomètres depuis la source).

Dans cette enfant Miss Christie vit une boule d'argile qui promettait de se laisser modeler pour devenir quelque chose de satisfaisant. Avec la même énergie que Miss Christie avait mis à faire un « bon mariage », à élever avec succès six enfants et à les voir faire eux-mêmes de beaux mariages, cette énergie qui l'avait poussé à créer l'Union des Mères et le Conseil d'Administration de l'école, elle l'utilisait maintenant au développement de son nouveau projet que les membres de la famille au courant appelait « le coup en douce de Bertram ».

Bien que son mari râlait et s'énervait souvent à son sujet, il appréciait lui aussi l'idée d'avoir un enfant dans la maison de nouveau, même si il la trouvait un peu bizarre, silencieuse toute la journée, contrairement aux enfants bruyants qu'ils avaient élevés. Et ainsi, comme par magie, l'enfant se trouva transportée définitivement de la maison de deux pièces de sa mère à la grande maison de son père.

Bien sûr son père n'était jamais mentionné et elle ne connaissait de lui qu'une photo qu'il avait signée. Elle regardait souvent cette photo, essayant d'en faire un être de chair et de sang qui l'avait enfanté, mais elle échouait toujours lamentablement. En fait, elle était incapable de deviner le plus petit aspect de son caractère à partir de la photo. Tout ce qu'elle voyait, c'était un visage souriant qui, pour une raison indéfinissable, ressemblait à tous les visages sur les autres photos. Ils étaient tous doux et sans expression. Dans aucun de ces visages on ne trouvait de rides, de froncements, de taches, ou de marques de laideur telles qu'un strabisme, un nez cassé, des cheveux crépus, de grandes oreilles ou des dents cassées comme chez tous les gens qu'elle avait connus auparavant. Face à une telle perfection, elle arrêta de se regarder dans le miroir.

Elle était allée vivre là-bas pendant les vacances d'été et Miss Christie saisissait toutes les occasions qu'elle avait pour améliorer sa protégée qu'elle présentait à tout le monde comme sa « petite adoptée ». Dans le cadre de son éducation, Miss Christie lui apprenait à faire briller les meubles en acajou et à faire des gâteaux, à nettoyer l'argenterie et les vitres, des objets qui étaient tous étrangers à l'enfant pendant son éducation antérieure.

L'enfant aimait rester à l'intérieur de la maison qui était fraîche, sombre et ombragée, alors que l'extérieur, avec son immense pelouse sans arbres et avec au-delà, les champs à perte de vue, lui faisait peur.

Elle avait grandi dans une partie des montagnes où un chemin en gravier était la seule chose qui rompait la monotonie des collines bossues et sans fins tout autour. Il y avait tellement de collines que pendant la moitié de la journée, leur maison et leur cour étaient humides et sombres et de la mousse poussait de chaque côté du chemin de terre. C'était seulement à midi quand le soleil était au zénith qu'il y avait de la lumière. Les maisons étaient perchées de manière précaire sur le flanc des collines avec des chemins glissants qui y menaient depuis la route, et si quelqu'un s'essayait à grimper au sommet des collines, tout ce qu'il pourrait voir c'était d'autres montagnes. Parce qu'elle était tellement vallonnée, cette région avait l'air d'être à tout moment nimbée d'une lumière bleu foncé, parsemée de temps en temps d'hibiscus ou de cretonnes et de vols d'oiseaux aux couleurs vives transperçant le feuillage. Ils étaient entourés de montagnes de tous côtés et Laura aimait ça, car toute sa vie s'était déroulée dans un espace clos la protégeant de dangers qu'elle n'imaginait même pas.

Et puis, dès le moment où elle s'était rendue à la gare à vingt kilomètres de là et était montée dans le train et qu'il avait commencé son voyage à travers l'immensité des champs de canne à sucre, elle avait commencé à avoir peur. Car soudain le ciel s'était ouvert tout grand autour d'elle ; le soleil était brûlant et elle entendait le cliquetis incessant des roues du train. Elle se sentait nue et angoissée, comme si elle était soudain exposée, et qu'il n'y avait nulle part où se cacher.

Quand elle descendit du train au bout du voyage, il n'y avait pas de champs de canne, mais la terre était toujours plate et sans fin, des pâturages à perte de vue. Sa curiosité pour les troupeaux de bétail qu'elle voyait paître à l'ombre d'arbres trop rares ne pouvait en rien diminuer la peur qu'elle ressentait à être ainsi exposée.

La maison des parents de son père se trouvait en haut d'une colline d'où ils pouvaient voir des kilomètres à la ronde. Quand elle sortait elle avait la tête qui tournait tellement le ciel était grand, c'était comme être enfermée dans un immense bol bleu. L'été était sans nuages. Et les collines étaient tellement lointaines qu'elles étaient noyées dans le bleu. Mais l'été toucha à sa fin et il fut temps pour elle d'aller à l'école. La plus proche était à six kilomètres. Sa grand-mère, décidant que c'était trop loin pour qu'elle y aille à pied, même si les longues distances n'avaient jamais été un problème pour elle auparavant, avait fait le nécessaire pour qu'elle aille à l'école par le bus qui passait à heure fixe tous les jours. Cette simple petite chose l'impressionnait comme étant un témoignage du pouvoir de sa grand-mère.

Elle était ravie de prendre le bus car elle ne voulait pas marcher toute seule pour aller à l'école. Maintenant que les beaux jours d'été touchaient à leur fin, les nuages avaient commencé à s'agglutiner dans le ciel, de lourds cumulus

qui voyageaient en bandes et qui dans cette campagne étrange et vide deve-
naient laids et menaçants. Ils lui rappelaient les dessins qu'elle avait
l'habitude de voir au catéchisme montrant Jésus revenant sur terre, flottant
sur l'un de ces gros nuages blancs. Et parce que le Jésus de son église était
quelqu'un qui revenait juger et punir les pécheurs, ces dessins servaient seulement à lui rappeler qu'elle aussi était une pécheresse et que Dieu apparaîtrait
un jour prochain descendant du ciel lançant des éclairs et du feu pour la juger
et la condamner. Et jusqu'à ce moment, les nuages étaient là pour la regarder.
Pour quelle autre raison bougeaient-ils, se transformaient-ils, prenaient-ils
la forme de créatures gigantesques et effrayantes, sinon pour la tourmenter
et l'accuser de son inutilité? Parfois quand elle montait sur le barbecue dans
le jardin et regardait la maison se dessiner sur le ciel, la maison elle-même
semblait bouger et elle avait le vertige comme si la terre se dérobait et la laissait seule dans le vide.

Elle courait à toute vitesse à l'intérieur pour retrouver Miss Christie ou
Mirie ou qui que ce soit. Tant que c'était un autre être humain avec qui
partager le monde.

Tandis que toute la journée elle ressentait ce vague désir d'être avec sa
mère, ses frères et toutes les personnes qu'elle avait connues depuis l'enfance,
elle ne sentait jamais seule, car si sa mère lui avait légué quelque chose, en la
sortant d'une vie sans garantir son intégration dans une autre, c'était sans le
faire exprès l'avoir habituée à une vie de solitude. Ici, dans cette grande maison, elle allait de pièce en pièce et ne disait rien de toute la journée, ses lèvres
maintenant scellées par la timidité. A ses oreilles nouvellement éduquées, ses
mots semblaient plats et monocordes; elle regardait les photos avec un sentiment de culpabilité et demandait pardon en silence pour se trouver là.

Il n'y avait pas d'autres enfants près de la maison et elle était maintenant
si éloignée physiquement des autres qu'elle n'avait absolument aucune chance
de rencontrer qui que ce soit. Quelquefois elle marchait dans l'allée menant
à la route jusqu'à la haute grille noire en espérant qu'un enfant passe devant
et lui parle afin qu'ils puissent devenir amis, mais quand quelqu'un passait
enfin, sa timidité la poussait à se cacher derrière le pilier en pierre pour ne
pas être vue. Et même si sa grand-mère n'abordait jamais ce sujet, après
quelque temps elle se rendit bien compte qu'elle ne rencontrerait jamais ici
quelqu'un d'assez bien à amener dans la maison de Miss Christie.

Même si elle appréciait le sentiment d'importance qu'elle ressentait à monter et descendre du bus devant l'école (elle était la seule dans ce cas), la plupart du temps elle regardait avec envie les autres enfants rentrer à pied chez eux après l'école, jouer, crier et courir dans la rue. Ils ne portaient pas de chaussures et elle leur enviait cette liberté, car ses pieds à elle, autrefois libres comme les leurs sauf le dimanche, étaient maintenant engoncés dans des chaussettes et des chaussures en cuir récupérées chez l'un ou l'autre des « vrais » petits-enfants qui vivaient à Kingston ou à New York.

La plupart du temps le bus était à l'heure. Tous les matins elle attendait devant la haute grille noire que le bus arrive. Le bus était à l'heure tous les jours. Sauf le jeudi. Parfois le jeudi le bus ne passait que tard dans la soirée. Malgré ça elle attendait tous les jeudis devant la grille, sachant bien au fond d'elle-même que le bus ne viendrait pas. Miss Christie venait quelquefois se tenir près de la grille et regardait la route.

Parfois M. Dolphie, se rendant d'un pâturage à un autre, arrêtait son cheval et restait aussi près de la grille à regarder la route. Ils restaient là en silence tous les trois. La route ondulait, toute blanche dans un monde vide. Le silence bourdonnait comme les fils télégraphiques. Sa vie était en suspens dans l'attente d'un mot de Miss Christie. Sa poitrine commençait à se soulever comme un ballon devenant de plus en plus gros. « Le bus ne va pas venir. Il va falloir que tu ailles à l'école à pied », disait enfin Miss Christie.

« Oh, Miss Christie, encore quelques minutes », priait-elle. C'était la seule chose qu'elle demandait. Mais elle savait bien que le bus ne viendrait pas, et maintenant, alors qu'il était déjà si tard, il lui faudrait faire seule à pied les six kilomètres jusqu'à l'école dans un monde vide de gens. Elle marchait très vite, la poussière de la route de marne tourbillonnant autour de ses chevilles le long de cette route isolée qui passait près du cimetière. Au-dessus d'elle, la suivant tout au long du chemin, les gros nuages pleins de suffisance étaient là dans le ciel bleu pale. Elle les détestait pour tout ce qu'ils connaissaient d'elle. Sa maladresse, sa gêne, le fait qu'elle n'appartenait pas à cette lumière et à cet endroit magnifique. Ils étaient là à la juger tous les jeudis. Le jeudi, le jour avant le jour du marché. Le jour de son jugement dernier.

Le jeudi, le vieux bus était arrêté sur la route quelques kilomètres avant, rempli de marchands itinérants, avec leurs sacs en toile de jute, leurs grands paniers carrés et leurs poulets. Le bus démarrait sans problème. Quelque part, quelques kilomètres plus haut, il démarrait à l'aube, plein de monde et heureux. Et puis, quelques kilomètres plus loin, le bus se mettait à vibrer doucement et, comme un oiseau de métal tordu, il ralentissait avec des hoquets et s'immobilisait sur la route, trop fatigué et usé pour bouger. Il restait là jusqu'au soir, les vendeuses du marché assises à l'ombre et chassant les mouches avec leur éventail, les hommes agglutinés autour de la machine avec l'air d'en connaître un bout sur la question, se disputant et jurant jusqu'au soir quand le sol était de nouveau frais et que le chauffeur redémarrait doucement, son véhicule en état jusqu'au prochain jeudi quand les marchandes descendraient de nouveau avec leurs sacs en toile de jute et leurs grands paniers carrés, leur rire, leur corpulence et leurs disputes, et leur énergie féroce qui s'avèrerait être beaucoup trop à supporter pour le vieux bus. Et avec un soupir il s'immobiliserait de nouveau sur la route avant sa maison. Tous les jeudis.

Parfois cependant si elle se débrouillait pour traîner assez longtemps, Miss Christie disait : « Oh mon Dieu, il est déjà 10 heures. Ca ne sert plus à rien que tu ailles à l'école. »

« Oh, merci, Miss Christie, merci », la remerciait-elle silencieusement.

Quelquefois quand elle n'allait pas à l'école, M. Dolphie la laissait aller dans son carré de pommes de terre irlandaises pour ramasser les toutes petites pommes de terre.

Ramasser des pommes de terre n'était pas dangereux. Elle ne pouvait pas voir le ciel. Et elle ne savait jamais quand une pomme de terre vraiment très grosse aller surgir au milieu des petites.

« Comme quand on attrape des poissons, hein ? » disait M. Dolphie et elle acquiesçait même si elle ne savait pas comment ça faisait vu qu'elle n'avait jamais vu la mer. Mais elle riait avec lui.

II

Un jour ils reçurent une lettre du père de l'enfant. Il venait au pays avec sa femme pour rendre visite à ses parents. Peu après s'être réjoui de ces nouvelles, les grands-parents réalisèrent qu'il risquait d'y avoir des problèmes à cause de l'enfant. Déjà, ils n'avaient rien dit à leur fils à son sujet, car ils étaient un peu gênés de ne pas lui avoir demandé son avis avant de décider de l'accueillir chez eux. D'autre part, il était peut- être un peu délicat de lui écrire chez lui pour parler de ça, car d'après ce qu'ils avaient entendu dire des femmes américaines, il était fort possible que sa femme ouvre le courrier.

A chaud, leur décision avait été de renvoyer l'enfant chez elle, mais cela aussi présentait certains problèmes puisque l'école n'était pas finie et ils n'arrivaient pas à trouver quoi raconter à sa mère pour expliquer ce changement d'attitude. Ils ne pouvaient en aucune manière lui dire la vérité car même pour eux, cette vérité semblait absurde : la petite fille devait rentrer chez sa mère parce que son père arrivait . . . Pour une fois, Miss Christie ne savait que faire. C'est M. Dolphie qui prit la décision. « Ecris-lui et demande-lui ce qu'il veut qu'on fasse », dit-il à sa femme, « après tout, c'est sa fille. S'il ne veut pas qu'elle soit là quand il arrive, il n'a qu'à nous dire ce qu'il veut qu'on fasse d'elle ».

Ils furent surpris mais pas tant que ça quand leur fils répondit par courrier qu'il n'y avait rien à faire de particulier avec l'enfant et que même, ça l'amusait beaucoup de la rencontrer.

Dolphie ne voyait pas ce qu'il y avait d'amusant dans cette situation et se disait que c'était bien dans le genre de son cadet de prendre à la légère quelque chose de sérieux et en bref d'agir de manière irréfléchie et irresponsable. Il avait quand même espéré que Bertram prenait enfin la vie sérieusement.

Bien avant qu'ils annoncent à l'enfant l'arrivée de son père, elle était au courant, car sans même écouter délibérément leurs conversations, elle semblait absorber et comprendre intuitivement tout ce qui se passait dans la maison.

Depuis qu'elle savait que son père venait, son cœur était joyeux, car sa mère lui avait dit si souvent qu'un jour ce père mystérieux viendrait et la reconnaîtrait, qu'elle s'était mise à le croire. Elle savait qu'il viendrait la sauver de ses frayeurs aussi ténues que les nuages et ne lui offrirait que des beaux jeudis.

Mais quand elle chercha sa photo au milieu des autres sur le bureau, son visage avait ce sourire vague et indéchiffrable et ses yeux ne disaient rien qui puissent lui faire deviner comment il allait manifester son amour pour elle.

Un jour Miss Christie lui dit : « Laura, notre fils va venir nous rendre visite. M. Bertram. » Elle annonça ça comme s'il n'y avait aucun lien entre l'homme et la petite fille. « Il vient avec sa femme. Nous ne l'avons pas vu depuis tellement longtemps. »

Oui. Depuis que je suis née, pensa Laura.

«Bon, Laura, je compte sur toi pour bien te comporter quand ils seront là.»

«Oui, Madame.»

Laura ne manifesta aucune émotion tandis que Miss Christie continuait de parler de cette visite. Comment est-ce qu'on se comporte avec un père? pensa Laura. Elle n'avait aucune expérience dans ce domaine. Il y avait tellement peu de pères chez tous les gens qu'elle connaissait.

Miss Christie nettoya tout de fond en comble dans la maison dans cette frénésie de préparation pour la visite de son fils. Sans qu'on lui dise quoi que ce soit, Laura comprit que ces préparatifs n'étaient pas tellement pour le fils mais plutôt pour sa femme blanche. Elle avait raison, car comme Miss Christie l'avait dit à Mirie, «ces femmes étrangères sont vraiment culottées, tu sais. La moitié d'entre elles viennent sans doute de milieu modeste mais elles croient toutes que les Jamaïcains sont des singes et habitent dans les arbres. Je suis vraiment ravie que mon fils l'amène ici pour qu'elle puisse voir comment on vit.» Laura acquiesça en silence, car qui au monde pouvait se vanter d'avoir une vie aussi bien ordonnée et nette que Miss Christie?

Laura avait envie de parler à quelqu'un de son père. Savoir comment il était. Mais elle ne voulait pas demander à Miss Christie. Elle pensa écrire en secret à sa mère pour lui dire que M. Bertram allait venir, pour lui demander comment il était réellement, mais elle était trop timide pour faire quelque chose en cachette de Miss Christie car Miss Christie était tellement intelligente qu'elle le découvrirait sûrement. Parfois elle voulait demander à Mirie la cuisinière qui travaillait avec la famille depuis près de quarante ans. Mais même si elle avait pris l'habitude de venir dans la grande cuisine et de s'asseoir à la table pendant des heures, elle n'eut jamais le courage de parler à Mirie, et Mirie, une femme morose et silencieuse, ne lui adressait jamais la parole. Elle pensait, toutefois, que Mirie l'aimait bien, car souvent, sans dire un mot, elle lui donnait un petit morceau de ce qu'elle préparait dans la casserole, ou un biscuit, ou du pain et de la gelée de goyave, même si elle savait que Miss Christie n'aimait pas que l'on mange entre les repas. Mais à part grommeler quelque chose de temps en temps quand elle faisait son travail, Mirie ne disait rien sur M. Bertram ou sur quoi que ce soit d'ailleurs. Laura aurait aimé que Mirie lui parle, car elle considérait la cuisine comme l'endroit le plus agréable de la maison.

Son père et sa femme arrivèrent un jour quand elle était à l'école. Quand elle fut de retour, elle était trop timide pour rentrer dans la maison, et traîna dehors un moment essayant de se cacher derrière un poteau quand Miss Christie la remarqua.

« Laura, viens faire connaissance avec mon fils », lui dit Miss Christie et elle la fit rentrer dans le salon. « Mina », dit-elle à une femme blonde assise dans un fauteuil, « voici Laura, la petite adoptée dont je vous ai parlée ». Laura distingua d'abord vaguement la femme, puis M. Dolphie, et enfin un homme étrange qui se tenait dans l'ombre, mais elle était trop timide pour lui jeter plus qu'un regard furtif. Il ne lui parla pas mais lui adressa un sourire qui fit à peine bouger ses lèvres. Les jours suivants elle s'habitua à ce sourire, qui n'était pas aussi inexpressif que sur la photo. Il ne prêta plus attention à sa fille. C'est sa femme qui s'intéressait à la petite fille, lui posant des questions et s'extasiant sur ses cheveux bouclés. Laura comprenait à peine ce que la femme disait, mais elle était impressionnée par son allure, fascinée par ses vêtements, ses bijoux, son rire, son accent, son parfum, son assurance. En regardant ses longs ongles vernis, Laura revoyait les mains de sa mère, ses ongles comme ceux d'un homme cassés et fendus par le travail aux champs ; le visage foncé de sa mère, sa voix ordinaire et perçante. Et elle avait horriblement honte. Quand elle pensait à la mère qui l'avait mise au monde, il ne fallait pas s'étonner, pensa-t-elle, que son père ne la reconnaisse pas.

Elle était très mal à l'aise avec ces invités dans la maison. Leur présence mettait à rude épreuve les nouvelles bonnes manières que Miss Christie lui avait inculquées. Maintenant son inquiétude était double : ne pas décevoir sa mère vis-à-vis de Miss Christie, et ne pas décevoir Miss Christie devant cette femme blanche qui venait des Etats-Unis d'Amérique.

Malgré toute l'attention que lui portait la femme, c'est l'homme dont elle voulait attirer le regard, dont elle voulait se faire reconnaître, se faire aimer. Mais il ne fit aucun effort dans ce sens. Elle s'évertuait à être à tout moment près de lui, à s'asseoir dans son champ de vision, à apparaître « accidentellement » sur le chemin quand il allait se promener dans les champs. L'homme ne la voyait pas. Il aimait parler, sa voix grave comme le roulement des vagues de la mer qu'elle n'avait jamais vue, sa cigarette se consumant de plus en plus jusqu'à ce que les cendres tombent sur ses vêtements ou bien sur le plancher impeccablement verni de Miss Christie. Mais il ne lui parlait jamais. Ceci l'angoissait encore plus que les efforts que Miss Christie faisait pour «l'éduquer», car même si elle sentait que Miss Christie essayait, tant bien que mal, de lui donner confiance et assurance, elle ne pouvait s'empêcher de penser que l'indifférence de son père ne faisait rien d'autre que la réduire à néant en niant son existence même. Laura se serait demandé s'il savait qui elle était si elle n'avait pas su que Miss Christie lui avait écrit pour le prévenir. Elle décida donc que toute son indifférence devait faire partie d'un jeu, qu'il voulait la surprendre quand il la reconnaîtrait enfin, et qu'il se préparait à lui offrir un moment magique qui illuminerait par la suite leur vie à tous les deux pour toujours. Dans la journée c'est comme ça qu'elle se consolait, mais la nuit, elle pleurait dans la petite chambre où elle dormait seule dans l'ombre effrayante de l'arbre à pain dressé contre la vitre de la fenêtre.

Puis jeudi arriva et dans son angoisse habituelle, elle en vint à oublier son père. Comme d'habitude le bus était en retard et Laura traînait près de la grille en espérant que Miss Christie oublierait qu'elle était là jusqu'au moment où il serait trop tard pour qu'elle aille à l'école. La route ondulait, blanche et désolée dans le matin vide et silencieux malgré le bourdonnement des abeilles et le battement de son cœur. Puis Miss Christie et Mina apparurent sur la véranda et la virent sans doute. Elles s'avancèrent lentement en discutant vers la grille où elle se tenait, paralysée par l'émotion. Le cœur de Laura battait de plus en plus vite puis s'arrêta presque quand son père sortit de l'orangerie et s'approcha des deux femmes. Maintenant ils s'avançaient vers elle tous les trois. Ils étaient à présent assez proches pour que Laura puisse entendre tout ce qu'ils disaient mais ses yeux ne voyaient que son père.

«Oh, c'est encore ce vieux bus. Laura va de nouveau être en retard», dit Miss Christie.

«Bon sang, mais c'est pas possible! Quand est-ce que vous allez arrêter d'être aux petits soins pour cette petite bâtarde?», cria son fils.

Laura n'entendit rien d'autre pendant un long moment, et après que son cœur eut été anéanti, il était trop tard pour entendre quoi que ce soit d'autre, car ses pieds s'étaient élancés tout seuls dans une course folle le long de la route et quand elle arriva devant les grilles de l'école, elle était devenue orpheline et il n'y avait plus de nuages.

TRANSLATED BY ERIC MAITREJEAN

THE UPSIDE-DOWNNESS OF THE WORLD AS IT UNFOLDS

Shani Mootoo (1958–)

1.

I was just about to type the word with which I would launch into my story, but that word has a way of evoking a memory of the attack of a slender 18" x 1½" length of wood sprung thwaa-aack! against a thinly covered row of bones, and my knuckles remember the ache as if the pronouncement had come down only seconds ago, decommissioning my fingers. A simple, over-used word. Not one, however, that is overused in my back-home, but overused here, in this country of englishes (but not so many English folk as they themselves might like). The first time I used that word was some twenty-five years ago, in front of Mrs Dora Ramsey, the ancient retired British tutor my parents hired to push, no, shove us through the common entrance exam. And ever since that usage, so many years back, I have had trouble even thinking the word.

Tdrrrrrring! a little bell rings, taking us back into the past. There it is again: tdrrrrrring! A glass of cow's milk and a plate of currant rolls ("dead fly cemetery" they are called, flaky pastry triangles studded with hundreds of dark reddish brown shrivelled currants) and the unpeeled cheeks of ripe julie mangoes sit on a kitchen table. Two girls, my sister Sharda and I, nine and ten years old, ignore the dead fly cemetery, and grab the mangoes first, each cheek held up to the mouth, teeth sunk into the golden flesh, yellow creamy juice slipping down the corner of a mouth and running in a crooked egg-yellow rivulet down the finger, down the palm, down the arm to drip off the elbow. Sweet satisfaction and then the two girls grow sullen, sticky yellow elbows digging defiantly into the table, as they prop their chins into their sweet-smelling palms. Their mother snaps, "Stop lahayin and drink up that milk. If you weren't such dodo-heads you wouldn't have to go to private lessons. And you have no choice. Take that sulk off your face this minute!"

"But Mummy . . ."

"Don't but with me. You are going if I have to drag you there myself!"

She didn't drag us there herself, Boyie the chauffeur did. He drove us (our reluctance made the car sluggish) three blocks and around the corner to a house set far back in a cul-de-sac where, without our having to announce ourselves, the tall wrought-iron gates rumbled and parted at their centre seam. Boyie never crossed the gate; he was afraid that it would close behind him, trapping him, subjecting him to synonyms, antonyms, onomatopoeia and other words he heard us hurling at each other as if they were ultimate insults.

"You synonym!"

"Do you want to get subjunctived?"

"Onomatopoeia sme-ell, onomatopoeia sme-ell."

"No they don't. You do. You smell."

So Sharda and I walked from the bottom of the driveway, with our exercise books, vocabulary and usage texts, and finely sharpened yellow pencils, up a long and winding asphalt path, whispering encouragement to each other through motionless lips. We looked hard through the jacaranda and bougainvillaea shrubs scattered missionary-style all over the lawn, trying to spot the clammy cold white English hand and lordly eyes of the controller of the gates groaning shut behind us.

We always entered the house through the kitchen. Widowed Mrs Ramsey, living out her days and thawing out her marrow in the colonies, would stand at the top stair waiting by the back door, watching us mount each step as if we were carrying sacks of mangoes on our backs. She would make us wipe our shoes on the husk mat at the top stair outside the kitchen and push us through the kitchen where Rommel, the Rhodesian Ridgeback, lay on the cool terrazzo with his hind legs sprawled straight out behind him, guarding his pot of rice, bones and leftovers melting down under a bubbling froth to dog-food mush on the stove-top.

Following Mrs Ramsey's spreading frame, we meandered through the house of curios commemorating the coronation of Queen Elizabeth in 1952. We slid our hands along our upside-down reflections, clear like a still lake's, on the 200-year-old colonial-style mahogany dining table and chairs, to the verandah with purple, yellow and white hanging orchids, potted pink anthuriums, and a wall of purple bougainvillea. Shading the patio was an S-shaped avocado tree, with S-shaped branches weighed down low by ripe avocados hanging like Mrs Ramsey's heavy breasts (which Sharda and I were always trying to see more of, to know what secrets their Britishness held), and as big, the length from an elbow to one's outstretched middle finger. Nothing in Mrs Ramsey's garden was mongrel, everything was trophy- and certificate-winning, deeper in colour, bigger, contorted or striped or variegated hybrids; everything was straightened and tied with plant wire and trained with trellises. On the edge of all of this, in the cool evening breeze, is where we sat and were taught to behave like the well-brought-up young ladies in *her* back-home where she had once long, long ago been the principal of a private high school for girls only.

New words were fitted in our mouths and we were taught how to use them. Word: pagan (pā¹ gən), *n*. 1 one who is not a Christian, Moslem, or Jew; heathen. 2 one who has no religion. 3 a non-Christian. Sentence: The pagans of Indian ancestry pray to images of a dancing Shiva, a blue Krishna, or the cow.

Top marks.

We recited multiplication tables from the back cover of our exercise book, and often when time permitted we were given a complimentary lesson in flower arrangement or table etiquette. How, with knife and fork, to eat roti and curried châtaigne, which her Afro-Indo-Trinidadian half-day maid cooked. Soup and cereal, to tip or not to tip, when and how. And how to eat a mango correctly. Never ripping with hands and teeth, or slurping off the edge of a cheek; always cutting with a knife and fork. Slice off cheeks, grid the inside with knife, then slide knife under the sections and release with fork.

One night Mrs Ramsey tried to slice up and grid my family. My parents, my sister and I were invited for supper; Mrs Ramsey served plump, perfumed and runny mangoes for dessert. My parents ate their cheeks the way mangoes have always been enjoyed in Trinidad, cupped in one hand and sucked and slurped, the meat dragged off the skin with happy grinning teeth. Mrs Ramsey sat straight-backed as she gridded her mango cheeks and proceeded with knife and fork to deal with one manageable square at a time. Without a word to each other, Sharda and I weighed the wisdom of choosing one mango-eating method over the other and decided to decline dessert.

That night when our Ahji, Daddy's mother, came to put us to bed with her childhood textbook of the Hindi alphabet and wanted us to learn her mother's language, we both said that we didn't care about India and didn't want to learn a language that only old and backward people spoke. That night Ahji gasped and died a little.

Oh! The word I began this preamble with, or rather without (you see, this is still the preamble, not yet the story!) . . . Well, days later, again in the cul-de-sac, I answered some command or other with the word – are you ready for it? – with the word *okay*, and Sharda and I watched Mrs Ramsey catch a fit, hopping and squealing.

"I beg your pardon! Did I hear correctly? What was that you answered me with?"

And I meekly repeated my word, thinking it inoffensive and not warranting comment: *okay*. She again hopped, scowled and made her eyes beady tight, and brought out Rudyard, the wooden ruler. She let me have it over my knuckles until I felt a hot wet ooze slipping out from between my knotted legs, and then she explained through clenched teeth, "Okay is slang. Abbreviation of *oll korrect* – itself a re-spelling [read mis-spelling] of *all correct*. Slang. Do you understand *slang*? Look it up!"

I fumbled through my dog-eared navy blue pocket dictionary and was too confused to read full phrases but several words leapt out from under the heading *slang* and left an indelible impression: . . . *nonstandard* . . . *subculture* . . . *arbitrary* . . . *ephemeral coinages* . . . *spontaneity* . . . *peculiar* . . . *raciness*.

And then she squealed, "*Okay* is not simply slang; above all it is an Americanism, that history-less upstart, a further butchering of our Oxford! Never, [pause for emphasis, and close-up on mouth pursed anus-tight] never let me hear that . . . that . . . that meaningless utterance again!"

On that evening I did not simply learn about slang; a revelation occurred to me, a shift as vivid as when one's sinuses suddenly quake and move around behind one's face as the passages clear. I realized that White (I assumed that America was White [from TV and *Time Magazine*] and I assumed that England was also White [from my first history book, and the second, and the third; from *Coronation Street*, *The Avengers*, *Women's Weekly*]) . . . I realized that White is not all the same. Mrs Ramsey's upturned chin and haughty reserve appealed to my parents, whose propensity to supplicate was well served, but the American families who were in Trinidad to govern our oil fields were viewed as Whites who had gone to seed. They flaunted their lack of gentility with their leisurely patio barbecues (imagine serving guests on paper plates and with plastic utensils!) and pot lucks (imagine a hostess expecting her guests to bring their own food!). It went unchallenged for me that in the hierarchy of Whites, British was Queen and American was peasant.

Early in life I already displayed the trait of championing the underdog, and so much better if the underdog were also "Other". India was not "Other" enough for me. India was at home in Trinidad. Ahji did not bring out her alphabet book again but she quietly, subversively and obstinately brought India into our house by intensifying her wearing of saris, singing of bhajans, and performing of conspicuous evening poojas by herself. The house filled up every evening with smoke from camphor squares and the radio no longer played calypsos or the American Top 40, only music from Indian films and Hindu religious music. North America became the "Other" underdog for me. When it came time for me to go abroad for further education, this is where I ended up, to the veritable irritation of my parents.

Tdrrrrrring! Tdrrrrrring! And we (you and I, not the cast of the preamble; you and I have left them all behind now) find ourselves feeling cold, hugging our shoulders, and bouncing from foot to foot, even though we are indoors. Tdrrrrrring! and we look outside and see tall buildings, low grey sky, a couple of scraggly pine trees, and some exhaust-greyed flowerless shrubs here and there. We have arrived in North America, Canada to be precise, downtown Vancouver to be razor sharp. And the word *okay* is no longer italicized, even though there is a faint ringing in my knuckles still.

2.

Okay! So now that I want to know about India, Ahji has died, and I can't afford to go there. And White friends, unlike my White childhood tutor, no longer want to whiten me but rather they want to be brown and sugary like me, so much so that two of them in particular have embarked on a mission to rub back in the brown that Mrs Ramsey tried so hard to bleach out. It was my taste for "Other" music (now that I live in North America "Otherness" is elsewhere) that bumped me into those two, whose interest was in "Other" cultures.

Ever since I saw Zahara, my ex-sweetie, walking hand-in-hand with another woman, I have been crying to the music of love-sick Sudanese musicians. Of course I debated questions of exoticization and exploitation by the World Beat craze, but always I assuaged my conscience with the thought that Zahara is Muslim and from Zaire, close enough to Sudan, and since I had bedded with her I had some right to this music as a balm for my sick heart. I was misguided perhaps, but those who are losers in love usually are.

Ever since she had left me, I found myself lured daily to the music store that specializes in World Beat music. With a good dose of contempt curling a sneer in my upper lip, I would, nevertheless, buy up every piece of mournful beseeching coming out of Muslim Africa. When my mother found out (a story in itself) that I preferred the company of women, she said that I had put a knife in her heart, but when she heard that the object of this preference was Muslim, she said that I had shoved the knife deeper and twisted it in her Hindu heart. I hope that she does not have the opportunity to see, let alone hear, my CD collection: Nusrat, Hamza, Abdel Aziz, Abdel Gadir, etc.

The blond, stringy-haired man at the counter was trying to get me interested in a CD by Mohamed Gubara from Sudan. With my eyes closed, I leaned against the glass case which displayed harmonicas and guitar strings, and listened to the Sudanese musician bleating tabanca songs and strumming the tambour.

I imagined his face, his eyes shut also, and his tambour caressed at his chest like a lover he was embracing and singing to. The chimes above the doorway to the store tinkled under Mohamed Gubara's voice and a hint of men's cologne underneath the flowery scent of a woman announced a presence more arresting than Mohamed Gubara's music. I opened my eyes and recognized the shortness of the hair, the breastlessness of the shirt, the Birkenstocks and grey socks. I thought that she recognized similar things in my appearance, but I learned later that she had had no idea that I might be "family." The reason she stared and smiled and then came over to talk was that she frequently visited India. Meet Meghan.

—Did I want to go for a cup of chai next door?

—I don't drink tea.

—A glass of lassi, perhaps?

—I'd prefer a cappuccino.

And so over cappuccinos and an attraction to her, I wiggled my way into hinting of my sexual persuasion, which I had correctly assumed was the same as hers. We exchanged phone numbers and for the next forty-eight hours I leapt to answer every phone call, hoping that it would be her. Her call came after seventy-two hours.

—Did I remember her?

—Uh, yes, how was she enjoying her new CDs?

—Oh, they're just wonderful. How about dinner? At an Indian restaurant that she frequents?

—Uh, sure, okay. Why not. (Yes! Yes! Yes! Even though a too-long absence from home has created in me an intense intolerance of Indian food.)

All but wrapped and tied up with a bow (I cut my own blend of men's and women's scent, blow-dried my hair twice – the first time I was a little too intense and one side was bouffant-ish and the other not), I arrived at the restaurant to find that she and another woman were seated waiting for me. Enter Virginia, her partner for the last five years, of whom she had not hinted before.

No need to have made my bed and washed the dishes.

3.

Meghan and Virginia turned out to be peace-seekers to a fault. Quietly, with no heroism whatsoever, they retreated from everything remotely resembling indulgence. Their desire for peace, harmony and one big happy world was not, to my relief, accompanied by incense-burning and patchouli fragrances!

Nor had they fallen into the crystal craze. And one other thing: they had a good-natured contempt for tissue-thin Indian skirts with little claustrophobia-inducing mango-seed paisleys and hemlines with frayed tassels. Thank the powers that be! They picked a safe, simple lifestyle.

They had, however, made one big-time purchase: a hot-off-the-press pristine four-door Mazda 626. It was a little expensive, but undeniably a sensible buy – not what one could call excessive (not one of those limited edition types). After all, who expects reliability and safety to come without a price tag attached?

In all the time that I have known them I have never once heard either one raise her voice, in vexation or in jubilation. So I can't really say that I minded when they spoke about Peace and Oneness with an accent or in the sing-song tone of the fumbling-bumbling Indian stereotype in Peter Sellers's movies. They didn't mean to mock or be malicious. Take my word for it. In fact, they were both genuine in their desire to be Indian. Meghan could slide her neck horizontally from shoulder to shoulder like the small vibrantly coloured papier-mâché Indian dancer that used to sit on our windowsill, around the corner and down the street from Mrs Ramsey's, its head dangling sideways in the wind. (To my shame, to this day I am still unable to slide my neck, or give a convincing imitation of an Indian accent.) Sliding her neck, Meghan would say in an accent thick and syrupy as a jilebi, "All we want is peace and happiness in this world. I am wishing you these this very morning!"

Around her neck she wore a little pendant, a brass globe the size of a "jacks" ball, with the world in bas relief on it, hanging from a shiny black satin cord. A sadhu she bumped into in Bangalore, years ago, had given it to her. After giving her blessings, she would grasp the world and give it a little shake. The world would tinkle brilliantly, the sound slowly fading as if it were moving outward into some other consciousness. Tdrrrrrring! And again, Tdrrrrrring!

Meghan and Virginia had been to India travelling around several times, separately, before they knew each other. In fact, that is where they met; Meghan was heading south from Calcutta to Madras, ashram-hopping, and Virginia was making the opposite trip, from Mysore in the south to Varanasi up north. They met on a hustle- and-bustle street somewhere in between, intuitively yanked together like magnets: two White Canadian women searching, searching, for what they did not quite know, until, that is, they found each other. Destiny. Mission. Karma. They realized that they both had Ukrainian roots (they have since found out that they are distantly related), another magnet for them. They quickly discovered that they had much more than that in common, too. On the day that they met, Meghan did a string of pirouettes, one after the other, until she faced north, and she headed in that direction, accompanying Virginia. But that is a story in itself, and they can tell their own story. I am tired of telling other people's romantic stories.

At some point they came back home to Canada, and a couple of months later left the hustle, bustle and overall coldness of Toronto to head for Vancouver, which is a lot closer to India. They say that when they go down to English Bay and dip their toes in the water they can feel a current of seductive tassa drumming vibrating all the way from the heart of India, encircling their feet and rising up in them. Sometimes lying in bed at night in their North Van home, nestled in the quiet, forested uplands, they hear chanting from the ashram in Calcutta.

It is from them that I learned about Varanasi, the river Ganga and Calcutta in such grassroots earthy detail that I can smell and feel particles of dusty heat collecting in my nostrils. They can decode my ancestors' ceremonies for me, when what I know of them is mostly from the colourful coffee-table picture books that are always on sale at the Book Warehouse for $4.95.

The first time I met them I heard Meghan say "acha" at some point in our conversation, and I let it go, thinking it was a Ukrainian expression. Later, when she said "chalo" and then "ahi", I had to cock my head sideways and ask if those were the same Hindi words I had heard Ahji use. They came naturally to Meghan. She often exclaimed in longer Hindi sentences, catching me off guard, making me feel ignorant and like a charlatan. Ahji would have been baffled by the upside-downness of the world as it unfolds.

The only Indian words I know are those on the menus in Indian restaurants and in my very own *Indian Cookery by Mrs Balbir Singh*. From the first day when I arrived in Canada people would say, "Oh, great! You can teach me to cook Indian food, and that tea, what is it called? Masala tea? Chai? You know, the one with the spices." But I didn't know, hadn't heard of such a tea until I came up here. Instead of disappointing people before I even got a chance to make any friends, I went out and bought that cookbook, which has just about saved my face more than a few times. Mrs Singh taught me words like vindaloo, mulligatawny, bhuna, matar, pullao and gosht, and of course, roti in some of its varieties: chapati, puri, naan, and so on.

It was inevitable that Meghan and Virginia would one day invite me to go with them to the Hare Krishna temple out in Ferrinbridge. "Come learn a little about your culture!" they suggested in the jovial manner of those enlightened to such absurdities of life. Feeling like a cultural orphan, I decided to go. I was only a little surprised to find out that they were Krishna followers. You see, it is not that I was surprised that two White women would belong to that movement. In fact, I was always under the impression that Hare Krishnas were, indeed, White, having been introduced to the movement by the Beatles, and then having seen with my own eyes only White folk chanting the names of Hindu gods and beating Indian tassa drums at airports in Miami, New York and London. It is only recently, at the Peace March downtown, that I've seen among the Krishna contingency a handful – well, less than that, really – of Browns awkwardly partaking in the clapping, swaying, chanting, drumming and tinkling amidst a sea of White men wearing orange kurtas and white dotis, and White women wearing thin heaven-white cotton saris, the women so emaciated and long-limbed that their saris, which were tightly wrapped instead of draped, looked like some type of garment other than a sari (perhaps a mummy's outer encasement, with an ohrni thrown over the head). It made me wonder who came first, the White followers or the Indian ones. Who converted whom.

What surprised me was that these two women, who were a lot closer to my living room than the Beatles or fleeting orange kurtas and nameless chanting faces in airports, these acquaintances of mine were Krishna followers. These two very ordinary, well-heeled (suede Birks) and responsible people! Well, what I really mean to say is "these good-looking White dykes!"

I readily decided to swallow my shame that these two were better Indians than I, and to go ingest some of the sounds, smells, colours and tastes (everyone talks of the free vegetarian meal after a prayer meeting) of my foreparents' homeland.

Sunday evening, the evening I was to learn a little about my culture, the pristine Mazda 626 sidled up to the curb in front of my apartment building. The inside of the car was ablaze with colour: Virginia's grinning face peeped out from under the cherdo of a brilliant red silk sari, her face framed by a navy blue border with discriminating flecks of silver paisleys. Meghan's cherdo hung around her neck, leaving her sandy-coloured head hovering in that dangerous place where one cannot pin her down to being female or male. Boyish one minute, unmistakably woman the next. And then boyish again.

Meghan was immensely pleased with herself. Her silk sari was forest green, with tiny gold paisleys all over and a thick, heavily embroidered border of silver and gold. My own plain white T-shirt, dark blue rayon slacks, Dr. Martens' brogues and white socks (I guessed, correctly, that we would have to remove our shoes, so I wore a pair of brand-new dressy socks that I had been saving for a special occasion) made me feel like a party-pooper going to a costume party. "Wow! You guys look great!" and other exclamations came out of my mouth, but the thoughts in my head flipped back and forth between "God, do I ever feel under-dressed, shabby, shown-up as a cultural ignoramus" and "What the heck do you want with dressing up in saris and praying to Indian gods? What business do you have showing me what I have lost? Go check out your own ancestry!" A string of unprintable thoughts and expletives surprised me. Would have turned Mrs Ramsey blue.

Meghan pulled the car away from the curb and Virginia turned back to talk to me. When I saw her blue satin blouse I realized that I had unconsciously harboured the thought that they would be wearing T-shirts instead of sari blouses. After a few minutes I became aware that I had overdone the "Gosh! They're sooo beautiful" sentiments, and I felt quite awkward. When we got out of the car I saw their full saris, faultlessly wrapped. The pleats of the patli were equally spaced, perfectly placed. I was in the mood to bet that they had had the patli arranged and then permanently sewn in place.

I was not the only South Asian at the ashram, as I had expected to be. In fact, a good half of the modest gathering was Brown-skinned. None of the Brown men wore the orange and white of the Krishnas, though. They wore quiet, polite Western suits. The Brown women all wore modest day saris. Dressed as I was, the only female Browny in Western wear, I understood, as if it were a revelation, Ahji's panic and distress at the unravelling of her culture right before her eyes.

Virginia and Meghan, with eyes closed, clapped and swayed to the chaotic drumming and the tuneless chanting of the all-White leaders. I stood as stiffly as an old piece of dried toast, with my hands clasped behind my back. The other Brown folk, on the periphery of the room, not at all central to the goings-on, clapped discreetly, without their bodies exhibiting their spiritual jubilance.

In a temple of Krishna and Rama, surrounded by murals depicting scenes from the Bhagavad Gita, among peace-desiring people full of benevolence, my temperature – temper, actually – rose. The sermon on a particular chapter of the Gita was delivered by His Holiness, a White man in orange, with a head shaved except for a thin tail of hair emanating from the upper back of his head. He sat on a throne surrounded by his entourage of White devotees. He had just returned from India full of inspiration and energy and was passing out stories of the work being done there to complete the building of a city and centre of Krishna devotion. "Go to India," he said repeatedly, grinning impishly with the privilege of having done so himself several times.

The men sat closest to him, in front, and the women sat at the back. The Brown women fell into their places at the very back, against the wall. Midway through the sermon a young man came to fetch women, who were needed in the kitchen to serve the food. He crossed over and meandered among the congregation of White women who were nearest to him, heading for the Brown ones. They dutifully rose and followed him into the kitchen, missing the ending of the sermon.

I wondered what wisdom it was (if that is what it was) that kept people from committing crimes right there and then. A familiar burning touched my knuckles, but this time it was from too tight a fist wanting to impact with history. An urgent rage buzzed around my head and ears like a swarm of crazed mosquitoes. I unfisted my hands and flayed them around my head, brushing away the swarming past and present.

I looked over at my two friends sitting at my side. Meghan and Virginia, genuine in their desire to find that point where all division ceases and we unite as one, shone radiantly. Meghan followed my eyes as I watched the Brown women walking single-file to the kitchen. In her favourite accent, full of empathy, she said, "Pretty sexist, eh! That's a problem for us too."

Tdrrrrrring! Oh! There's my doorbell!

A letter from back home, from my mother. In the unfamiliar tone of her written English she writes, " . . . She gave me her prized potted scorpion orchid just days before she passed away. As if she had a premonition! She had asked your Papa, quite some time back, to be the executor of her will. Her wish was that he contact her step-son, George Arthur Ramsey, in Surrey, England, and have her body flown back to him for burial among their kin. We did our best for our good friend, to whom Sharda and you owe thanks for your skills in the English language. After several telegrams back and forth, Papa found George living in Philadelphia, U.S.A., with his new bride, an Indian woman from East Africa. [I automatically wonder if she is Muslim.] So her body was sent to him there, where he held a funeral for her. We sincerely hope that this arrangement was okay . . . ."

LAS VUELTAS QUE DA LA VIDA EN SU DISCURRIR

Shani Mootoo (1958–)

1.

Estaba a punto de teclear la palabra que me lanzaría a contar mi historia, pero de alguna manera esa palabra me evoca el recuerdo del ataque de una esbelta vara de madera, de ½ metro de largo por unos 3 centimetro de ancho, contra una fila de huesos apenas recubiertos. Mis nudillos recuerdan el dolor como si la ejecución hubiera tenido lugar hace sólo unos segundos, dejando mis dedos paralizados. Una palabra simple y desgastada. Por el contrario, no está desgastada allá en mi tierra natal, pero lo está aquí, en este país de ingleses (aunque no hay tanto inglés como a ellos mismos les gustaría). La primera vez que utilicé esa palabra fue hace unos veinticinco años, delante de la anciana Mrs Dora Ramsey, la tutora británica que mis padres habían contratado para que nos echara una mano, mejor dicho, nos diera un empujón en el examen de entrada a la escuela secundaria. Y desde aquella ocasión, hace tantos años, todavía me cuesta incluso pensar esa palabra.

¡Tilínnnn! Suena una campanilla que nos transporta al pasado. Y vuelve a sonar: ¡Tilínnn! Sobre la mesa de la cocina hay un vaso de leche, un plato con dulces de pasas ("un cementerio de moscas muertas", se les llama a los triángulos de hojaldre salpicados con pasas secas de color marrón rojizo), y un montón de mangos maduros con la piel reluciente. Dos niñas, mi hermana Sharda y yo, con nueve y diez años, ignoran el cementerio de moscas muertas y agarran primero los mangos: los sujetan con las mejillas y clavan los dientes en la pulpa dorada; el jugo cremoso y amarillento empieza a deslizarse por la comisura de los labios y forma un retorcido riachuelo color yema de huevo que corre desde el dedo hacia la palma de la mano, pasando por el brazo hasta gotear por el codo. Dulce satisfacción, y entonces las dos niñas se quedan apesadumbradas y clavan de manera desafiante los codos amarillos y pegajosos en la mesa, al tiempo que apoyan sus mentones en las palmas de las manos que están llenas de un dulce olor. La madre les suelta:

—¡Dejen de hacer el ganso y termínense ya la leche. Si no tuvieran la cabeza hueca, no tendrían que ir a clases particulares. No les queda más remedio. Así que ya pueden ir cambiando esas caras!

—¡Pero mami . . . !

—¡No hay peros que valgan. Van a ir aunque las tenga que arrastrar hasta allí yo misma!

Ella nunca nos llevó a rastras hasta allá, lo hacía Boyie, el chofer. Nos llevaba en el carro (que se movía lentamente, frenado por nuestras pocas ganas) a una distancia de tres manzanas. Al doblar la esquina, metida en el fondo de un callejón sin salida, quedaba la casa, en donde, sin tener que anunciar nuestra llegada, se abrían desde el centro los altos portones de hierro forjado que retumbaban al moverse. Boyie nunca cruzó el portón, temía que se cerrara tras él, atrapándolo y sometiéndolo a sinónimos, antónimos, onomatopeyas, y otras palabras que él nos oía lanzarnos la una a la otra como si fueran los peores insultos.

—¡Tú, pedazo de sinónimo!

—¿Quieres que te subjuntive?

—Onomatopeya: oooleeer, onomatopeya oooleeer.

—No, ellos no huelen. Eres tú. Tú eres la que hueles.

Entonces Sharda y yo caminábamos desde la entrada siguiendo un sendero asfaltado y serpenteante. Íbamos cargadas con nuestros cuadernos, los libros de vocabulario, y los lápices amarillos bien afilados, dándonos ánimo la una a la otra sin tener que mover los labios. Mirábamos fijamente a través de las matas de jacarandá y buganvilla esparcidas con estilo misionero por el jardín, en un intento de vislumbrar la blanca mano inglesa, fría y sudorosa, y los ojos arrogantes del guardia que controlaba el portón, mientras que éste se cerraba chirriando a nuestro paso.

Siempre entrábamos a la casa por la cocina. La viuda Mrs Ramsey, quien estaba consumiendo su jubilación en las cálidas colonias, nos esperaba al final de las escaleras por la puerta de atrás. Nos miraba cómo subíamos cada escalón como si cargáramos sacos de mangos a nuestras espaldas. Nos hacía sacudir los zapatos en la alfombra de cocotero que estaba al final de las escaleras, justo a la entrada de la cocina. Pasábamos por la cocina donde Rommel, el perro ridgeback rodesiano, yacía sobre la fría baldosa con las patas traseras extendidas hacia atrás, mientras vigilaba cómo se derretían en un recipiente sobre el fogón el arroz, los huesos y otras sobras en una espuma burbujeante, formando un mejunje para perros.

Cuando seguíamos la generosa figura de Mrs Ramsey por la casa, deambulábamos viendo los recuerdos de la coronación de la reina Isabel en 1952. Deslizábamos las manos por nuestras sombras que se reflejaban bocabajo, cristalinas como en la quietud de un lago, en la mesa y las sillas de caoba de estilo colonial de hace doscientos años. Llegábamos a la galería donde colgaban orquídeas blancas, amarillas y moradas. Había materas con antoriums, y un muro con buganvilla morada. Un árbol de aguacates con forma de ese daba sombra al patio: las ramas serpenteantes quedaban bajas por el peso de los aguacates maduros, que colgaban como lo hacían los pesados pechos de Mrs Ramsey (de los que Sharda y yo siempre queríamos ver más, para averiguar los secretos de su esencia británica); y que eran tan grandes como la distancia del codo al dedo índice extendido. Nada en el jardín de Mrs Ramsey era ordinario, todas las cosas habían ganado premios y diplomas: injertos abigarrados, de los colores más intensos, más grandes, a rayas y retorcidos; todo quedaba ordenado, atado con alambres y emparrado. Era en este entorno, con la fresca brisa del atardecer, donde nos sentábamos y nos enseñaba a comportarnos como las jovencitas bien educadas de su lejana patria, en donde hacía mucho, mucho tiempo había sido la directora de una escuela secundaria privada, sólo para señoritas.

Colocaba nuevas palabras en nuestras bocas y nos enseñaba cómo usarlas. Palabra: pagano [pagano] 1– dícese del que no es cristiano, musulmán o judío; infiel. 2– dícese del que no tiene religión. 3– el que no es cristiano. Oración: los paganos de ascendencia india rezan a las imágenes de Shiva.[1] bailando, a un Krishna azul, o a la vaca.

—¡Muy bien!

Recitábamos las tablas de multiplicar que teníamos en la tapa de atrás de nuestros cuadernos, y a veces, cuando el tiempo lo permitía, nos daba una lección extra sobre arreglos florales o sobre modales en la mesa: cómo comer, con tenedor y cuchillo, el roti[2] y el chataigne[3] al curry que cocinaba la sirvienta trinitense de ascendencia afro-india, que trabajaba en la casa por las mañanas. Sopa y cereal, cómo y cuándo dar o no dar propina. Y cómo comer un mango correctamente; sin utilizar las manos y los dientes, ni sorber ruidosamente el jugo de la pulpa, utilizando siempre el cuchillo y el tenedor. Partirlo, trocearlo con el cuchillo y deslizar éste por debajo para sacar la piel, mientras se pincha con el tenedor.

Una noche, Mrs Ramsey intentó partir y trocear a mi familia. Nos invitó a mis padres, a mi hermana y a mí a cenar a su casa, y de postre Mrs Ramsey sirvió unos mangos regordetes y jugosos que olían a gloria. Mis padres se comieron los mangos de la manera en que siempre se han comido en Trinidad: agarrándolos con una mano, chupando y sorbiendo el jugo, y arrancando la pulpa de la piel con dientes osados y firmes. Mrs Ramsey se sentó bien recta, mientras pelaba su mango, y se comía con cuchillo y tenedor una prudente porción de mango detrás de otra. Sin mediar palabra entre nosotras, Sharda y yo sopesamos la elección de un método u otro para comer los mangos, y decidimos no tomar postre.

Fue esa noche cuando nuestra Ahji[4], la madre de papá, vino a acostarnos y trajo un libro escolar de su infancia con el alfabeto en hindi para que aprendiéramos su lengua materna. Las dos le dijimos que no nos interesaba la India y que no queríamos aprender una lengua que sólo hablaban los viejos y la gente atrasada. Aquella noche Ahji suspiró y murió un poco.

¡Ah! La palabra con la que empecé este preámbulo, o mejor dicho con la que no lo empecé (¡Se da cuenta que esto es todavía el preámbulo y no la historia en sí!) . . . Bueno, días más tarde en esa misma casa del callejón sin salida respondí a no sé qué orden con esa palabra.—¿Está listo?—con la palabra "okay", y Sharda y yo vimos cómo se enfureció y se ponía a dar saltos y gritos:

—¡Perdón! ¿He oído bien? ¿Qué es lo que me has dicho?

Y yo, dócilmente, repetí la palabra de manera ingenua, sin esperar represalias:

—Okay.

De nuevo dio un salto, frunció el ceño y los ojos se le pusieron redondos y brillantes, y trajo a "Rudyard", la regla de madera. La dejó caer sobre mis nudillos hasta que sentí deslizarse un chorrito húmedo entre mis piernas retorcidas, y entonces explicó con los dientes apretados:

—*Okay* es jerga. Abreviatura de *oll korrect*. Son las primeras letras (más bien es un deletreo incorrecto) de *all correct*. Jerga. ¿Entiendes qué es jerga? ¡Búscala en tu diccionario!

Busqué como pude en mi pequeño y manoseado diccionario azul marino, y aunque estaba muy aturdida para leer oraciones enteras, varias palabras resaltaron bajo la entrada *jerga,* y me dejaron un recuerdo indeleble: . . . *no estándar, ... subcultura, ... arbitrario, ... acuñación efímera, ... espontaneidad, ... peculiar, ... sugerente.* Y entonces vociferó:

—*Okay* no es simplemente jerga; es sobre todo un americanismo, ese advenedizo sin historia, incluso diría ¡una carnicería más para nuestro Oxford! ¡Qué jamás (pausa para dar énfasis y cierre de la boca parecido al agujero del ano bien apretado), jamás tenga que volver a escuchar esa . . . esa . . . esa expresión sin sentido!

Aquella tarde no sólo aprendí acerca de la jerga; tuve una revelación, una visión tan viva como cuando tu sinusitis desaparece y se mueve por detrás de tu cara conforme se te descongestionan las vías nasales. Me di cuenta de lo que significaba "*blanco*" (asumía que Norteamérica era blanca—por la tele y la revista *Time*—, sabía que Inglaterra era también blanca—por mi primer libro de historia, el segundo y el tercero; por la serie de *Coronation Street, The Avengers,* la revista *Women's weekly*) . . . Comprendí que no todos los blancos son iguales. Mrs Ramsey, con el mentón levantado y su aire reservado y altivo, atraía a mis padres; cuya tendencia a la sumisión quedó bien servida; pero a las familias norteamericanas que estaban en Trinidad para gobernar nuestros yacimientos de petróleo, se las veía como blancos que habían venido a sembrar. Exhibían su falta de delicadeza con sus informales barbacoas en el jardín (¡imagínese servir a los invitados en platos de papel y cubiertos de plástico!) y comidas compartidas (¡imagínese un anfitrión que espera que los invitados traigan su propia comida!). No me costó entender que en la jerarquía de los blancos, los británicos eran la reina y los norteamericanos los campesinos.

A temprana edad ya había mostrado mi tendencia a abogar por el desvalido, e incluso más si el desvalido era "el otro." Para mí la India no se ajustaba del todo a "el otro". La India estaba en mi tierra natal, en Trinidad.

Ahji no volvió a traer su libro escolar con el alfabeto, pero silenciosamente y de manera subversiva e insistente trajo la India a nuestra casa; aprovechaba cada oportunidad para vestirse con saris, cantar bahjans,[5] o realizar ella sola las llamativas poojas[6] vespertinas. La casa se llenaba cada tarde con el humo de los conos de alcanfor, y en la radio ya no sonaban calypsos[7] o los Top 40 americanos, sólo se escuchaba música de películas hindú. Norteamérica se convirtió en "el otro", el desvalido para mí. Cuando me llegó el momento de viajar al extranjero para continuar mis estudios, allí fue donde me marché para verdadero disgusto de mis padres.

¡Tíinnn! ¡Tílinnn! Y aquí nos encontramos con frío (usted y yo, no el reparto del preámbulo, ellos se quedaron atrás ahora), encogiendo los hombros y saltando de un pie a otro, a pesar de estar dentro de casa. ¡Tiliinnn! Miramos afuera y vemos edificios altos, un grisáceo cielo cubierto, un par de pinos escuálidos y algunos arbustos languideciendo sin flores esparcidos por ahí. Hemos llegado a Norteamérica, Canadá para ser más precisos; el centro de Vancuver para ser exactos. Y aquí la palabra *okay* ya no se escribe en cursiva, aunque todavía en mis nudillos resuena un sonido apagado.

2.

¡Okay! Ahora que sí quiero saber de la India, Ahji ha muerto, y además no puedo permitirme viajar allá. Y los amigos blancos, al contrario que la tutora blanca de mi infancia, ya no quieren blanquearme, más bien ellos preferirían ser de piel oscura y tostada como yo. Hasta tal punto que dos de ellas en particular se han embarcado en la misión de devolverme el color marrón que con tanto empeño Mrs Ramsey intentó aclarar con lejía. Fue mi gusto por "la otra" música (ahora que vivo en Norteamérica, "la otredad" está en cualquier otro sitio) lo que me llevó a conocer a estas dos mujeres, interesadas en conocer "las otras" culturas.

Desde que vi a Zahara, mi exnovia, caminar de la mano con otra mujer, no puedo evitar llorar con las canciones de mal de amores de los músicos sudaneses. Por supuesto, me planteé la cuestión del romanticismo cultural y la explotación de la música étnica por parte de la moda. Sin embargo, siempre me tranquilizaba la conciencia el pensar que Zahara es musulmana y de Zaire, país suficientemente cercano a Sudán y, puesto que me he acostado con ella, me he ganado el derecho a escuchar esta música como un bálsamo para mi corazón herido. Puede que esté equivocada, pero los perdedores en el amor generalmente lo están.

Desde que me dejó, me siento diariamente atraída por las tiendas especializadas en música étnica. Aun con desdén y labios fruncidos, compraría, a pesar de todo, cada canción suplicante y lastimera que proviene del África musulmana. Cuando mi madre descubrió que yo prefería la compañía de las mujeres (y esa es una historia aparte), dijo que era como si le hubiera clavado un cuchillo en el corazón; pero cuando supo que el objeto de esta preferencia era una musulmana, dijo que había hundido y retorcido el cuchillo en lo más profundo de su corazón hindú. Espero que nunca tenga la oportunidad de ver, no digamos escuchar, mi colección de CDs: Nusrat, Hamza, Abdel Aziz, Abdel Gadir, etc, . . .

El encargado de la tienda, un hombre rubio y greñudo, intentó despertar mi interés por Mohamed Gubara del Sudán. Cerré los ojos, me apoyé en la vitrina que contenía harmónicas y cuerdas de guitarra, y escuché al músico sudanés lamentándose con canciones tabanca[8] y rasgueando el tambor.

Me imaginaba su cara, sus ojos también cerrados y el tambor contra su pecho, acariciado como a una amante a la que se abraza y se canta. Las campanillas de la puerta de entrada sonaron por debajo de la voz de Mohamed Gubara, y el olor de colonia de hombre inmerso bajo el perfume de flores de mujer anunciaba una presencia más cautivadora que la de la música de Mohamed Gubara. Abrí los ojos y advertí el pelo corto, la camisa sin marcar pecho, los zapatos Birkenstocks y los calcetines grises. Pensé que ella reconocería estos rasgos similares en mi aspecto, pero más tarde supe que no tenía idea de que yo perteneciera a la misma "familia." La razón por la que me miró, me sonrió y se acercó a hablarme fue porque viajaba a la India con frecuencia. Le presento a Meghan.

—¿Qué si querría ir a tomar un té chai ahí al lado?

—No tomo té.

—¿Un batido de leche quizás?

—Prefiero un capuchino.

Entre capuchinos y risas, e impulsada por mi atracción hacia ella, le insinué mi inclinación sexual, que, como yo bien había presupuesto, era la misma que la suya. Intercambiamos números de teléfono y durante las cuarenta y ocho

horas siguientes me lancé a contestar el teléfono con la esperanza de que fuera
ella. Su llamada llegó a las setenta y dos horas:

—¿Qué si me acordaba de ella?

—Ah sí. ¿Qué le parecían sus nuevos CDs?

—Ah, eran estupendos. ¿Qué tal quedar para cenar? ¿En un restaurante
indio al que ella suele ir?

—Eh, claro que sí. Okay. ¡Cómo no! (¡sí!, ¡sí!, ¡sí!, aunque tanto tiempo
viviendo fuera de Trinidad me ha hecho desarrollar cierta intolerancia hacia
la comida india).

Vestida de punta en blanco, sólo me faltaba el lacito (preparé mi propio
perfume mezclando esencias de hombre y de mujer, me sequé el pelo dos
veces—la primera vez me pasé un poco y un lado quedó más hueco que el
otro); cuando llegué al restaurante, me estaba esperando sentada junto a otra
mujer. Aquí es donde aparece Virginia, su compañera de los últimos cinco
años, y sobre la que no me había dado ninguna pista. ¡Lástima! Había hecho
la cama y lavado los platos sin necesidad.

3.

Meghan y Virginia resultaron pecar de pacifistas. Sosegadamente, sin ningún
tipo de heroismo, se habían retirado de todo lo que se pareciera remotamente
a la indulgencia. Para mi tranquilidad, sus deseos de paz, armonía y de un
mundo feliz no iban unidos a quemar incienso y fragancia de pachuli. Tampoco habían sucumbido a la moda del cristal. Además, sentían un desprecio
natural por esas faldas indias de tela fina con flecos deshilachados por bajo,
y que tienen tantas pequeñas flores de cachemir que dan claustrofobia. Gracias a Dios, habían elegido un estilo de vida sencillo.

Sin embargo, habían hecho una gran adquisición: un Mazda 626 de cuatro
puertas, a estrenar. Había sido un poco caro, pero sin duda fue una compra
sensata que no se podía tachar de excesiva (tampoco era uno de esos coches
de edición limitada). Y después de todo, ¿a quién le extraña que la confianza
y la seguridad tengan un precio alto?

Desde que las conozco, jamás he oído a ninguna levantar la voz, ya sea por
enfado o por júbilo. Así que no puedo decir que me importara que hablaran
sobre la paz y la unidad, con acento o con el tono cantarín y titubeante del

estereotipo indio de las películas de Peter Sellers. Su intención no era hacer burla o ser maliciosas. Le doy mi palabra. De hecho, las dos eran genuinas en su deseo de ser indias. Meghan podía deslizar el cuello horizontalmente de hombro a hombro, como la pequeña y vibrante bailarina india de colorido papel maché que solía estar en el alfeizar de la ventana, en la casa de la esquina al final de la calle de Mrs Ramsey. La cabeza meciéndose con el viento de lado a lado. (Para vergüenza mía, hasta el día de hoy soy incapaz de deslizar el cuello, o de imitar convincentemente el acento indio). Mientras deslizaba el cuello, Meghan decía con un acento espeso y empalagoso como los dulces indios: "¡Lo único que queremos es paz y felicidad en este mundo. Esto es lo que les deseo esta mañana!"

En el cuello llevaba un pequeño colgante: un globo terráqueo de latón, del tamaño de una taba, con el mundo grabado en relieve, y que colgaba de un cordón negro de raso brillante. Se lo había regalado hace años un sadhu[9] que había conocido por casualidad en Bangalore. Después de decir sus oraciones, cogía la bola del mundo y la agitaba, entonces el mundo brillaba resplandeciente; y el sonido se apagaba lentamente como si se estuviera yendo hacia otro estado de conciencia. ¡Tíliinnn! Y de nuevo ¡Tíliiinnn!

Antes de conocerse, Meghan y Virginia habían viajado, por separado, a la India varias veces. De hecho, es allí donde se conocieron. Meghan se dirigía hacia el sur desde Calcuta a Madras, yendo de ashram en ashram[10], y Virginia hacía lo contrario, desde Mysore, en el sur, a Varanasi, en el norte. Se encontraron en medio del ajetreo y el bullicio de una calle, en algún lugar a mitad de camino. Intuitivamente se atrajeron como imanes. Dos mujeres canadienses y blancas que andaban buscando algo, algo que ni ellas mismas sabían lo que era hasta que se encontraron la una a la otra. Destino. Misión. Karma. Se dieron cuenta de que las dos tenían raíces ucranianas (de ahí que más tarde averiguaron que estaban remotamente emparentadas); otro imán para ambas. También descubrieron rápidamente que tenían en común mucho más que eso. El día que se conocieron, Meghan se puso a hacer piruetas una tras otra, hasta que quedó mirando al norte, y se dirigió en esa dirección acompañando a Virginia. Pero esa es otra historia que pueden contar ellas mismas. Yo estoy cansada de contar las historias de amor de otra gente.

En un momento dado regresaron a Canadá, y un par de meses más tarde abandonaron el mundanal ruido, el ajetreo y, sobre todo, el frío de Toronto, para dirigirse a Vancuver, que tiene más parecido con la India. Ellas cuentan que cuando van a English Bay, y meten los pies en el agua, pueden sentir la seductora vibración de los tambores tassa[11]provenientes del corazón de la India, acariciándoles los pies y metiéndoseles por el cuerpo. En ocasiones, estando acostadas por la noche en su casa al norte de Vancuver, envueltas en la quietud de la montaña poblada de árboles, pueden oír los cánticos del ashram en Calcuta.

Fueron ellas quienes me hablaron de Varanasi, el río Ganga y Calcuta con tanto detalle y realismo que puedo oler y sentir las partículas de calor polvoriento acumulándose en mis narices. Saben explicarme las ceremonias de mis antepasados, mientras que lo poco que yo sé es por los típicos libros con ilustraciones que se venden en las librerías por 4,95 dólares canadienses, y que suelen colocarse como decoración en la mesa del café.

La primera vez que me reuní con ellas, en algún momento de la conversación, oí a Meghan decir "acha" y no le di importancia pensando que era una expresión ucraniana. Más adelante cuando dijo "chalo" y después "nahi", tuve que ladear la cabeza y preguntar si aquellas eran las mismas palabras del hindi que le había escuchado a Ahji. A Meghan le salían con toda naturalidad. A veces se expresaba con oraciones largas en hindi, cogiéndome por sorpresa, hasta hacerme sentir inculta y como si fuera una impostora. Ahji estaría sorprendida de ver *las vueltas que da la vida*.

Las únicas palabras indias que conozco son las de los menús en los restaurantes indios y mi libro *Cocina india de la Sra. Balbir Singh*. Desde el mismo día en que llegué a Canadá, la gente me decía,—Genial. Me podrás enseñar a cocinar comida india, y ese té, ¿cómo se llama? ¿té Masala? ¿Chai? ¿Sabes, ése con especias? Pero yo no sabía, ni había oído hablar nunca de ese té hasta que llegué aquí. En lugar de decepcionar a la gente, incluso antes de haber tenido la oportunidad de hacer amigos, fui y me compré ese libro que me ha sacado de apuros más de una vez. La Sra. Singh me enseñó palabras como vindaloo, mulligatawny, bhuna, matar, pillao, gosht y, por supuesto, roti en alguna de sus variedades: chapati, puri, naan, etc.

Era inevitable que un día Meghan y Virginia me invitarían a ir con ellas al templo de Hare Krishna a las afueras en Ferrinbridge.

—¡Ven a aprender un poco de tu cultura!—sugirieron de la manera jovial con que lo hacen los que viven atraídos hacia estos absurdos aspectos de la vida. Aun sintiéndome una huérfana cultural, decidí ir. Me sorprendió un poco saber que eran seguidoras del Hare Krishna. Quiero que sepa que lo que me sorprendía no era que dos mujeres blancas pertenecieran a ese movimiento. De hecho, siempre había tenido la impresión de que los Hare Krishnas eran, en realidad, blancos iniciados en el movimiento por los Beatles. Además, yo misma había visto solamente a blancos recitar los nombres de los dioses hindús y tocar los tambores indios tassa en los aeropuertos de Miami, Nueva York y Londres. Sólo recientemente, en una manisfestación por la paz en el centro de la ciudad, pude reconocer entre el contingente de los Krishna un puñado—incluso menos—de gente de piel oscura participando con torpeza, dando palmas, meciéndose, recitando, tocando los tambores y las campanas en medio de ese mar de hombres blancos vestidos con kurtas[12] naranjas y dotis[13] blancos. Las mujeres blancas llevaban finos saris de algodón de un blanco celestial. Éstas estaban tan escuálidas, y sus cuerpos se veían tan alargados que los saris, que llevaban ceñidos en lugar de sueltos, parecían otro tipo de prenda distinto al sari (quizás el revestimiento exterior de una momia con un ohrni[14] colocado sobre la cabeza). Me hacía cuestionarme quiénes habían sido los primeros: los seguidores blancos o los indios; quién había convertido a quién.

Lo que me sorprendía era que estas dos mujeres, que pegaban en la sala de mi casa más que los Beatles o los efímeros kurtas naranjas o las caras sin nombre que canturreaban en los aeropuertos; es decir, que estas dos conocidas mías, eran seguidoras del Krishna. ¡Estas dos personas tan normales, tan bien vestidas (Birks de ante) y responsables! Bueno, lo que en realidad quiero decir es "¡estas atractivas lesbianas blancas!"

Decidí, de buena gana, tragarme la vergüenza de que estas dos mujeres fueran mejores indias que yo, e ir a ingerir los sonidos, los olores, los colores y los sabores (todo el mundo habla de la comida vegetariana gratis tras las sesiones de oración) de la tierra de mis antepasados.

El domingo por la tarde, el día que iba a aprender un poco sobre mi cultura, el impecable Mazda 626 se acercó sigilosamente a la acera delante de mi bloque de apartamentos. El interior del carro resplandecía de color: la cara sonriente de Virginia me miraba por debajo del cherdo[15] del sari rojo vivo de seda, su cara quedaba enmarcada por una cenefa azul marino con motivos distintivos de cachemir plateado. El cherdo de Meghan le colgaba del cuello, dejándole la cabeza con ese color arena suspendida al aire, en ese peligroso lugar en el que es difícil saber si es hombre o mujer. Parecía un hombre y, al instante, se convertía, sin duda, en una mujer. Y, entonces, volvía a ser un hombre.

Meghan estaba deslumbrante. Su sari de seda era de color verde selva, salpicado con pequeños cachemires dorados, y una cenefa ancha y densamente bordada en oro y plata. Mi camiseta lisa de color blanco, los pantalones de rayón azul oscuro, los zapatos planos de Dr. Martens y las medias blancas (adiviné, correctamente, que tendríamos que quitarnos los zapatos, por lo que me puse un par de calcetines nuevos que había guardado para una ocasión especial) me hacían sentir como una aguafiestas que va a un baile de disfraces. ¡Guau! ¡Están muy lindas, chicas! Y exclamaciones parecidas salieron de mi boca, pero los pensamientos en mi cabeza iban de un lado a otro desde: "Dios, ¿por qué tengo que sentirme incorrectamente vestida, fuera de lugar y llamando la atención como una analfabeta cultural?", hasta: "¿Qué demonios pretenden vistiéndose con saris y rezando a los dioses indios? ¿Acaso es asunto suyo mostrarme la cultura que he perdido? ¡Vayan e investiguen a sus propios antepasados!" Me vi sorprendida por una lista de pensamientos e improperios irrepetibles, que hubieran puesto los pelos de punta a Mrs Ramsey.

Meghan puso el carro en marcha y Virginia se giró para hablar conmigo. Cuando vi su blusa de raso azul, me di cuenta de que inconscientemente había albergado la idea de que llevarían camisetas en lugar de blusas de sari. Al cabo de unos minutos, fui consciente de que había sido demasiado efusiva al decir: "¡Guau, qué guapas!" y entonces me sentí un poco torpe. Al salir del carro, vi los saris completos, enrollados a la perfección, los pliegues del patli estaban simétricamente espaciados y perfectamente colocados. Hubiera apostado que les habían arreglado el patli y lo habían cosido para dejarlo fijo.

Al contrario de lo que esperaba, no era la única sudasiática en el ashram; de hecho, más de la mitad de los reunidos allí tenían la piel oscura. Como dato curioso, ninguno de los hombres de piel oscura vestía de naranja y blanco como los Krishnas. Llevaban trajes occidentales, discretos y elegantes. Todas las mujeres de piel oscura llevaban modestos saris de diario. Por la forma en que yo iba vestida, era la única fémina de piel oscura que llevaba atuendo occidental; en aquel momento comprendí, como si se tratara de una revelación, el desánimo y el pánico de Ahji por el desmoronamiento de su cultura delante de sus propios ojos.

Virginia y Meghan, con los ojos cerrados, daban palmas y se balanceaban siguiendo los caóticos tambores y los cánticos sin ritmo de todos los líderes blancos. Permanecí de pie, tiesa como un clavo, y con las manos cogidas por detrás de la espalda. El resto de la gente de piel oscura, que estaba por la periferia de la sala, en absoluto en medio de la ceremonia, daba palmas de forma discreta sin que sus cuerpos mostraran júbilo espiritual alguno.

En un templo de Krishna y Rama, rodeada de murales que representan escenas del Bhagavad Gita,[16] entre gente deseosa de paz y llena de benevolencia, mi temperatura—mejor dicho mi temperamento—se elevó. El sermón sobre un capítulo del Gita en particular fue oficiado por su Santidad, un hombre blanco vestido de naranja, con la cabeza afeitada a excepción de una coletilla que le salía de la nuca. Estaba sentado en un trono rodeado de su séquito de devotos blancos. Acababa de regresar de la India lleno de inspiración y energía, y compartía historias sobre el trabajo que se estaba llevando a cabo para terminar la construcción de una ciudad y un centro de devoción Krishna.—Vayan a la India—repitió varias veces, con la sonrisa pícara que implica el privilegio de haber viajado allá en varias ocasiones.

Los hombres estaban sentados muy cerca de él, justo delante, y las mujeres se sentaban detrás. Las mujeres de piel oscura quedaban ubicadas al fondo, contra la pared. A mitad del sermón un hombre joven vino a buscar mujeres que se necesitaban en la cocina para servir la comida. Cruzó, serpenteando entre la congregación de mujeres blancas que quedaban más próximas a él, para dirigirse hacia las mujeres de piel oscura. Éstas se levantaron obedientemente y le siguieron hasta la cocina, perdiéndose el final del sermón.

Me preguntaba qué sabiduría (si es que era eso) impedía que la gente cometiera crímenes en ese momento y en ese lugar. Sentí una sensación familiar de quemazón en los nudillos, pero esta vez se debía a la fuerza con que tenía cerrado el puño en un intento de golpear la historia. Una rabia incontenible zumbaba en mi cabeza y en mis oídos como un enjambre de mosquitos locos. Abrí el puño y sacudí las manos por encima de la cabeza expulsando un pasado y un presente ensordecedores.

Miré a mis dos amigas que estaban sentadas a mi lado. Meghan y Virginia, genuinas en su deseo de encontrar ese punto donde cesa toda división y nos fundimos en uno, estaban radiantes. Meghan me siguió con la mirada mientras observaba a las mujeres de piel oscura desfilar una tras otra hacia la cocina. En su mejor acento cargado de empatía, dijo:

—Bastante sexista ¿no? Ése es también un problema para nosotras.

¡Riiiiinnng! ¡Oh! ¡El timbre de mi puerta! Una carta de mi casa, de mi madre. En el tono poco familiar de su inglés escrito, me dice: ". . . Justo unos días antes de su muerte me había regalado su orquídea escorpión con la que había obtenido un premio. ¡Cómo si hubiera tenido una premonición! Ella le había pedido a tu padre hace algún tiempo que fuera el albacea de sus últimas voluntades. Deseaba que contactara a su hijastro, George Arthur Ramsey, en Surrey, Inglaterra, y le enviase allí su cuerpo para ser enterrada entre los suyos. Hicimos lo que pudimos por nuestra buena amiga, a quien Sharda y tú deben estar tan agradecidas por su dominio de la lengua inglesa. Tras varios telegramas de aquí para allá, tu padre averiguó que George estaba viviendo en Filadelfia, EE.UU, con su nueva esposa, una mujer india del África oriental (automáticamente me pregunté si sería musulmana). Al final enviamos su cuerpo allí, donde su hijastro organizó su funeral. Esperamos, de todo corazón, que esto le pareciera okay . . .".

TRANSLATED BY ESPERANZA LUENGO CERVERA

NOTAS

1. Shiva: una de las manifestaciones de las deidades hindúes.
2. Roti: del hindi significa pan. Es un tipo de pan plano de harina, sal y agua, en forma de discos circulares, que se cuece individualmente sobre una plancha de hierro.
3. Chataigne: del francés criollo. Nuez parecida a la castaña de indias.
4. Ahji: abuela en hindi.
5. Bhajan: canto religioso hindú.
6. Pooja: ceremonía religiosa hindú.
7. Calypso: canción popular satírica, con versos que riman, originalmente asociada con Trinidad. Generalmente el tema se basa en aspectos de la sociedad caribeña.
8. Tabanca: se refiere a relaciones amorosas apasionada y desesperadamente fracasadas.
9. Sadhu: indic. Hombre sagrado y ascético que renuncia a los bienes materiales para reflexionar en la vida espiritual después de la muerte. Tradicionalmente viste kurta y dhoti.
10. Ashram: Edificio que se usa para meditación y encuentros religiosos hindús.
11. Tassa: Un tipo de tambor con bordón.
12. Kurta: indic. Un tipo de camisa para hombre, suelta y ligera, de manga larga, con cuello cerrado y por debajo de la cintura, generalmente blanca.
13. Dhoti: tipo de pantalones que se llevan con el kurta.
14. Ohrni: velo.
15. Cherdo: velo.
16. Bhagavad Gita: libro sagrado en la religión hindú.

LE MONDE À L'ENVERS

Shani Mootoo (1958–)

1.

J'étais sur le point de taper le mot avec lequel j'allais commencer mon histoire mais ce mot a le don d'évoquer chez moi le souvenir d'une longue et fine baguette de bois s'abattant sur une rangée d'os à peine recouverts de peau, et mes articulations se souviennent encore de cette douleur comme si la punition datait d'hier, laissant mes doigts tout engourdis. Un mot tout simple mais trop utilisé. Enfin, pas très utilisé dans mon pays natal, mais très utilisé ici, dans ce pays aux anglais multiples (même si les gens d'ici aimeraient en fait voir plus d'Anglais!). La première fois que j'ai utilisé ce mot, c'était il y a environ vingt-cinq ans, en présence de Mme Dora Ramsey, la vieille tutrice britannique à la retraite que mes parents avaient embauchée pour nous préparer, non, plutôt pour nous torturer, afin que l'on réussisse au concours d'entrée à l'école secondaire. Et depuis cette époque, il y a tellement longtemps de ça, j'ai encore du mal à évoquer ce mot.

«Ding ding!», fait la clochette qui nous ramène dans le passé. Et de nouveau cette clochette: «Ding ding!» Sur la table de la cuisine il y a un verre de lait de vache, une assiette de beignets aux raisins ("un cimetière à mouches mortes", comme on s'amusait à appeler ces pâtisseries triangulaires bourrées de raisins secs d'un rouge brun) et des tranches de mangues Julie bien mûres avec la peau. Deux petites filles, ma sœur Sharda et moi, neuf et dix ans, délaissent le cimetière à mouches mortes et se précipitent sur les mangues, mordant à pleines dents dans les tranches orangées bien charnues et juteuses, le jus crémeux et jaune coulant à la commissure des lèvres et dégoulinant en un petit ruisseau jaune d'œuf sur les doigts, la paume de la main, le bras, jusqu'au coude. Quelle douce satisfaction ! Mais tout d'un coup les deux petites filles s'assombrissent, plantent leurs coudes couverts d'un jaune poisseux sur la table avec un air de défi, tout en appuyant leur menton dans la paume de leurs mains parfumées à la mangue. Leur mère les interrompt brusquement : «Arrêtez un peu de traînasser et buvez votre verre de lait. Si vous n'étiez pas aussi bêtes, vous n'auriez pas besoin de leçons particulières. De toute façon vous n'avez pas le choix. Et arrêtez de faire la bête immédiatement !»

— Mais maman . . .

— Il n'y a pas de "mais". Vous irez même si je dois vous y traîner moi-même !

Elle ne nous y traînait jamais elle-même. C'était Boyie le chauffeur qui s'en chargeait. Il nous conduisait (notre peu d'enthousiasme ralentissait même la voiture) à trois pâtés de maison de là, il tournait au coin de la rue et s'arrêtait devant une maison, un peu en retrait dans une impasse. Sans que nous ayons à nous annoncer, le grand portail en fer forgé s'ouvrait avec bruit en son milieu. Boyie n'allait jamais plus loin que le portail, il avait trop peur qu'il se referme sur lui, l'emprisonnant et l'abandonnant à la merci des synonymes, antonymes, onomatopées et autres mots qu'il nous entendait nous jeter à la figure comme si c'était des insultes.

— Espèce de synonyme !

— Tu veux que je te subjonctive ?

— Tes onomatopées puent, tes onomatopées puent !

— Non, elles puent pas, c'est toi qui pues !

Alors Sharda et moi, portant nos cahiers, nos livres de vocabulaire et de grammaire et nos crayons à papier jaune taillés très fin, marchions depuis l'entrée sur le chemin goudronné et sinueux, en nous murmurant mutuellement des encouragements sans desserrer les lèvres. Nous regardions fixement à travers les arbustes de jacaranda et de bougainvillées disposés sur la pelouse, essayant de repérer la main anglaise blanche, froide et moite, et le regard hautain de celle qui contrôlait le portail qui se refermait en grinçant derrière nous.

On rentrait toujours dans la maison par la cuisine. Mme Ramsey, qui était veuve et passait ses vieux jours dans les colonies, nous attendait en haut des marches de la porte de service, nous regardait monter chaque marche comme si nous transportions un sac de mangues sur les épaules. Elle nous faisait nous essuyer les pieds sur le paillasson en écale de noix de coco sur le perron à l'entrée de la cuisine, et nous faisait traverser la cuisine où Rommel, le gros ridgeback de Rhodésie, était allongé sur les dalles fraîches, ses pattes de derrière étendues derrière lui, montant la garde devant sa casserole de riz, d'os et de restes mijotant sur la cuisinière avant de devenir sa pâtée.

On suivait la silhouette généreuse de Mme Ramsey dans la maison en passant devant des bibelots commémorant le couronnement de la reine Elizabeth en 1952. On passait la main sur nos reflets, clairs comme dans l'eau d'un lac calme, à l'envers sur la table et les chaises en acajou vieilles de deux cents ans de la salle à manger de style colonial. On arrivait sur la véranda où se trouvaient des orchidées blanches, jaunes et violettes, des anthuriums en pot, et un mur de bougainvillées violets. Un avocatier en forme de S faisait de l'ombre dans le patio, ses branches en forme de S alourdies par le poids des avocats mûrs qui pendaient comme les seins lourds de Mme Ramsey (que Sharda et moi essayions toujours de regarder en cachette, pour découvrir les secrets renfermés dans sa britannicité), des avocats aussi gros que ses seins, et au moins aussi longs que la distance du coude au majeur. Rien dans le jardin de Mme Ramsey n'était ordinaire, toutes les fleurs ou plantes avaient remporté trophées et autres prix, étaient des hybrides de couleurs différentes, plus colorées, plus grosses, à rayures ou autres ; tout était bien droit, attaché avec du fil de fer et monté sur des treilles. C'est au bord de tout cela que nous nous asseyions dans la fraîche brise du soir et que nous apprenions à nous tenir comme se tiennent les jeunes filles bien élevées de sa *lointaine patrie*, où elle avait été autrefois, il y a très longtemps, directrice d'une école secondaire privée pour jeunes filles.

De nouveaux mots apparaissaient dans nos bouches et on apprenait à les utiliser. Mot : païen (payen), *n*, 1 celui qui n'est pas chrétien, musulman ou juif ; infidèle. 2 se dit de quelqu'un qui n'a pas de religion ; 3 un bon-Chrétien. Phrase : les païens d'ascendance indienne vénèrent des représentations de Shiva dansant, d'un Krishna bleu, ou d'une vache.

« Très bien. »

Nous récitions les tables de multiplication qui étaient au dos de nos cahiers d'exercice, et parfois, quand nous avions le temps, elle nous donnait gratuitement une leçon de bonnes manières ou de décoration florale. Comment manger avec un couteau et une fourchette le «roti» (plat indo-caribéen) et le curry de châtaigne que cuisinait la domestique trinidadienne d'origine afro-indienne employée à mi-temps. Soupe et céréales, quand et comment donner un pourboire. Comment manger une mangue proprement. Sans les mains et les dents, sans faire de bruit avec la bouche, en utilisant toujours un couteau et une fourchette. La couper en tranches, détacher la pulpe avec le couteau, et ensuite passer le couteau en dessous de la tranche débarrassée de sa peau, et la piquer avec la fourchette.

Un soir Mme Ramsey a essayé de découper ma famille en petits morceaux. Mes parents, ma sœur et moi avions été invités à dîner chez elle. Mme Ramsey avait servi au dessert de grosses mangues bien juteuses et parfumées. Mes parents les ont mangés comme on a toujours mangé les mangues à Trinidad : les tenant dans la paume de la main, suçant et aspirant le jus, en arrachant la pulpe de la peau avec les dents. Mme Ramsey était assise bien droite et pelait sa mangue, la découpant avec un couteau et une fourchette, un morceau après l'autre. Sans nous parler, Sharda et moi nous demandions quelle méthode choisir pour manger les mangues et finalement, nous avons décidé de ne pas prendre de dessert.

Cette nuit-là, quand notre «ahji» (grand-mère), la mère de papa, est venue nous border et a apporté un livre de son enfance avec un alphabet en hindi, elle a voulu que nous apprenions sa langue maternelle. Nous lui avons dit toutes les deux que l'Inde ne nous intéressait pas et que nous ne voulions pas apprendre une langue que seuls les vieux et les attardés parlaient encore. Cette nuit-là notre «ahji» a poussé un long soupir et est morte un petit peu.

Ah oui! Le mot avec lequel j'ai commencé mon préambule, ou plutôt avec lequel je ne l'ai PAS commencé (vous voyez, on en est toujours au préambule et pas encore à l'histoire!) . . . Alors, quelques jours plus tard, toujours dans ce cul-de-sac, j'ai répondu à je ne sais quel ordre avec ce mot. Tenez-vous bien! Avec le mot *OK*, et Sharda et moi avons vu Mme Ramsey piquer une colère noire, se mettre à sauter dans tous les sens et à hurler.

«Pardon! Ai-je bien entendu? Qu'est-ce que tu viens de me répondre?»

Et moi, faiblement, j'ai répété ce mot, ne voyant pas de mal à cela, et n'attendant pas de commentaire particulier : *OK.* Elle a encore fait un bond, s'est renfrognée, ses yeux sont devenus tout petits et brillants et elle a sorti Rudyard, sa règle en bois. Elle l'a abattu sur mes doigts jusqu'à ce que je sente un liquide chaud couler entre mes jambes nouées, et elle m'a expliqué, les dents serrées : « *OK*, c'est de l'argot. C'est l'abréviation de *oll korrect*, lui-même une orthographe différente (ou plutôt une mauvaise orthographe) de « all correct ». De l'argot ! Est-ce que tu sais ce qu'est *l'argot* ? Cherche dans ton dictionnaire ! »

J'ai cherché tant bien que mal dans mon dictionnaire de poche bleu marine tout écorné, et j'étais trop bouleversée pour lire des phrases entières mais plusieurs mots se sont détachés sous l'intitulé *argot* et ont laissé en moi une empreinte indélébile : … *incorrect* … *sous-culture* … *arbitraire* … *inventions* … *éphémères* … *spontanéité* … *bizarrerie* … *suggestif.*

Et de nouveau elle a hurlé : « *OK* ce n'est pas seulement de l'argot ; c'est surtout un mot inventé par les Américains, ces parvenus sans histoire, un massacre supplémentaire de notre belle langue d'Oxford ! Que plus jamais (une pause ici pour bien insister, et un gros plan sur sa bouche aux lèvres aussi pincées qu'un anus) plus jamais je ne t'entende utiliser cette … cette … cette expression sans aucun sens ! »

Ce soir-là non seulement j'ai appris ce qu'était l'argot mais j'ai eu une révélation, une sensation aussi vive que quand on a les sinus qui se débouchent d'un coup et qu'on a l'impression que quelque chose se déplace à l'intérieur de son visage. Je me suis rendu compte de cette *blancheur* (j'imaginais que l'Amérique était blanche, d'après ce que je voyais à la télévision et dans le magazine *Time*, j'imaginais que l'Angleterre aussi était blanche, comme dans mon premier livre d'histoire, dans mon deuxième et mon troisième ; comme dans les séries *Coronation Street*, *Chapeau melon et bottes de cuir*, comme dans le magazine *Women's Weekly*) … Mais je me suis aussi rendu compte que les Blancs n'étaient pas tous les mêmes. Mme Ramsey avec son menton retroussé et son air réservé plaisait à mes parents, dont la tendance à la soumission était bien récompensée ; mais les familles américaines qui résidaient à Trinidad pour exploiter les gisements de pétrole étaient considérées comme des Blancs qui avaient mal tourné. Ils exhibaient leur manque d'éducation avec leur barbecues improvisés dans le jardin (imaginez seulement servir des invités dans des assiettes en carton avec des couverts en plastique !) et leurs invitations comme dans une auberge espagnole (imaginez un peu une hôtesse s'attendant à ce que ses invités arrivent chacun avec un plat déjà cuisiné!). Il était évident pour moi que dans la hiérarchie des Blancs, les Britanniques étaient des aristocrates et les Américains des gueux.

Très tôt dans la vie je m'étais déjà fait un devoir de défendre les outsiders, et d'autant plus si l'outsider était aussi un « Autre ». L'Inde n'était pas assez «Autre» pour moi. L'Inde était chez elle à Trinidad. «Ahji» n'avait pas ressorti son alphabet, mais silencieusement et de manière subversive et insistante elle faisait entrer l'Inde dans notre maison en saisissant chaque occasion possible pour porter des saris, chanter des «bahjans» (chants religieux hindous), ou effectuer seule et de manière ostentatoire ses «poojas» (prières) du soir. La maison se remplissait tous les soirs de la fumée des cubes de camphre et la radio ne jouait plus de calypsos ou de chansons du hit-parade américain, mais seulement des chansons de films indiens et de la musique religieuse hindoue. L'Amérique du Nord devint donc pour moi «l'Autre», l'outsider. Quand il fut temps pour moi d'aller poursuivre mes études à l'étranger, c'est là-bas que je me suis retrouvé, au grand dam de mes parents.

Ding ding! Et maintenant nous nous retrouvons ici (vous et moi, pas les personnages du préambule; nous les avons déjà abandonnés là-bas) à grelotter de froid, nous frottant les épaules pour nous réchauffer et sautant d'un pied sur l'autre, même si nous sommes à l'intérieur. Ding ding! Et nous regardons dehors où nous voyons des bâtiments très hauts, un ciel gris et bas, quelques pins tordus, et quelques arbustes sans fleurs ici et là, recouverts de gris par la fumée des voitures. Nous sommes arrivés en Amérique du Nord, au Canada pour être plus précis, au centre de Vancouver pour qu'il n'y ait pas d'ambiguïté. Et le mot *OK* n'apparaîtra plus à partir de maintenant en italiques, même si je ressens encore une pointe de douleur dans les articulations de mes doigts.

2.

OK! Et maintenant que je veux apprendre des choses sur l'Inde, « ahji » est morte, et je ne peux pas me permettre d'y aller en voyage. Et mes amis «blancs», au contraire de la tutrice blanche de mon enfance, ne veulent plus me blanchir mais ce sont plutôt eux qui veulent devenir foncés et dorés comme moi. Deux d'entre eux en particulier se sont donnés pour mission de me rendre la couleur que Mme Ramsey s'était évertuée à faire disparaître. C'est mon goût pour «l'autre» musique (maintenant que je vis en Amérique du Nord,«l'altérité» c'est partout ailleurs) qui m'a fait rencontrer ces deux-là qui s'intéressaient aux «autres» cultures.

Depuis que j'ai vu Zahara, mon ancienne petite amie, marcher main dans la main avec une autre femme, je n'arrête pas de pleurer en écoutant les chansons de musiciens soudanais se languissant d'amour. Bien sûr j'ai réfléchi à cette exploitation et à cette utilisation « exotique » due à la mode de la musique ethnique World Beat. Néanmoins j'apaisais toujours ma conscience en me disant que Zahara était musulmane et originaire du Zaïre, ce qui somme toute est assez proche du Soudan, et comme j'avais couché avec elle, j'avais acquis le droit d'écouter cette musique comme réconfort pour mon cœur blessé. Peut-être que je me trompais, mais c'est souvent le cas de ceux qui sont malheureux en amour.

Depuis qu'elle m'avait quitté, je me sentais attirée chaque jour par ce magasin de disques spécialisé dans la musique ethnique. Malgré l'air supérieur que j'essayais de me donner, j'achetais néanmoins régulièrement toutes les nouveautés musicales mélancoliques originaire de l'Afrique musulmane. Quand ma mère a découvert que je préférais la compagnie des femmes (ça c'est une autre histoire), elle m'a dit que je lui avais planté un couteau dans le cœur, mais quand elle a su que l'objet de cette préférence était musulmane, elle m'a dit que j'avais enfoncé le couteau encore plus profond et l'avais retourné dans la plaie béante de son cœur d'hindoue. J'espère qu'elle n'aura jamais l'occasion de voir, encore moins d'écouter, ma collection de CD : Nusrat, Hamza, Abdel Aziz, Abdel Gadir, etc.

Le caissier aux cheveux d'un blond filasse essayait de me vanter les mérites d'un CD de Mohamed Gubara du Soudan. J'ai fermé les yeux, je me suis appuyé contre la vitrine contenant les harmonicas et les cordes de guitare, et j'ai écouté le musicien soudanais fredonner ses chansons d'amour envolé et frapper son tambour.

J'imaginais son visage, ses yeux fermés comme les miens et le tambour contre sa poitrine comme une amante qu'il enlaçait et pour qui il chantait. Les clochettes de la porte d'entrée du magasin ont tinté par-dessus la voix de Mohamed Gubara et une odeur d'eau de Cologne pour homme par dessous une odeur fleurie de femme a annoncé une présence plus bouleversante que la musique de Mohamed Gubara. J'ai ouvert les yeux et j'ai remarqué les cheveux courts, la chemise sans poitrine apparente, les chaussures Birkenstock et les chaussettes grises. J'ai pensé qu'elle avait reconnu les mêmes caractéristiques dans mon apparence, mais j'ai su plus tard qu'elle ne s'était pas doutée que j'étais aussi « de la famille ». La raison pour laquelle elle m'a regardé, m'a souri et s'est approchée pour me parler, c'était qu'elle allait souvent en Inde. Je vous présente Meghan.

— Tu veux aller boire un thé à côté ?

— Je ne bois pas de thé.

— Un lassi alors ?

— Je préfèrerais un capuccino.

Et entre les capuccinos et mon attirance pour elle, je lui ai fait comprendre quelle était mon orientation sexuelle, qui comme je l'avais deviné était semblable à la sienne. Nous avons échangé nos numéros de téléphone et pendant les quarante-huit heures qui ont suivi, j'ai sursauté à chaque coup de téléphone, en espérant que ce fut elle. Elle appela après soixante-douze heures.

— Si je me souvenais d'elle ?

— Bien sûr. Est-ce que ses nouveaux CD lui avaient plu ?

— Oh, ils sont magnifiques. Et si on allait dîner ? Dans un restaurant indien qu'elle fréquentait.

— Euh, bien sûr. OK. Pourquoi pas ? (Oui ! Oui ! Oui ! Même si une trop longue absence de Trinidad avait provoqué chez moi une forte intolérance à la nourriture indienne).

Tirée à quatre épingles (j'avais préparé mon propre parfum en mélangeant des fragrances masculines et féminines, je m'étais fait deux brushings, le premier, comme j'étais très énervée, ayant donné à mes cheveux un côté bouffant et l'autre pas), je suis arrivée au restaurant où elle m'attendait assise avec une autre femme. Voici Virginia, sa compagne depuis cinq ans, dont elle ne m'avait soufflé mot.

Cela n'avait servi à rien d'avoir fait le lit et la vaisselle.

3.

Meghan et Virginia étaient des pacifistes invétérées. Calmement, et sans la moindre trace d'héroïsme, elles se tenaient à l'écart de tout ce qui pouvait ressembler de près ou de loin à de la complaisance. Leur désir de paix, d'harmonie et d'un monde heureux ne s'accompagnait pas, heureusement pour moi, d'odeur d'encens ou de parfum au patchouli. Elles n'étaient pas non plus des adeptes du cristal. Il faut aussi ajouter qu'elles avaient une aversion naturelle pour ces jupes indiennes en tissu fin avec des tout petits motifs en cachemire (un cauchemar pour les claustrophobes!) et des ourlets à pompons effilochés. Dieu merci, elles avaient choisi un mode de vie simple et sans histoires.

Cependant, elles avaient fait un achat considérable: une Mazda 626 quatre portes toute neuve. C'était un achat conséquent, c'est vrai, mais en tout cas une bonne affaire, pas quelque chose que l'on pourrait qualifier d'excessif (pas une de ces séries limitées). Après tout, pourquoi la fiabilité et la sécurité seraient-elles gratuites?

Pendant toute la période où je les ai fréquentées, je ne les ai jamais entendu ni l'une ni l'autre élever la voix, que ce soit de joie ou de colère. Alors je ne peux pas vraiment dire que ça me gênait quand elle parlait de Paix et d'Unité avec l'accent ou la voix chantante des personnages indiens stéréotypés, comme dans les films avec Peter Sellers. Leur intention n'était pas de se moquer ou de ridiculiser mes origines. Je vous le promets. En fait, elles étaient sincères dans leur désir d'être «Indiennes». Meghan pouvait faire coulisser son cou horizontalement d'une épaule à l'autre, comme la petite danseuse indienne en papier mâché aux couleurs vives qui trônait sur le rebord de notre fenêtre, dans la maison du coin au bout de la rue où habitait Mme Ramsey, sa petite tête dansant de droite à gauche dans le vent. (A ma grande honte, même aujourd'hui je suis toujours incapable de faire bouger mon cou de cette manière, ou de faire une imitation convaincante de l'accent indien). En faisant coulisser son cou, Meghan disait avec un fort accent aussi sirupeux que la sucrerie indienne «jilebi»: «Tout ce que nous voulons c'est la paix et le bonheur sur la planète. Et nous vous souhaitons de les connaître en cette belle journée!»

Elle portait autour du cou un petit pendentif: un globe terrestre en cuivre de la taille d'un osselet, avec le monde gravé en relief, qui pendait au bout d'une cordelette de satin noir brillant. Un «sâdhu» (sage indien) le lui avait offert il y a longtemps à l'occasion de leur rencontre à Bangalore. Après ses prières, elle attrapait le globe et le secouait doucement, le monde tintait et brillait de manière resplendissante, le son s'évanouissant lentement comme s'il s'éloignait vers une autre forme de conscience. Ding ding! Ding ding!

Avant de faire connaissance, Meghan et Virginia avaient beaucoup voyagé en Inde séparément. En fait, c'est là-bas qu'elles se sont rencontrées ; Meghan allait vers le sud de Calcutta à Madras, d'ashram en ashram, et Virginia allait en sens inverse, de Mysore dans le sud à Varanasi dans le nord. Elles se sont rencontrées dans une rue animée quelque part à mi-chemin, s'attirant inconsciemment comme deux aimants : deux femmes canadiennes et blanches marchant à la recherche de quelque chose, de quoi, elles ne le savaient pas exactement jusqu'à leur rencontre. Le Destin. Une Mission. Le Karma. Elles se sont rendu compte qu'elles avaient toutes deux des racines ukrainiennes (elles ont depuis découvert qu'elles avaient des liens familiaux éloignés), un autre aimant pour elles. Elles ont aussi rapidement découvert qu'elles avaient en commun beaucoup plus que ça. Le jour de leur rencontre, Meghan a fait une série de pirouettes, l'une après l'autre, jusqu'à ce qu'elle se retrouve face au nord, et elle s'est dirigée dans cette direction en compagnie de Virginia. Mais ça c'est une autre histoire, et elles n'ont qu'à la raconter elles-mêmes. Je suis fatiguée de raconter les histoires d'amour des autres.

A un moment donné elles sont rentrées au Canada, et quelques mois plus tard elles ont quitté l'agitation et surtout le froid de Toronto pour aller à Vancouver, qui est beaucoup plus proche de l'Inde. Elles disent que quand elles vont à English Bay et trempent leurs pieds dans l'eau, elles peuvent sentir un courant de vibrations sensuelles transmises par les «tassas» (tambours indiens) en provenance directe du cœur de l'Inde, entourant leurs pieds et se diffusant dans tout leur corps. Parfois, couchées la nuit dans leur maison au nord de Vancouver, nichée dans la tranquillité des montagnes boisées, elles entendent les chants de l'ashram de Calcutta.

Elles m'ont parlé de Varanasi, du Gange et de Calcutta avec tant de détails réalistes que je peux respirer et ressentir les particules de chaleur poussiéreuse pénétrant dans mes narines. Elles pouvaient déchiffrer les cérémonies de mes ancêtres, contrairement à moi qui ne les connais que par les beaux livres illustrés que l'on trouve en librairie pour 4,95 dollars canadiens.

La première fois que je les ai rencontrées, j'ai entendu Meghan dire à un moment de la conversation «acha» et je n'y ai pas prêté plus d'attention que ça, pensant que c'était une expression ukrainienne. Ensuite, quand elle a dit

« chalo » et puis « nahi », j'ai dressé un peu plus l'oreille et me suis demandé si c'était les mêmes mots hindis qu'« ahji » utilisait autrefois. Ces mots étaient très naturels pour Meghan. Parfois, elle s'exprimait avec de longues phrases en hindi, me prenant par surprise et me faisant ressentir mon ignorance, comme si j'étais coupable d'une imposture. « Ahji » aurait été déconcertée de ce monde à l'envers dans lequel je me retrouvais.

Les seuls mots en hindi que je connaissais étaient ceux des menus dans les restaurants indiens et ceux de mon livre de recettes *Cuisine indienne de Mme Balbir Singh*. Dès le premier jour où je suis arrivée au Canada les gens disaient: « Super ! Tu vas pouvoir m'apprendre à cuisiner des plats indiens, et ce thé, comment il s'appelle déjà ? Thé masala ? Chai ? Tu sais bien, celui avec des épices. » Mais moi je ne savais rien, je n'avais jamais entendu parler de ce thé avant d'arriver ici. Au lieu de les décevoir avant d'avoir eu la chance de me faire des amis, je suis allée acheter ce livre de recettes, qui m'a en fait permis de sauver la face plus d'une fois. Mme Singh m'a appris des mots comme vindaloo, mulligatawny, bhuna, matar, pullao, et gosht, et bien sûr roti sous toutes ses formes : chapati, puri, nan, etc.

Il était inévitable qu'un jour Meghan et Virginia m'invitent à aller avec elles au temple Hare Krishna à Ferrinbridge. « Viens découvrir un peu ta culture ! », suggérèrent-elles de la façon joviale de celles qui s'amusent de ces absurdités de la vie. Complexée par mon statut d'orpheline culturelle, je décidais de les accompagner. Je dois avouer que j'étais quelque peu étonnée d'apprendre qu'elles étaient des adeptes de Hare Krishna. Bon, ce n'est pas que j'étais surprise de voir deux Blanches appartenant à ce mouvement. En fait, j'avais toujours eu l'impression que les Hare Krishna étaient en réalité composés de Blancs qui avaient été initiés au mouvement par les Beatles. Et puis, c'était uniquement des Blancs que j'avais vu de mes yeux psalmodier les noms des déités hindoues et jouer de la tassa dans les aéroports de Miami, New York et Londres. C'est seulement récemment, lors d'une manifestation pour la paix dans le centre de la ville, que j'avais vu parmi les Hare Krishna une poignée (moins que ça quand j'y pense) de gens d'origine indienne participant de manière maladroite, frappant dans leurs mains, se déhanchant, chantant, jouant du tambour et faisant tinter des clochettes au milieu de cette marée d'hommes blancs vêtus de « kurtas » orange et de « dotis » blancs. Les femmes blanches portaient des saris de coton fin d'une blancheur céleste, et elles étaient si maigres et leurs membres si longs que les saris, qui les enveloppaient très près du corps au lieu de les draper élégamment, ressemblaient à quelque autre vêtement (mais surtout pas à des saris!), peut-être au revêtement extérieur d'une momie, un «ohrni» (voile) leur couvrant la tête. Je me suis posé les questions suivantes : «Qui des adeptes Blancs ou des adeptes Indiens avaient été les premiers? Qui avait converti qui?»

Ce qui me surprenait, c'était que ces deux femmes, qui étaient plus proches de mon salon que les Beatles ou les «kurtas» oranges entr'aperçues, ou encore que les visages sans nom qui chantaient dans les aéroports, c'était que ces deux amies fussent des adeptes de Krishna. Ces deux personnes si normales, si bien chaussées (des Birkenstock en daim) et si responsables ! Bon, en fait ce que j'essaie de dire c'est «ces deux gouines blanches si mignonnes!»

J'ai décidé de bon cœur de ravaler ma fierté devant le fait que ces deux filles étaient de meilleures Indiennes que moi, et j'ai accepté d'aller me rassasier des sons, des odeurs, des couleurs et des goûts (on parle toujours de la nourriture végétarienne gratuite après les prières) de la terre de mes ancêtres.

Le dimanche soir, le soir où j'allais découvrir un peu ma culture, la Mazda 626 immaculée s'est arrêté le long du trottoir devant mon immeuble. L'intérieur de la voiture était éclaboussé de couleurs. Les yeux malicieux de Virginia me regardaient par- dessus le châle accompagnant un sari de soie rouge vif, son visage encadré par un ourlet bleu marine parsemé de motifs en cachemire argentés. Le châle de Meghan était drapé autour de son cou, ce qui faisait que l'on avait du mal, en regardant ses cheveux dorés, à savoir si c'était un garçon ou une fille. On pouvait la prendre une minute pour un garçon, et l'instant d'après il n'y avait aucun doute, c'était une fille. Et l'instant d'après non, c'était bien un garçon.

Meghan était contente d'elle. Son sari de soie était d'un vert majestueux, avec de petits motifs cachemire dorés et un ourlet épais brodé d'or et d'argent. Mon t-shirt blanc uni, mon pantalon en rayonne bleu foncé, mes Doc Martens et mes chaussettes blanches (j'avais pensé, avec raison, qu'il nous faudrait enlever nos chaussures, c'est pour cela que j'avais choisi de porter des chaussettes neuves que j'avais gardées pour une occasion de ce genre) me donnaient l'air d'un rabat-joie se rendant à un bal masqué! «Comme vous êtes belles!» et d'autres remarques de ce genre sortirent de ma bouche, mais dans ma tête, je me posais plein de questions comme «Bon sang! Mais qu'est-ce que je fais là, avec mes vêtements nuls, je dois vraiment avoir l'air de l'idiote de service qui ne connaît rien de rien à sa propre culture ? » Ou encore « Mais qu'est-ce que vous avez à porter des saris et à vénérer des dieux hindous ? A quoi cela vous sert-il de me montrer ce que j'ai perdu ? Vous n'avez qu'à vous occuper de vos ancêtres à vous ! » Je me suis surprise dans ma colère à penser un flot d'obscénités que la décence m'interdit de reproduire ici et qui auraient fait s'évanouir Mme Ramsey.

Meghan a fait démarrer la voiture et Virginia s'est retournée pour me parler. Quand j'ai vu son sari de satin bleu, je me suis rendue compte que j'espérais secrètement qu'elles allaient porter des t-shirts au lieu de saris. Après un moment je me suis rendue compte que j'en avais un peu trop fait avec les compliments du style « Que vous êtes belles ! » et je me suis sentie un peu bête. En sortant de la voiture j'ai vu leurs saris en entier, drapés à la perfection, les plis symétriquement espacés et parfaitement en place. J'étais prête à parier qu'elles avaient faits faire les plis et qu'elles les avaient fait coudre pour qu'ils tiennent en place de manière permanente.

Contrairement à ce à quoi je m'attendais, je n'étais pas la seule Indienne dans l'ashram, en fait, plus de la moitié des participants étaient des gens d'origine indienne. Bizarrement, aucun des hommes indiens n'était vêtu d'orange et de blanc comme les Hare Krishna. Ils portaient des costumes à l'occidentale simples et élégants. Les femmes indiennes portaient toutes des saris ordinaires. Habillée comme je l'étais, et seule Indienne habillée à l'occidentale, j'ai compris comme si c'était une révélation la panique et le malheur qu'avait dû ressentir « ahji » à voir sa culture disparaître petit à petit sous ses yeux.

Virginia et Meghan, les yeux fermés, frappaient dans leurs mains et se balançaient au son des tambours et des psalmodies des officiants blancs. Je suis restée debout, aussi rigide qu'un morceau de bois, les mains serrées derrière le dos. Les autres Indiens, le long des murs de la pièce, et absolument pas au centre de la cérémonie, frappaient discrètement dans leurs mains, sans que leur corps manifeste la jubilation de leur âme.

Dans ce temple de Krishna et Rama, entourée de peintures murales représentant des scènes de la Bhagavad Gita, parmi des gens amoureux de la paix et pleins de bonté, ma température (ou plutôt, ma colère) commençait à monter. Le sermon sur un chapitre particulier de la Gita était lu par Sa Sainteté, un homme blanc vêtu d'orange, la tête complètement rasée à l'exception d'une petite tresse toute fine qu'il portait sur le haut de l'arrière du crâne. Il était assis sur une espèce de trône entouré de sa cour de disciples blancs. Il venait juste de rentrer d'Inde, rempli d'inspiration et d'énergie, et il racontait des histoires sur le travail réalisé là-bas pour terminer la construction d'une ville et d'un centre de prière voué à Krishna.

« Va en Inde », m'a-t-il répété plusieurs fois, avec le sourire malicieux de quelqu'un qui avait eu le privilège de l'avoir fait à plusieurs reprises.

Les hommes étaient assis très près de lui, juste devant, et les femmes étaient assises derrière. Les femmes indiennes restaient au fond, contre le mur. Au milieu du sermon, un jeune homme est venu chercher les femmes qui étaient demandées à la cuisine pour servir le repas. Il s'est levé et a traversé l'assemblée de femmes blanches qui étaient proches de lui pour se diriger vers les femmes indiennes. Elles se sont levées consciencieusement et l'ont suivi jusqu'à la cuisine, manquant la fin du sermon.

Je me suis demandé quelle était la sagesse (si c'était ce dont il s'agissait) qui empêchait les gens de commettre des crimes sur-le-champ. J'ai ressenti une sensation familière de brûlure sur les doigts, mais cette fois-ci c'était à cause de l'intensité de mes poings serrés pour ne pas frapper sur tout ça. Une rage soudaine m'a enveloppé comme une nuée de moustiques affolés. J'ai desserré les poings et me suis passé les mains dans les cheveux comme pour chasser ces sensations violentes surgies du passé et du présent.

J'ai regardé mes deux amies assises à côté de moi. Meghan et Virginia, sincères dans leur désir de trouver ce point où toutes les divisions disparaissent et où tout le monde ne forme plus qu'un. Elles étaient radieuses. Meghan m'a suivi du regard quand j'ai observé les femmes indiennes se diriger vers la cuisine. Avec son accent préféré, plein d'empathie, elle a dit : « C'est un peu sexiste, non ? Ca ne nous plaît pas beaucoup non plus, tu sais. »

Ding ding ! Oh ! C'est le carillon de la porte d'entrée !

Une lettre de chez moi, de ma mère. Du ton peu familier de son anglais écrit, elle m'annonce : « . . . Elle m'a donné son orchidée scorpion en pot préférée juste quelques jours avant de mourir. Comme si elle avait eu une prémonition ! Elle avait demandé à ton père, il y a quelque temps de ça, d'être son exécuteur testamentaire. Elle voulait qu'il contacte son beau-fils, George Arthur Ramsey, dans le Surrey, en Angleterre, et que l'on y envoie son corps pour qu'elle soit enterrée parmi les siens. Nous avons fait tout notre possible pour notre chère amie, à qui Sharda et toi devez tellement pour votre maîtrise de la langue anglaise. Après plusieurs échanges de télégrammes, ton père a retrouvé George qui vit maintenant à Philadelphie, aux Etats-Unis, avec sa nouvelle épouse, une femme indienne d'Afrique de l'est (je me suis tout de suite demandé si elle était musulmane). En fin de compte, on lui a envoyé son corps là-bas, où a eu lieu l'enterrement. Nous espérons sincèrement que cette décision est OK . . . »

TRANSLATED BY ERIC MAITREJEAN

AMÉLIE ET LES ANOLIS ⌒

Gisele Pineau (1956–)

Elle en avait rêvé pendant les quarante ans de sa vie en France. Elle s'était
même parfois emmêlée les pieds à courir en imagination après l'un de ces anolis verts et jaunes qui défilaient sur les murs lisses de sa vie future aux Antilles.
Et puis s'immobilisaient, tout soudain, pareils à des broches bon marché
accrochées sur le devant d'un caraco tendu sur des seins neufs.

Anolis verts et jaunes coulés dans les raies de lumière tracées par le soleil
à travers les persiennes.

Murs blancs si calmes. Toit de tôle rouge. Sa maison, elle l'avait dessinée
et redessinée dans sa tête jusqu'à ce qu'elle la sente dominer toutes ses autres
pensées, pousser et enfler en elle comme en arbre qui croît à l'étroit dans un
jardin de ville. Jusqu'à ce que sa tête soit lourde de cette maison en dur.
Lourde de ses murs de parpaing, de son bois rouge, de ses tôles payées avec
les années de patience. Jour après jour de sagesse et raison. À compter et
amasser les sous comme les heures approchant de la retraite.

Quatre pièces. Elle avait cinquante fois modifié les plans de sa maison. Elle
avait marché dans les chambres vides avant même que les premiers parpaings
soient posés. Elle avait respiré l'odeur forte du bois de charpente. Et ses nuits
avaient été agacées par les coups de marteau et les cris des ouvriers au travail
sur le chantier imaginé.

Dans le tintamarre du métro, debout, raide, absente, elle avait, jour après
jour, composé sa vie de retour au pays. Se voyait toujours exagérément
reposée, paisible et surtout rajeunie, comme si on lui avait donné à tenir une

chandelle merveilleuse qui l'aurait empêchée à jamais de vieillir et trébucher et sombrer dans la mort. Se représentait sur sa véranda, le corps allongé dans une chaise longue. Belles jambes effilées, taille fine, peau douce, intimement jeune aussi en dedans d'elle-même. Ne reconnaissait jamais tout à fait cette femme plissée que lui renvoyait le miroir. Se voyait avec ces yeux de l'intérieur, ceux-là qui trompent et consolent, et retiennent l'âme dessous le porche de ses vingt ans, jusqu'à la fin.

Autrefois, quand elle s'imaginait retournée au pays, Fortuné était toujours à ses côtés. Ensemble, ils toisaient les mêmes longueurs de rêves, mangeant leur retraite d'une même faim mesurée. Elle présageait que, miraculeusement, ses douleurs qu'elle avait dans les os la quitteraient vitement pour un autre corps de vieille femme, que ses petits maux ne la préoccuperaient plus. Elle s'en remettait au soleil du pays, au poisson frais, aux ignames tendres, à l'eau de source et des rivières qui coulait là-bas d'une manière prodigieuse et pour l'éternité.

Elle et Fortuné avaient travaillé quarante années en France. Trente-cinq ans d'économie leur avaient permis d'acheter un bout de la terre de Guadeloupe afin d'y construire une maison en dur. La maison de leur retraite. La maison d'une vie recommencée.

Elle avait acheté un bout de terre de Guadeloupe ; à cette seule pensée, un souffle chaud lui emplissait le cœur. Elle possédait cette terre. Beaucoup de privations en vérité. Des soupes claires. Du lait allongé d'eau. Des pièces de cinq centimes ramassées dans le caniveau. Des robes en nylon. Des bottes en faux cuir. Des bas rapiécés encore. Elle n'avait pourtant jamais éprouvé la moindre amertume. L'idée de posséder cette part de terre donnait une raison à sa vie. Et puis, elle n'était pas seule à aller dans ce sens, Fortuné voyait tout comme elle. Sans se plaindre, il avait gardé sept ans le même costume qu'il ressortait à chaque occasion, pour les morts, les mariés, les baptisés, pour les soirées d'anniversaire, de titularisation, entre Antillais. Il avait vite renoncé aux fins cigares et ne fumait plus que les cigarettes des autres, avec un restant de l'élégance affichée du temps des bals créoles typiques qu'il courait dans ses vingt ans.

Elle s'en était aperçue assez tard. Mais elle avait bien fini par réaliser qu'elle n'avait pas vécu, pendant ces quarante ans, que pour ce seul accomplissement. Son esprit n'avait fait que compter et recompter les francs, la ramenant sans

cesse dans la maison rêvée de sa retraite—l'œuvre de sa vie—où elle se perdait dans la contemplation de ses murs blancs immaculés et regardait les
anolis jaunes et verts s'enfiler dans les taches de soleil. Son corps avait marché
pendant quarante ans sur les trottoirs de Paris, traversé les rues sur les clous,
couru avec les autres pour attraper un métro, couru pour aller passer la ser-
pillière entre les pieds des lits en fer de l'hôpital, juste pour bâtir la vie de sa
retraite au pays, oubliant tout bonnement qu'elle était dans son temps de
jeunesse.

Autrefois, elle s'appelait Eulalie. À son arrivée en France, dans les années
cinquante, sa première patronne l'avait rebaptisée Amélie, parce que—pré-
tendait-elle—ce EU en début de nom n'était pas très seyant. Alors Eulalie
avait accepté de répondre «Oui, madame» chaque fois qu'on criait Amélie
dans l'appartement. C'était dans le septième arrondissement. Les beaux
quartiers de Paris.

«Oui, madame! J'arrive tout de suite, madame!» Elle s'était couchée docile
en dedans de ce nom.

«Amélie! Mon petit! Amélie, que ferais-je sans vous!»

Et quand elle avait rencontré Fortuné à ce bal de Joinville, elle lui avait
déclaré sans le moindre cillement: «Amélie, je m'appelle Amélie.»

Les anolis lui manquaient déjà à cette époque, comme les épices rares et
les bains de rivière. Elle l'avait dit à Fortuné la toute première fois qu'il l'avait
invitée à danser et serrée dans ses bras. C'était Chez Maxe, au bord de la
Marne, ce dancing du quai Polangis où se produisaient des orchestres typiques, comme le Hot Club Colonial dirigé par Ernest Léardée. Elle s'était
trouvée là, sans cavalier, troisième roue de carrosse, venue chaperonner une
de ses amies guyanaises. À cette époque, Fortuné fumait encore ses fin cigares. Ses manières désinvoltes étaient assorties d'une noblesse naturelle. Il
portait des bretelles dessous ses vestons ajustés, des pantalons à revers, et il
parlait sans cesse de la chanteuse créole Moune de Rivel qu'il considérait
comme la femme idéale. Eulalie ne ressemblait pas le moins du monde à
Moune de Rivel, mais elle avait toujours les yeux un peu mouillés, même
lorsqu'elle ne voulait ni rire ni pleurer. C'est ce qui séduisit Fortuné: les yeux
mouillés, les histoires d'anolis jaunes et verts sur les murs.

Ils étaient l'un et l'autre sans famille à Paris et fréquentaient les mêmes jeunes Antillais frais débarqués de ces paquebots qui promettaient bel avenir à Paris. Tous deux venaient de Guadeloupe. Lui était né sur l'île de Marie-Galante. Elle sortait de Trois-Rivières. Lui travaillait depuis à peine six mois aux usines Renault. Elle faisait encore la bonne chez la madame qui l'avait rebaptisée Amélie et ne lui prêtait qu'un dimanche par mois sur trois, pour aller avec d'autres bonnes antillaises dans les bals en matinée dansante. Ils s'étaient donné rendez-vous le dimanche du mois suivant. Et puis, elle avait dansé dans ses bras tout l'été.

En décembre 1952, quand le dancing Chez Maxe avait brûlé, Fortuné l'avait demandée en mariage. Elle avait pleuré et ri parce qu'il avait fait sa déclaration d'une manière un peu théâtrale, la main droite sur le cœur, jurant éprouver pour elle des sentiments qui ni partiraient pas en fumée, comme le dancing des bords de Marne. Elle avait dit oui tout de suite parce qu'elle n'avait fait que ça, tout l'été : attendre qu'il lui fasse sa demande. Cette même année, trois de ses amies parlaient déjà mariage. Surtout Marie-Camille et Francesca, les Guyanaises. Joséphine, la Martiniquaise, jurait qu'elle trouverait un mari avant la fin de l'année. Elle faisait le mur pour rester assise des nuits entières à La Canne à sucre, rue Sainte-Beuve. Elle n'en avait jamais assez d'écouter les orchestres antillais jouer du jazz, des mérengués, des boléros afro-cubains et des sambas-biguines, en attendant qu'un grand nègre idéal en costume trois-pièces vienne l'inviter à danser trois pas. On l'appelait Lady Day parce qu'elle ressemblait à Billie Holiday, se coiffait comme elle et connaissait par cœur tout son répertoire, sans même comprendre un mot d'anglais. Quand Fortuné avait commencé à tourner autour d'Amélie, Joséphine avait sursauté et s'était mise à lui décocher de drôles de sourires appuyés. Quarante ans après, Eulalie revoyait encore les lèvres épaisses et rouges de Joséphine, sa cigarette, ses fossettes profondes, ses cheveux crantés et ses yeux tout luisants. Fortuné l'avait à peine regardée.

Eulalie avait quitté sa patronne en 1953, pour se marier à Fortuné, mais elle avait gardé le prénom d'Amélie. Elle avait même pris la résolution de ressembler à cette Amélie, d'entrer dans ses chairs et son esprit de plein gré, pour démarrer sa vie de femme mariée.

Ils avaient d'abord vécu cinq ans dans un petit meublé de la rue Froidevaux. Une pièce étroite où toute sa vie s'étalait dans un seul regard sitôt la porte ouverte. Ils avaient fait leurs deux enfants dans le lit dessous la fenêtre, à trois pas de l'évier qui leur servait de lavabo. Deux garçons en trios ans : Ernest, à cause de Léardée qui les avait tant fait danser ; et Max, en souvenir du dancing des bords de Marne. Deux garçons qui avaient longtemps dormi tête-bêche dans un petit lit à barreaux entré d'extrême justesse dans la chambre.

Amélie avait attendu d'autres enfants qu'elle n'avait pas gardés. Longtemps, ils l'avaient hantée. Elle les imaginait comme des anges, dans les airs. Les voyait valser tout légers. Et puis, ils se défaisaient petit à petit, pour finir par se mêler aux volutes des nuages, et disparaître. Fortuné n'en avait rien su. Trois fois, elle était partie une semaine chez Francesca qui habitait Le Havre avec son mari. C'était des affaires de femmes. Des commerces de femmes menés avec grande économie de mots. Seulement des soupirs et des regards pesés, des serviettes serrées entre les dents, des bassines d'eau chaude, des cuillères à soupe. La sueur, les pleurs mêlés, le sang entre les cuisses, la fièvre dans tout le corps.

En 1953, elle était entrée comme fille de salle à La Salpêtrière, sur les conseils d'une voisine de palier jadis, perdue de vue depuis. Quarante années à balayer les couloirs, porter des seaux d'eau noire, tordre des serpillières.

> « Amélie, par-ci !
> Amélie, par-là !
> Nettoyez bien les coins, ma fille !
> Y a du vomi dessous le lit du trente-deux !
> Oh là là ! La vieille du quatorze a fait pipi partout !
> Amélie ! Amélie ! Il manque des bras au troisième étage !
> Ne traînez pas comme ça !
> Les thermomètres, vite ! »

Fortuné avait travaillé dur. Pendant ces quarante ans, il n'avait eu qu'une distraction : son tiercé qui des fois le gardait tard dehors. Le faisait courir des dimanches entiers jusqu'à Vincennes, Auteuil ou Longchamp. Parfois, Amélie lui reprochait de dilapider les trois sous qu'elle économisait. Ça la rendait chimérique et bileuse de l'imaginer en train de jour l'argent de l'usine Renault. Elle refusait toujours de l'accompagner, même quand il le lui demandait dans la couche et qu'ils se trouvaient l'un contre l'autre, la garde baissée, abandonnés l'un à l'autre. Quand il lui racontait la beauté des chevaux lancés sur les champs de courses, elle ne voyait que l'argent gaspillé et elle se retenait pour ne pas le crier. Il jurait qu'il gagnait toujours plus qu'il ne perdait. Une fois, grand seigneur, il avait même ramené cinq mille francs nouveaux qu'il avait jetés sur la table, en disant : « Achète-toi une robe en soie et des souliers vernis, samedi on va danser salle Wagram ! » Ce soir-là, Fortuné avait bu pour eux deux. Il riait fort. Mais, il y avait un fond de tristesse dans sa joie et toutes ses paroles étaient trempées d'une égale amertume. « On dansera toute la nuit, ma Lili, pour oublier qu'on est des pas grand-chose, hein ! On dansera comme avant, comme quand j'avais mes vingt ans. Du temps où j'avais pas cette charge, pas de famille . . . C'est lourd pour moi, c'est raide même . . . Femme, enfants . . . »

Le lendemain, Amélie était allée déposer les cinq mille francs à la banque. Et Fortuné n'avait plus parlé de la salle Wagram. Le dimanche suivant, il était reparti à Longchamp avec Nestor Calpier, un nègre de La Désirade qui travaillait chez Peugeot, sur la chaîne de montage des bicyclettes. Ils avaient voyagé ensemble pour venir en France, se considéraient comme des frères. Ils partageaient tous deux la passion des champs de courses.

En 1983, quand Amélie était revenue en congé, le temps d'acheter son morceau de terre de Guadeloupe, il s'était trouvé des vieilles gens pour la crier Eulalie. Elle les avait reprises. Oh, gentiment : « Amélie, s'il vous plaît. » Non, elle n'avait plus rien à voir avec cette Eulalie qui avait quitté sa campagne au tout début des années cinquante. Eulalie lui était réellement devenue aussi lointaine qu'une figure de l'enfance impossible à ramener au temps présent, presque une étrangère un peu hostile dans le regard. Les gens l'avaient reconnue parce qu'elle avait gardé le même corps et qu'elle portait ses cheveux blancs teints en gros noir. Quand on lui disait qu'elle ne faisait pas ses soixante ans, elle voulait bien croire que le temps l'avait oubliée, juste un peu, même si les deux garçons étaient déjà des hommes mariés et pères d'enfants.

Fortuné avait mis en terre deux jeunes pieds-coco au milieu de la cour qui s'étalait devant leur maison neuve. Amélie avait planté des orangers, et puis des fleurs en quantité : hibiscus, bougainvilliers roses et blancs, grands oiseaux de paradis aux becs pointus, roses-porcelaine fragiles et imposantes. La maison neuve, outrageusement blanche, était comme déposée là, incongrue, parmi tout un lot de cases laides au bois lavé par les pluies. Des cases-épaves brisées par trios cents cyclones et redressées combien de fois pour parer la misère. Des cases qui gardaient toute la mémoire des lieux et faisaient corps avec l'entour et ses bruits, ses cris et ses soupirs. Dans ces cases, il y avait des vies qui grouillaient à l'étriquée. Des jurons sortaient par les portes toujours ouvertes qui exposaient des couches aux matelas bosselés, des armoires en plastique déchirées, des chaises clinquantes et des tables revernies sur des couches de vernis écaillé. Des hommes et des femmes vivaient là. Ils travaillaient pour la plupart sur la plantation de bananes qui s'étendait à deux pas, sur des centaines d'hectares jusqu'aux pieds de la Soufrière. Des petits enfants nus couraient autour de ces cases. Des fillettes, déjà donzelles, traçaient des marelles sur la terre battue. Elles avaient la vie déroulée devant elle, des espérances, des soleils et des morceaux de ciel. Elles sautaient dessus à cloche-pied en poussant une vieille boîte rouillée qui leur ouvrait la porte du paradis. Elles avaient tout leur temps de jeunesse à dilapider.

Amélie avait presque touché la queue de l'anoli vert et jaune qui venait de passer sur le mur blanc de son salon. Le mur était chaud. C'était cette même chaleur qu'elle ressentait à présent jusqu'au tréfonds d'elle-même après ces quarante années de privations. Quarante années dans la froidure de France, à tirer sur cette corde pour voir à quel point elle pourrait se tendre. Quarante années de sa vie sacrifiée à cette seule retraite.

À présent qu'elle était retournée au pays, jouissait de son bout de terre de Guadeloupe, elle était sans arrêt affamée. Toute différente de cette Amélie qu'elle s'était imaginée tellement paisible, allongée sur une chaise longue dessous la véranda, profitant de sa retraite méritée. Elle ne s'en était pas rendue compte au tout début de son retour. Seulement au bout d'une année de retraite au fur et à mesure, tandis qu'elle décomptait le temps dans sa belle maison aux murs si lisses et blancs. Petit à petit, elle avait cessé de contempler les anolis jaunes et verts sur les murs. Elle cherchait maintenant à les tuer, à leur assener des coups de balai.

Elle était sortie de ses rêves au moment même où la maison était devenue vraie, où elle y était entrée pour l'habiter avec son corps et son esprit. Elle s'était mise alors à regarder le pays avec d'autres yeux, à jalouser férocement la chair ferme des jeunes femmes, leurs seins debout, leurs destins inaltérés, leurs espérances démesurées. À désirer soudain une autre existence, différente de celle qu'elle s'était bâtie en France. Elle voulait maintenant reprendre possession de tout ce temps épargné, remonter dans son âge, jouir de chaque instant. Elle ne le disait pas ouvertement, mais elle se voyait de plus en plus jeune dans le miroir, se sentait de plus en plus jeune dans la couche. Et son corps tout entier le criait à Fortuné qui ne disait rien, mais prenait et goûtait mollement tout ce qu'elle offrait d'une manière violente et candide, pareille à ces jeunes créatures qui se jettent éperdues dans les bras des hommes mûrs. Des fois, elle songeait à l'Eulalie, vierge et prude qu'elle avait été, autrefois, du temps de ses vingt ans. Elle riait.

Et c'était comme si elle avait rêvé ces quarante ans de France. Tout ce temps où elle avait babillé après Fortuné parce qu'il jouait l'argent de M. Renault au lieu de le déposer à la banque. Tout ce temps où son corps était resté pétrifié à cause des anges qu'elle voyait voler et se défaire dans les airs. À cause de l'hiver qui cognait dehors tandis qu'elle se rêvait déjà aux Antilles, sur son bout de terre acheté devant ce notaire de Basse-Terre. Tandis qu'elle comptait les sous, les grains de riz, les bouts de semaines, les années à parcourir encore pour qu'elle se tienne enfin au seuil de la retraite.

Il y avait maintenant comme un feu qui grondait en dedans d'elle. Et il lui fallait sans cesse le contenir face à son Fortuné qui s'était moulé dans cette retraite paisible, ne voulait rien d'autre que vivre ce temps de tranquillité qu'elle lui avait tant de fois fait miroiter.

Il y avait maintenant comme une faim vorace en elle. Et aussi des sursauts imprévisibles. Des palpitations subites. Des envies impérieuses échauffant tout son corps. Des bouffées de fièvre qui la laissaient moite. Des accès d'une jalousie trouble, qui n'avaient ni fondement ni fin, mais s'imposaient à elle avec fureur. Il lui fallait toujours savoir où se trouvait Fortuné et avec qui. Pour combien de temps il était parti et l'heure à laquelle il reviendrait. Elle faisait ce qu'elle n'avait jamais fait : lui posait des questions, fouillait ses poches, reniflait son haleine, ses cheveux et les plis de son cou. Elle lui jetait des reproches sur la façon qu'il avait de regarder le corps des femmes moulées dedans des morceaux de toile insignifiante. Un jour qu'ils revenaient de bourg, elle avait soulevé sa jupe sans qu'il comprenne pourquoi. Et il était resté planté là, les yeux inquiets, la bouche ouverte, devant cette chair noire toute palpitante de rage, chaude de jalousie, dure et enflée de désir. Elle avait été bouleversée en lisant dans ses yeux qu'il ne la considérait plus comme une femme, seulement comme compagne vieillissante et aigrie. Il était tellement semblable à celui qu'elle avait imaginé jour après jour pendant ces quarante ans d'économie en France. Quarante ans où elle n'avait vécu que pour ce grand rêve de retraite. Quarante ans où elle avait mis sa jeunesse en sourdine, où elle avait maintenu Fortuné enchaîné dans ses rêves de possession. Il était maintenant tellement pareil à celui qu'elle avait imaginé que c'en était insupportable. Il avait vécu une vie sans relief et il n'avait rien à redire. Il mangeait sa retraite avec parcimonie. Allongé sur un pliant, il faisait des siestes dessous sa véranda. Il taillait le gazon tous les premiers lundis du mois. Allait à la pêche avec des nègres de sa génération. Pour préserver ses poumons, il ne fumait plus ni cigarettes ni cigares. Il visitait son médecin et prenait des cachets pour fluidifier son sang, modérer sa tension, délester ses intestins, endormir ses douleurs.

Il était parti tôt le matin avec Edgar Marécher, un vieux pêcheur des environs qui, ce jour-là, tuait un des cochons. Fortuné avait promis de ramener trois kilos de viande maigre et une brasse de boudin. Elle les avait suivis du regard. Fortuné commençait à aller voûté et Edgar traînait une vieille jambe. La mort les escortait. Ils l'avaient tous deux acceptée, ça se voyait à leurs cous déjà cassés, à leurs épaules tombantes, à la manière qu'ils avaient de se hâter lentement dessous l'ombrage de la mort, comme si rien n'avait plus vraiment de sens ou d'importance.

Quand le facteur déposa le courrier dans la boîte, Amélie buvait son café en songeant à ce jeune bougre, Léo, qu'elle voyait tous les samedis sur le marché aux légumes. Elle avait pris l'habitude d'aller se planter devant son étal parce qu'il lui donnait toutes sortes de noms sucrés, lui faisait les yeux doux pendant qu'elle choisissait longuement ses racines, les tâtait, les pressait d'une manière équivoque, s'amusait à marchander les bananes jaunes ou les madères. Il lui jetait des compliments tout en pesant les fruits et puis, surtout, il lui gardait la main quand elle le payait. Elle attendait ce moment, le retardait riant encore un peu pendant qu'elle cherchait l'argent dans son porte-monnaie. L'effet était fulgurant. Tragiquement, elle se sentait remuée de haut en bas, secouée, battue, brisée. Sa main dans la main de Léo, elle restait sans bouger un instant, défaite sous son masque de tous les jours. Et puis, elle s'en allait, le corps tout ramolli et l'esprit chaviré. Elle se sentait alors intensément vivante.

Tous les samedis, Léo lui racontait un morceau de sa vie. Il avait à peine vingt-cinq ans et portait des rêves pour cent ans. Il lui disait qu'elle était jeune, plus jeune que toutes les jeunesses dont il avait déjà fait l'entour. Alors, tous les samedis, elle se fardait un peu plus et s'habillait comme si elle était retournée quarante ans en arrière, du temps des bals des bords de Marne, du temps du dancing Chez Maxe, du temps où Ernest Léardée la faisait danser. Et les sourires qu'elle rendait à étaient ceux d'une pucelle.

Tandis que le facteur s'éloignait, Amélie se disait qu'elle serait bien capable de laisser Fortuné à sa fade vieillesse si Léo le lui demandait. Elle aurait cette audace. Combien de temps lui restait à passer sur cette terre ? Elle avait bien le droit de vivre un peu son corps après tant d'années sacrifiées à raison, à l'épargne, à l'attente de la retraite.

Il y avait du courrier pour Fortuné. Une large enveloppe avec un cadre noir qui annonçait sans doute une mort. Elle s'assit sur une berceuse, déposa la lettre sur ses cuisses et ferma les yeux. Le visage de Léo apparaissait et disparaissait et ses paroles douces résonnaient et diffusaient partout dans les chairs d'Amélie. La vie ! Elle ne voulait penser qu'à la vie, aux jouissances, aux extases et aux grands ébats, à son corps frotté contre celui de Léo. Oui, après ces quarante années perdues, elle prétendait vivre selon son bon plaisir, pour elle seule, au gré de ses sens et de ses émotions. Et tant pis pour Fortuné qui n'attendait plus la mort.

Elle décacheta l'enveloppe qui contenait un carton pareillement encadré de noir, une lettre et une photo en noir et blanc. Quatre visages souriaient à Amélie. Deux jeunes femmes entre vingt-cinq et trente ans et deux hommes entre trente en quarante ans. Sur leurs quatre visages se posait l'ombre d'un autre visage connu autrefois, mais qui s'était retiré d'année en année cédant la place à un visage benoît, confiant, obstinément installé dans l'âge et la sérénité d'une retraite méritée. C'était bien le visage de Fortuné qu'elle devinait derrière ces quatre figures figées sur le carton glacé.

Le 29 décembre 1992, Carina, Fortuna, José et Georges, lut-elle au dos de la photographie.

Le soleil perça soudain un nuage et entra sous la véranda tandis que deux anolis verts et jaunes se poursuivaient sur le mur de la cuisine.

Elle déplia la lettre et se mit à lire, tandis qu'une sourde crépitation s'élevait à ses tempes :

Cher Papa,

Depuis ton départ, maman a été bien malade. Elle ne voulait pas que tu aies de la peine. Alors, nous ne t'avons rien dit. Nous la pleurons tous et nous avons décidé de t'écrire malgré tout ce que tu nous as toujours dit et redit. Voilà ! Joséphine est décédée. Elle t'a appelé plusieurs fois sur son lit d'hôpital. Son corps est parti aujourd'hui pour la Martinique où elle voulait être enterrée. Nous espérons te voir bientôt en France. Merci pour les mandats. Tu nous manques beaucoup.

Amélie reconnut les quatre noms dessous les paraphes. Elle les relut plusieurs fois : Carina, Fortuna, José, Georges . . . Elle relut la lettre aussi, cent fois, jusqu'à la connaître par cœur. Elle passa ses doigts sur les quatre visages de la photo jusqu'à sentir le grain de leur peau. Elle enfonça son doigt dans les fossettes des deux filles qui ressemblaient tant à leur mère, cette Joséphine . . . Mêmes petits yeux luisants. Même sourire. Elles avaient le front de leur père, ses dents . . .

Elle n'était pas en colère contre lui. Elle n'avait seulement plus envie de parler, de boire ou de manger. Cela faisait maintenant plus d'un mois qu'elle gardait la chambre, suivant des yeux les anolis verts et jaunes sur les murs blancs. Blancs comme ses cheveux qu'elle ne teignait plus. Si blancs sur les draps blancs.

Fortuné restait toute la journée à ses côtés, assis sur une berceuse, ne disant rien non plus, ne mangeant pas, songeant à toutes ces ruses qu'il avait déployées pendant ses années de jeunesse avec la complicité de Nestor, d'Alfred ou d'Émile, ses amis. Les fois où Amélie voulait partir au Havre passer une semaine chez Francesca, il ne cherchait pas d'explication, la poussait vitement dans le train et puis courait chez Joséphine. S'y précipitait plutôt, pour bercer Fortuna ou José qui faisait ses dents, pour faire réciter ses leçons à Georges qui n'était pas vaillant à l'école, pour essuyer les larmes sur les joues de Carina qui ne se consolait jamais de voir son papa seulement les dimanches et suffoquait des heures durant, tout le corps secoué de gros sanglots.

Quand il arrivait, Joséphine était toujours là, le plus souvent lâchée dans un vieux fauteuil acheté aux puces de Clignancourt. Une cigarette au bord des lèvres, elle écoutait des disques de blues, des morceaux de Billie Holiday, de

Muddy Waters, d'Elmore James, de Little Walter et bien d'autres qu'elle posait en pile, mélangeant les pochettes.

C'était comme ça que tout avait commencé entre eux. Un soir, Chez Maxe, elle lui avait glissé son adresse, un meublé, rue Lepic. Il y était allé, juste pour voir, mené par ses pieds, marchant derrière la fumée de sa cigarette. Il avait frappé trios coups à la porte. Il s'en souvenait encore, elle portait un déshabille blanc avec de fines bretelles et des broderies sur les seins. Elle lui avait dit qu'elle l'attendrait toujours, toute la vie s'il fallait, sans rien demander, sans même exister ailleurs que dans son meublé.

Georges était né dans la même année que Max, son deuxième fils. Et puis, elle lui avait donné José, Fortuna et Carina. Pour eux, il avait écrit à un notaire de Pointe-à-Pitre et vendu un bout de terre dont il avait hérité à Marie-Galante. C'est avec cet argent que, en 1960, il leur avait acheté l'appartement de la rue de Flandres. Ce jour-là, ils avaient bu du champagne, même Carina. Il avait gardé cinq mille francs nouveaux pour Amélie, pour qu'elle fasse une folie en s'achetant une robe chère, afin qu'ils aillent danser salle Wagram. Le lendemain même, elle avait couru serrer l'argent à la banque.

Rue de Flandres, il débarquait quand il voulait se laissait aller à être lui-même, déraisonnable, frivole, extravagant et généreux. Il riait sans compter, sans économiser sa joie. Il oubliait les mangers rassis d'Amélie, les soupes claires, le lait allongé d'eau, les centimes ramassés dans le caniveau, les babillages incessants pour trois sous. Joséphine ne lui faisait jamais de reproches, ne calculait rien. Il prenait son corps sans qu'elle lui résiste. Et il aimait tant la regarder aller et venir en déshabillé, une cigarette au bord des lèvres, ses fossettes profondes animant son visage. Il aimait la façon qu'elle avait de dodeliner de la tête et de balancer ses hanches en écoutant Bille Holiday. Il aimait son pas traînant, ses yeux luisants, sa voix grave. Il aimait rester auprès d'elle, l'esprit dégagé des grands projets d'Amélie, vivant intensément l'instant présent, sans s'inquiéter de ses vieux jours.

Et c'est avec sa mort que Joséphine était devenue vivante dans la vie d'Amélie qui survécut quelques années encore, sans parole, allongée dans son lit, regardant défiler sur les murs les anolis jaunes et verts de ses rêves élimés, de sa jeunesse passée.

AMÉLIE AND THE ANOLIS ✑

Gisele Pineau (1956–)

Throughout the forty years of her life in France she had dreamt of them. Sometimes she had even stumbled as she imagined herself running after one of those green and yellow anolis[1] that glided along the smooth walls of her future life in the West Indies. And then came to an abrupt halt, looking like cheap brooches pinned on to the front of a blouse stretched tightly across young firm breasts.

Green and yellow anolis slipping along the streaks of sunlight streaming through the shutters.

White, cool walls. Red, metal roof. She had designed and redesigned this house of hers over and over in her mind until she could feel it sweeping aside all her other thoughts, sprouting and expanding in her like a tree growing in the confines of an urban garden. Until her head became heavy with the weight of this concrete house. Heavy with its brick walls, its red wood, its metal roof paid for with years of patience. Day after day of moderation and reason; of accumulating and counting quarters as if they were the countdown to retirement.

Four rooms. Fifty times she had changed the plans of her house. She had walked through the empty bedrooms even before the first bricks had been laid. She had breathed in the strong smell of the wooden framework. And her nights had been disturbed by workmen hammering and their shouts as they carried out their tasks at the imaginary construction site.

Day after day, standing erect in the din of the metro with a vacant expression, she had planned her return to live in her country. She always pictured herself as being extraordinarily composed, at peace with herself and above all rejuvenated, as if she had been given a magic candle to hold which would prevent her from ever growing old and stumbling and being swallowed up by death. She would visualize herself on her verandah, her body stretched out on a deckchair. Beautiful slender legs, trim figure, soft skin, radiating a deep feeling of youthfulness that came from within. She could never quite recognize that wrinkled woman reflected in her mirror. She saw herself from the inside, with those eyes which lie and console, and keep the spirit eternally on the threshold of twenty years.

In the past, whenever she imagined her return to her country, Fortuné was always at her side. In respect of their dreams, they shared a common perspective, devouring their retirement with the same controlled hunger. She fully expected that, by some miracle, the pains that she felt in her bones would quickly leave her to inhabit some other old woman's body, that her little aches would no longer bother her. She left everything up to the sun in her native country, to the fresh fish, the tender yams, the spring and river water which would keep flowing in abundance and for all eternity.

She and Fortuné had worked for forty years in France. Thirty-five years of thrift had allowed them to buy a plot of land in Guadeloupe in order to build a concrete house on it. Their retirement house. A house in which to start a new life.

She had bought a piece of Guadeloupean soil. The mere thought of it warmed the cockles of her heart. She actually owned this land. It had meant lots of hardship. Stale food. Days without meat or fish. Thin soups. Watered down milk. Five cent pieces picked up from the gutter. Nylon dresses. Boots made of imitation leather. Stockings repaired over and over again. And yet she had never felt the slightest bitterness. The mere idea of owning this piece of land gave meaning to her life. And besides, she was not the only one thinking along those lines. Fortuné saw everything the way she did. For seven years, without complaining, he had worn the same suit which he would bring out as required for each different occasion within their West Indian circle of friends: for funerals, marriages, baptisms, birthday parties, celebrations for job promotions. He had not hesitated to give up his top quality cigars and no longer smoked anything but other people's cigarettes, displaying traces of his old elegance dating back to the days when he frequented those typical Creole balls in his twenties.

She had become aware of it quite late. But she had eventually come to realize that for forty years she had lived only to attain her goal of retirement. Her thoughts were focused exclusively on counting and recounting her francs, bringing her back again and again to that retirement house of her dreams – her life's work – where she would get so engrossed in gazing at its immaculate white walls and looking at the yellow and green anolis as they disappeared into the patches of sunlight. For forty years her body had moved along the pavements of Paris, negotiated pedestrian crossings, run with other people to catch the metro, run to pass the mop between the iron legs of hospital beds, all for the sake of building her life of retirement at home, quite simply forgetting that she was still in her youth.

She was originally called Eulalie. On her arrival in France during the fifties, her first boss rebaptized her Amélie, because – she claimed – this EU at the beginning of her name was not very becoming. So Eulalie had agreed to answer "Yes, ma'am" whenever she was called Amélie in the apartment. It was in the seventh arrondissement. Among the finest neighbourhoods in Paris.

"Yes, ma'am! Coming, ma'am!" She had slipped into silent acceptance of that name.

"Amélie! My dear! Amélie, what would I do without you!"

And when she had met Fortuné at that ball in Joinville, she had told him without batting an eyelid: "Amélie, my name is Amélie."

At that time, she was already missing her anolis, just as she was longing for rare spices and river baths. She had mentioned this to Fortuné the very first time he had invited her to dance and held her in his arms. It was at Chez Maxe, on the banks of the Marne, a dance hall on the Polangis wharf where there were performances by local orchestras such as the Hot Club Colonial led by Ernest Léardée. She had come there, without an escort, the odd one out, in the role of chaperone to one of her Guyanese friends. In those days, Fortuné still smoked his top quality cigars. His casual, relaxed behaviour was a perfect match for his natural dignified manner. He wore suspenders under his altered jacket, trousers with cuffs, and he kept on talking about the Creole singer Moune de Rivel whom he considered to be the ideal woman. Eulalie did not resemble Moune de Rivel in the least bit, but her eyes were always watery, even when she felt neither like laughing nor crying. That is what attracted Fortuné: her watery eyes, and her stories of green and yellow anolis on the walls.

They both had no relatives in Paris and kept company with the same young group of West Indians who had recently arrived on those steamships that held out for them the promise of a beautiful future in Paris. They both came from Guadeloupe. He was born on the island of Marie-Galante. She came from Trois-Rivières. He had been working at the Renault factory for barely six months. She was still working as a maid for the same lady who had rebaptized her Amélie and who granted her only one Sunday off per month so that she could go dancing with the other West Indian maids at the Sunday evening dance. They made a date for the Sunday of the following month. And after that, she had danced in his arms all summer long.

In December 1952, when the Chez Maxe dance hall had been destroyed by fire, Fortuné had asked for her hand in marriage. She had cried and laughed because he had made his proposal in such a theatrical manner, with his right hand on his heart, swearing that his feelings for her would not go up in smoke like the dance hall on the banks of the Marne. She had said yes immediately because she had done only one thing all summer: wait for him to propose. That same year, three of her friends were already talking about marriage. Especially Marie-Camille and Francesca, the Guyanese. Joséphine, the Martinican, swore that she would find a husband before the end of the year. She became a wallflower with the intention of remaining seated all night long at La Canne à sucre, on Sainte Beuve Street. She never tired of listening to West Indian orchestras play jazz, meringues, afro-Cuban boleros and samba-biguines, waiting for her tall, black, perfect man in a three-piece suit to come and ask her to dance the three step. They called her Lady Day because she resembled Billie Holiday, did her hair like her and knew her entire repertoire by heart, without even understanding a single word of English. When Fortuné had begun to show an interest in Amélie, Joséphine had suddenly reacted and begun to send some strange, intent smiles in her direction. Forty years later, Eulalie could still see Joséphine's thick, red lips, her cigarette, her deep dimples, her wavy hair and sparkling eyes. Fortuné had hardly looked at her.

Eulalie had left her boss in 1953 to marry Fortuné, but she had kept the first name Amélie. She had even made a resolution to assume, of her own free will, that Amélie's physical and spiritual identity, as a way of starting off her life as a married woman.

At first they had lived for five years in a small furnished apartment on Froidevaux Street. One narrow room where, once the door was open, a mere glance could put her entire life on display. They had conceived their two children on the bed beneath the window, three feet away from the sink which served as a washbasin. Two boys in three years: Ernest, because of Léardée who had made them dance so much; and Max, in memory of the dance hall on the banks of the Marne. Two boys who for a long time had slept head to foot in a small bed with bars that had just managed to fit into the bedroom.

Amélie had had other pregnancies. But she did not carry the babies to term. For a long time, they had haunted her. She would imagine them as if they were angels, floating in the air. She would see them waltzing, ever so lightly. And then, they would gradually disintegrate, end up by merging with the curls of the clouds, and disappear. Fortuné had no knowledge of this. On three occasions, she had left to spend a week at the home of Francesca who lived in Le Havre with her husband. That was women's business. Women's business conducted without wasting any words. Only sighs and heavy eyes, towels between teeth, basins of hot water, spoonfuls of soup. Sweat, tears of comfort, blood between the thighs, fever in every part of her body.

In 1953 she had taken up the post of ward orderly at La Salpêtrière, on the advice of a former neighbour living on the same landing, with whom she had since lost contact. Forty years sweeping corridors, carrying buckets of black water, wringing floorcloths.

> "Amélie, over here!
> Amélie, over there!
> Clean the corners properly, my dear!
> There's vomit below number thirty-two's bed!
> Oh dear! The old lady in fourteen peed all over the place!
> Amélie! Amélie! They need help on the thirteenth floor!
> Don't drag your feet like that!
> The thermometers, quickly!"

Fortuné had worked hard. During those forty years, he had only one distraction: his horse racing which kept him out late sometimes. And made him
rush off as far as Vincennes, Auteuil or Longchamp to spend entire Sundays.
On occasion, Amélie would reproach him for wasting the three quarters she
had been saving. The mere thought of him gambling away the Renault factory's money caused her to imagine all sorts of things and made her worry
herself sick. She always refused to accompany him even when he asked her
in bed as they lay cuddled up against each other, with their guards let down,
in a state of mutual abandonment. Whenever he told her how beautiful the
horses looked as they raced down the track, she could see nothing but wasted
money and only her self-control prevented her from screaming it out loud.
He swore that he always won more than he lost. On one occasion, good heavens, he had actually brought home five thousand new francs which he had
thrown on the table, saying: "Buy a silk dress for yourself and patent leather
shoes, Saturday we're going to dance at Wagram dance hall!" That evening,
Fortuné had enough to drink for both of them. He laughed loudly. But there
was an underlying sadness in his joy and his every word was tinged with the
same bitterness. "We'll dance all night, my Lili, so as to forget that we are just
nobodies, eh! We'll dance like before, like when I was in my twenties. In the
days when I did not have such a heavy responsibility, no family . . . It's quite
a burden for me, it's a bit much, I'd say . . . A wife, children . . ."

The following day, Amélie went off and deposited the five thousand francs
in the bank. And Fortuné did not mention the Wagram dance hall again. The
following Sunday, he left again for Longchamp with Nestor Calpier, a bloke
from La Désirade who worked for Peugeot on the bicycle assembly line. They
had made the trip together to France and considered themselves brothers.
They both shared a passion for the racetrack.

In 1983, during the period of Amélie's return home on leave, with just enough
time to purchase her own piece of land in Guadeloupe, there were some older
folk who tended to call her Eulalie. She would correct them, oh, very nicely:
"Amélie, if you don't mind." No, she would have nothing more to do with that
Eulalie who had left her country in the very early fifties. For her, Eulalie had
in fact become the memory of a childhood figure so remote as to defy actual
recollection, almost a stranger with a somewhat hostile look in her eye. People

recognized her because she had maintained her figure and wore her white hair dyed deep black. Whenever she was told that she did not look like sixty, she was quite prepared to believe that time had forgotten her, just for a while, even if her two boys were already married men and fathers.

Fortuné had put into the soil two young coconut plants in the middle of the yard which spread out in front of their new house. Amélie had planted orange trees, and also a lot of flowers: hibiscus, red and white bougainvillea, huge birds of paradise with pointed beaks, fragile and imposing Hawaiian torches. The new house, painted in an outrageous white, had been, so to speak, set down there, out of place among a whole set of ugly, wooden, rain-soaked shacks. Derelict shacks shattered by three hundred hurricanes and straightened up over and over again in order to stand up against misery. Shacks that guarded the entire stock of memories in the neighbourhood and merged with the surroundings and its noises, its screams and its sighs. In the confinement of these shacks, there were swarms of people. Swear words shot out through permanently open doorways that exposed beds with bumpy mattresses, mutilated plastic cupboards, flashy chairs and tables revarnished over layers of peeling varnish. Men and women called this home. The majority of them worked on the banana plantation, just a stone's throw away, which extended over hundreds of hectares as far as the foot of Soufrière. Naked little children ran around these shacks. Young girls, already become young madams, drew a hopscotch game on the beaten earth. Their lives lay stretched out ahead of them: hopes, sun and bits of sky. They hopped along pushing an old rusty tin which would open the door to paradise for them. They had their entire youth to waste.

Amélie had almost touched the tail of the green and yellow anoli which had just passed along the white wall of her living room. The wall was warm. It was that same warmth that she felt now in the very depths of her being after forty years of hardship. Forty years in the cold of France, pulling on that cord to see how far she could extend herself. Forty years of her life sacrificed for nothing else but this retirement.

Now that she had come back home and was enjoying her own piece of Guadeloupean soil, she was constantly famished. Quite unlike that Amélie who, she had imagined, would be so much at peace, stretched out on a deckchair under the verandah, enjoying her well deserved retirement. She had not been aware of it at the very beginning of her return home. It was only gradually and after a year's retirement, while she was calculating the time spent in her beautiful house with those ever so white and smooth walls. Little by little, she had stopped gazing at the yellow and green anolis on the walls. Now she tried to kill them, to batter them with the broom.

She had emerged from her dreams at the very moment that the house had become real, when she had entered it and inhabited it with her body and mind. She had then begun to look at the country through other eyes, to be fiercely jealous of the younger women's firm flesh, their pert breasts, their unchanged destinies, their outrageous hopes. She began all of a sudden to long for another existence, different from the one she had built for herself in France. Now she wanted to reclaim all that time she had saved up, to go back in time and enjoy every moment. She did not say it openly, but her image in the mirror appeared to be younger and younger, and in bed she felt younger and younger. And her entire body shouted it to Fortuné who said nothing, but took and tasted unenthusiastically everything that she offered in this violent and naïve manner of hers, like those young creatures who throw themselves passionately into the arms of mature men. Occasionally, she would think of that Eulalie, virgin and prude that she had been in the past, when she was in her twenties. And she would laugh.

And it was as if she had dreamt those forty years spent in France. All that time when she had nagged Fortuné about gambling away Mr Renault's money instead of depositing it in the bank. All that time when her body had remained fossilized because of the angels she saw flying about and then disintegrating in the air. Because of the winter beating down outside while she already imagined herself to be in the West Indies, on her piece of land bought in the presence of that notary in Basse-Terre. While she was counting the quarters, the grains of rice, the weekends, the years still to pass before she could find herself standing at last on the threshold of retirement.

There was now a kind of fire rumbling inside her. And she had to contain it when dealing with her Fortuné who had settled into this pattern of quiet retirement and wanted nothing else but to live out this period of tranquillity she had so often painted in glowing colours.

There was now a kind of voracious hunger in her. And also some unpredictable reactions. Sudden palpitations. Overpowering desires setting her

entire body on fire. Bouts of fever which left her clammy. Fits of indetermi-
nate jealousy, which had neither basis nor purpose, but which dominated her
to the point of madness. She always needed to know where Fortuné was and
with whom. For how long he had gone and what time he would return. She
did what she had never done: asked him questions, searched his pockets,
smelled his breath, his hair and the folds of his neck. She upbraided him for
the way he had of looking at women's bodies that fitted snugly into bits of
quite unimpressive fabric. One day when they were returning from the town,
she had raised her skirt without his being able to understand why. And he
had remained rooted to the spot, concern in his eyes, his mouth open, gazing
at this black flesh absolutely quivering with rage, burning with jealousy, hard
and swollen with passion. She had been distressed to read in his eyes that he
no longer considered her a woman, only an ageing and bitter companion. He
was so much like the person she had imagined day after day during those
forty years of thrift in France. Forty years during which she had lived only
for that great dream of retirement. Forty years during which she had rele-
gated her youth to the background, during which she had kept Fortuné
imprisoned in her dreams of possession. He was now so much like the person
whom she had imagined that she found it unbearable. He had led a rather
uninteresting life and he had no regrets about that. He ate sparingly of the
fruits of his retirement. Stretched out on a folding chair, he spent his siestas
on his verandah. He cut the lawn every first Monday of the month. He went
fishing with friends of his generation. In order to protect his lungs, he
stopped smoking cigarettes and cigars. He visited his doctor and took tablets
for the prevention of blood clots, to control his pressure, to ease his bowels,
and to soothe his pains.

He had left early in the morning with Edgar Marécher, an old fisherman in
the neighbourhood who, that very day, had planned to slaughter one of his
pigs. Fortuné had promised to bring home three kilos of lean meat and a
string of black pudding. She had watched them go. Fortuné was beginning to
walk with a stoop and Edgar now dragged an old leg. Death was their constant
companion. They had both accepted the fact and it showed in their stooped
shoulders, in the way they had of hurrying slowly under the shadow of death,
as if nothing held meaning or importance for them anymore.

When the postman put the mail in the box, Amélie was drinking her coffee and thinking of that young fellow Léo, whom she saw every Saturday in the market. She had got into the habit of going and planting herself in front of his stall because he would make eyes at her while she took a long time in choosing her root vegetables, feeling them, squeezing them in an ambiguous manner, taking pleasure in bargaining over young bananas or dasheen. He would pay her compliments as he weighed the fruit and then, most important of all, he would hold on to her hand when she paid him. She looked forward to that moment, prolonged it, laughing a little more as she looked for money in her purse. The effect was dazzling. Tragically, she felt upset from head to toe, shaken, beaten, broken. With her hand in Léo's, she stood motionless for a second, haggard behind her everyday mask. And then, she would leave, her body all limp and her mind reeling. It was at such times that she felt intensely alive.

Every Saturday, Léo would tell her a part of his life story. He was barely twenty-five years old and he harboured enough dreams to last him another one hundred years. He would tell her that she was young, younger than all the young girls with whom he had already consorted. And so, every Saturday, she would put on a little more make-up and dress as if she had gone back forty years in time, to the time of the balls on the banks of the Marne, to the time of the Chez Maxe dance hall, to the time when Ernest Léardée would make her dance. And the smiles which she gave Léo were the smiles of a virgin.

As the postman moved further away, Amélie told herself that she would be quite capable of abandoning Fortuné to his dull old age if Léo asked her to do so. She could be that daring. How much time did she have left on this earth? She certainly had the right to have some fun after so many years of sacrifice in the name of reason, thrift and the expectation of retirement.

There was mail for Fortuné. A large envelope with a black border no doubt announcing a death. She sat down on a rocking chair, placed the letter on her lap and closed her eyes. Léo's face appeared and disappeared, and his sweet words resonated within Amélie and spread throughout her entire body. Life! Her only thoughts were of life, pleasure, ecstasy and lovemaking, of her body rubbing against Leo's. Yes, after those forty lost years, she was intent on living as she very well pleased, for herself alone, according to her senses and her emotions. And too bad for Fortuné who looked forward to nothing except death.

She unsealed the envelope which contained a piece of cardboard also framed in black, a letter and a black and white photograph. Four faces smiled at Amélie. Two young women between twenty-five and thirty years old and two men between thirty and forty years of age. Above these four faces appeared the shadowy outline of another familiar face from the past, but one which had faded over the years, giving way to a lackluster, confident face, obstinately attached to old age and the serenity of a well deserved retirement. It was indeed Fortuné's face that she had made out behind the four faces affixed to the stiff cardboard.

December 29, 1992, Carina, Fortuna, José and Georges, she had read on the back of the photograph.

All of a sudden the sun broke through a cloud and came onto the verandah just as two green and yellow anolis chased each other along the kitchen wall.

She unfolded the letter and began to read, while a dull crackling rose to her temples:

Dear Dad,

After you left, mom became very ill. She did not want to cause you any trouble. So, we told you nothing. We all mourn her loss and we decided to write you in spite of everything you always told us again and again. So there you have it! Joséphine is dead. She called out your name several times while she was on her hospital bed. Her body left today for Martinique where she wanted to be buried. We hope to see you soon in France. Thanks for the money orders. We miss you a lot.

Amélie recognized the four names at the end. She re-read them several times: Carina, Fortuna, José, Georges . . . She also re-read the letter, one hundred times, until she knew it by heart. She ran her fingers over the four faces in the photograph until she could feel the texture of their skin. She dug her finger into the dimples of the two girls who resembled their mother so much, that Joséphine . . . same bright little eyes. Same smile. They had their father's forehead, his teeth . . .

She was not angry with him. She simply no longer had any desire to speak, to drink or to eat. It was now more than a month that she had kept to her room, following with her eyes the green and yellow anolis on the white walls. White like her hair which she no longer dyed. So white on the white sheets.

Fortuné remained all day at her side, sitting on a rocking chair, not saying anything either, not eating, thinking of all the tricks he had employed during the years of his youth in collusion with his friends Nestor, Alfred or Emile. On those occasions when Amélie wanted to go to Le Havre and spend a week with Francesca, he would not ask for an explanation, pushing her quickly into the train and then running off to Joséphine's. Dashing off, more precisely, to cradle Fortuna in his arms or José who was teething; to make Georges, who was not outstanding in school, recite his lessons; to dry the tears on Carina's cheeks since she never seemed to get over the fact that she saw her father only on Sundays, choking with tears for hours on end, her whole body shaking with huge sobs.

Whenever he arrived, Joséphine was always there, relaxing most of the time in an old armchair bought in the flea market at Clignancourt. With a cigarette dangling from her lips, she would listen to records of the blues, numbers featuring Billie Holiday, Muddy Waters, Elmore James, Little Walter and many others which she put in a pile, mixing up the jackets.

That's how it had all started between them. One evening, while at Chez Maxe, she had slipped him her address, a furnished room on Lepic Street. He had gone there, just to have a look, led on by his feet, walking behind the smoke from his cigarette. He had knocked three times on the door. He could still remember, she wore a white négligée with thin straps and embroidery on the bosom. She had told him she would always wait for him, all her life if necessary, without asking for anything, without living anywhere else but in her furnished room.

Georges was born the same year as Max, his second son. And then, she had given him José, Fortuna and Carina. In their interest, he had written to a notary in Pointe-à-Pitre and sold a plot of land in Marie-Galante which he had inherited. It is with that money that he had bought, in 1960, the flat on Flanders Street. That day, they had all drunk champagne. Even Carina. He had kept five thousand francs for Amélie, so that she could indulge herself by purchasing an expensive dress, so that they could go dancing at the

Wagram dance hall. The very next day, she had run to the bank and secured the money.

At Flanders Street, he could turn up any time he felt like it, feel free to be himself, unreasonable, frivolous, extravagant and generous. He laughed without keeping tabs on his laughter, without keeping his joy in check. He would forget Amélie's stale meals, clear soups, watered down milk, pennies retrieved from the gutter and the never-ending prattle over three quarters. Joséphine never reproached him, kept no accounts. He would take her body without her offering any resistance. And he loved so much to look at her walking around in her négligée, a cigarette dangling from her lips, her deep dimples bringing life to her face. He loved the way she had of nodding her head and swinging her hips as she listened to Billie Holiday. He loved her shuffling step, her bright eyes, her deep voice. He loved to be with her, his mind free from Amélie's grandiose plans, living the present moment intensely, without worrying about his twilight years.

And it is with her death that Joséphine had become alive in the life of Amélie who survived for yet a few more years, not saying a word, lying in her bed, looking at the procession on her walls of the yellow and green anolis of her tired dreams, her spent youth.

TRANSLATED BY RANDOLPH HEZEKIAH

NOTE

1. *anolis marmoratus* a small lizard commonly found in Guadeloupe and Martinique.

AMÉLIE Y LOS ANOLIS

Gisele Pineau (1956–)

Había construido su sueño los cuarenta años de su vida en Francia. A veces incluso se tropezaba cuando se imaginaba corriendo detrás de uno de esos anolis[1] verdes y amarillos que se deslizaban por las paredes lisas de su futura vida en las Antillas. Y que de repente, al quedarse inmóviles, parecían uno de esos broches baratos que se colocan sobre las camisolas que cubren senos incipientes.

Anolis verdes y amarillos recorriendo los caminos de luz trazados por el sol a través de las persianas.

Apacibles paredes blancas. Techo de chapa roja. En su mente había diseñado y rediseñado su casa hasta dominar todos sus pensamientos; hasta crecer y dilatarse en ella cual árbol confinado a la estrechez de un jardín urbano; hasta sentir el peso de la casa en su cabeza, las paredes de ladrillo, la madera roja y la chapa pagada con años de paciencia. Días de prudencia y juicio, contando y acumulando el dinero y las horas para alcanzar la jubilación.

Cuatro habitaciones. Había cambiado cincuenta veces los planos de la casa. Había paseado por las habitaciones vacías incluso antes de poner los primeros ladrillos. Había respirado el fuerte olor de la estructura de madera. Y de noche, había sufrido los golpes de martillo y los gritos de los operarios de la obra imaginaria.

En medio del ruido y la confusión del metro, de pie, rígida y ausente, había creado día tras día su vida de regreso a su país. Se imaginaba siempre enormemente relajada, en paz y sobre todo rejuvenecida, como si le hubieran dado una vela mágica que le impidiera envejecer y tropezar con la muerte. Se imaginaba en la terraza con el cuerpo estirado en una hamaca. Sus bellas piernas delgadas y esbeltas, su piel suave, rebosante de juventud en su interior. No reconocía a la mujer arrugada que reflejaba el espejo. Se observaba con los ojos desde dentro, aquéllos que engañan, consuelan y retienen eternamente el alma en el umbral de los veinte.

En otra época, cuando se imaginaba de vuelta a su país, Fortuné estaba siempre a su lado. Juntos soñaban, consumiendo la jubilación con una misma hambre controlada. Ella presagiaba que milagrosamente los dolores de huesos la abandonarían rápidamente por otra mujer anciana, que sus pequeños males dejarían de preocuparle. Se entregaba de nuevo al sol de su país, al pescado fresco, a los ñames tiernos, al agua del manantial y de los ríos que allí fluían de manera prodigiosa eternamente.

Ella y Fortuné habían trabajado cuarenta años en Francia. Treinta y cinco de ahorros para poder comprar un lote de tierra en Guadalupe y edificar una casa. La casa de su jubilación. La casa de una nueva vida.

Había comprado un terreno de Guadalupe. Este mero pensamiento hacía arder su corazón. Poseía esta tierra. Habían sido muchas privaciones en realidad. Sopas aguadas. Leche rebajada con agua. Monedas de cinco recogidas en las cunetas. Vestidos de nailon. Botas de cuero falso. Bajos remendados. Y sin embargo, jamás había sufrido la menor amargura. La mera idea de poseer esta tierra le daba una razón para vivir. Además, no estaba sola en este camino, Fortuné lo veía todo como ella. Sin quejarse, había conservado durante siete años el mismo traje que sacaba en cada encuentro con la comunidad de antillanos: funerales, bodas, bautizos, fiestas de cumpleaños, nombramientos ... Renunció rápidamente a los puros finos y dejó de fumar también cigarrillos, sin perder la elegancia de la época en que frecuentaba los bailes típicos criollos cuando tenía veinte años.

Ella se había dado cuenta bastante tarde. Sin embargo, sabía que durante cuarenta años había vivido con un único objetivo. Su mente se había dedicado exclusivamente a contar y recontar francos, pensando sin tregua en la casa de su soñada jubilación—la obra de su vida—en la que se perdía contemplando las paredes blancas inmaculadas y observando a los anolis amarillos y verdes trepar por los rayos del sol. Su cuerpo había transitado durante cuarenta años por las aceras de París, había atravesado las calles y pasos de peatones, había corrido como los demás para tomar el metro, había corrido para pasar la bayeta entre los pies de las camas de hierro del hospital, todo para construir la vida de jubilada en su país, dejando pasar su juventud.

Originariamente, se llamaba Eulalie. A su llegada a Francia, en los años cincuenta, su primera patrona la rebautizó con el nombre de Amélie, ya que—sostenía ella—ese "EU" al inicio del nombre no era muy elegante. Y desde entonces Eulalie aceptó responder con un "Sí, Señora" a la llamada de "Amélie" en la casa. Ésta se encontraba en el distrito número siete, en los barrios señoriales de París.

"Sí, Señora." "Enseguida voy, Señora." Se había acostumbrado con resignación a ese nombre.

"¡Amélie! ¡Mi niña! Amélie, ¡¿qué haría yo sin usted?!"

Y cuando conoció a Fortuné en aquel baile de Joinville, se presentó sin dudarlo un segundo "Amélie, me llamo Amélie."

Por aquel entonces, ya extrañaba a sus anolis, como extrañaba también las especias raras y los baños en el río. Se lo había confesado a Fortuné la primera vez que la invitó a bailar y la rodeó entre sus brazos. Fue en Chez Maxe, a orillas del Marne, el club del muelle Polangis donde tocaban orquestas emblemáticas, como la Hot Club Colonial dirigida por Ernest Léardée. Ella había acudido allí, sin pareja, haciendo de carabina de una de sus amigas guyanesas. En aquella época, Fortuné todavía fumaba puros finos. Sus gestos desenvueltos desprendían una nobleza natural. Llevaba tirantes bajo sus chaquetas ajustadas, pantalones con dobladillo vuelto, y hablaba sin cesar de la cantante criolla Moune de Rivel, a quien consideraba la mujer ideal. Eulalie no compartía la menor semejanza con Moune de Rivel, pero siempre había tenido los ojos vidriosos, incluso cuando no quería reír ni llorar. Esto fue lo que sedujo a Fortuné: sus ojos vidriosos y sus historias de anolis amarillos y verdes sobre las paredes.

Ambos se encontraban en París sin familia y frecuentaban a los mismos antillanos recién desembarcados de aquellos navíos que prometían un futuro idílico en París. Ambos procedían de Guadalupe. Él había nacido en la isla de Marie-Galante. Ella procedía de Trois-Rivières. Él llevaba unos seis meses en la fábrica de Renault. Ella estaba aún en casa de la señora que la había rebautizado como Amélie y tan solo le concedía un domingo libre cada tres para ir con las demás sirvientas antillanas a los bailes de día. Se dieron cita al domingo del mes siguiente. A partir de ese momento, bailaron abrazados todo el verano.

En diciembre de 1952, cuando el club Chez Maxe ardió en llamas, Fortuné le pidió matrimonio. Ella lloró y rió porque la declaración fue un tanto teatral, la mano derecha en el corazón, jurando que sus sentimientos no se convertirían en humo como el club del muelle a orillas del Marne. Ella aceptó sin dudarlo porque era lo único que había estado haciendo todo el verano: esperar a que le propusiera matrimonio. Ese mismo año, tres amigas hablaban de boda, sobre todo Marie-Camille y Francesca, las guyanesas. Joséphine, la martiniquesa, juraba que encontraría esposo antes de que acabara el año. Salía sin permiso para pasarse noches enteras sentada en La Canne à sucre, en la calle Sainte-Beuve. No se cansaba de escuchar a las orquestas antillanas de jazz, merengue, boleros afro-cubanos y sambas- biguinas[2] a la espera de que su negro ideal viniera en traje de tres piezas a invitarla a bailar. La llamaban Lady Day porque se parecía a Billie Holiday, se peinaba como ella y sabía de memoria su repertorio sin entender ni una palabra de inglés. Cuando Fortuné comenzó a cortejar a Amélie, Joséphine reaccionó y no hacía más que lanzarle sonrisas insistentemente. Cuarenta años más tarde, Eulalie todavía veía los labios gruesos y encarnados de Joséphine, su cigarrillo, sus profundos hoyuelos, su cabello ondulado y sus ojos vidriosos. Fortuné apenas se había fijado en ella.

Eulalie abandonó a su patrona en 1953 para casarse con Fortuné, pero conservó el nombre de Amélie. Incluso tomó la decisión de parecerse a aquella Amélie, en cuerpo y alma, para iniciar su nueva vida de casada.

Al principio, vivieron cinco años en un pequeño apartamento de la calle Froidevaux. Una habitación donde se podía contemplar toda su vida con tan solo abrir la puerta. Concibieron a sus dos hijos en la cama de debajo de la ventana, a tres pasos del fregadero que hacía la función de lavabo. Dos niños en tres años: Ernest, en recuerdo a Léardée, el hombre que tanto les había hecho bailar; y Max, en recuerdo a la sala de baile de las orillas del Marne. Dos niños que durmieron durante mucho tiempo pies contra cabeza en una pequeña cama encajada con dificultad en la estrechez del cuarto.

Amélie tuvo otros partos que no logró salvar. La atormentaron durante mucho tiempo. Los imaginaba como ángeles, flotando en el aire. Los veía danzar grácilmente. Después, se iban desvaneciendo de forma paulatina hasta mezclarse con las nubes para finalmente desaparecer. Fortuné nunca lo supo. Tres veces partió durante una semana a casa de Francesca, la cual vivía en Le Havre con su marido. Eran asuntos de mujeres. Negocios de mujeres llevados con extrema economía de palabras. Únicamente suspiros y miradas intensas, toallas apretadas entre dientes, barreños de agua caliente, cucharas soperas. Sudor, lloros, sangre entre las piernas, cuerpo febril.

En 1953, empezó a trabajar como enfermera en La Salpêtrière, aconsejada por una vecina de la escalera a quien años más tarde perdió de vista. Cuarenta años barriendo pasillos, cargando cubos de agua negra, escurriendo bayetas.

"¡Amélie, por aquí!

¡Amélie, por allá!

¡Limpia bien los rincones, mujer!

¡Han vomitado debajo de la cama treinta y dos!

¡Madre mía! ¡La abuela de la catorce ha orinado por todos lados!

¡Amélie! ¡Amélie! ¡Necesitan ayuda en el tercer piso!

¡No arrastres así los pies!

¡Los termómetros, rápido!"

Fortuné había trabajado duro. Durante esos cuarenta años, sólo tuvo una distracción: las apuestas que de vez en cuando le mantenían fuera de casa más de lo habitual. Le hacían correr domingos enteros hasta Vincennes, Auteuil o Longchamp. En ocasiones, Amélie le reprochaba que gastara el dinero que ella había ahorrado. Se sentía furiosa e intranquila al imaginárselo apostando el dinero de la fábrica Renault. Siempre rechazaba acompañarle incluso cuando él se lo pedía en la cama, cuando se encontraban el uno contra el otro, la mirada gacha, entregados. Cuando le contaba la belleza de los caballos corriendo sobre la pista, ella sólo podía imaginar el dinero malgastado y se contenía para no poner el grito en el cielo. Él juraba que ganaba más de lo que perdía. Una vez, como un gran señor, le trajo cinco mil francos en billetes nuevos, los lanzó sobre la mesa y le dijo: "¡Cómprate un vestido de seda y zapatos brillantes, el sábado nos vamos a bailar a la sala Wagram!." Aquella misma noche, Fortuné bebió por los dos. Reía a carcajadas, pero en aquella alegría había un poso de tristeza y todas las palabras rezumaban amargura.

"¡Bailaremos toda la noche, mi Lili, para olvidar que no somos gran cosa! ¿Eh? Bailaremos como antes, como cuando tenía veinte años. Como cuando no tenía esta carga, ni familia . . . Esto es duro para mí, demasiado duro . . . Mujer, hijos . . . ."

Al día siguiente, Amélie ingresó los cinco mil francos en el banco. Y Fortuné no volvió a hablar de la sala Wagram. Al domingo siguiente, se fue a Longchamp con Nestor Calpier, un paisano de La Désirade que trabajaba para Peugeot, en la cadena de montaje de bicicletas. Habían viajado juntos para llegar a Francia, eran como hermanos. Compartían la pasión de las carreras de caballos.

En 1983, Amélie tomó vacaciones, momento para comprar su parcela en Guadalupe, y fue entonces cuando encontró a viejos conocidos que se dirigían a ella con el nombre de Eulalie. Ella les corregía con amabilidad: "Amélie, por favor." No, ya no tenía nada que ver con aquella Eulalie que abandonó el campo a principios de los años cincuenta. Eulalie se había convertido en alguien lejano, una figura de la infancia imposible de trasladar al presente, casi una extraña de mirada ligeramente hostil. La gente la reconocía porque conservaba la misma figura y teñía sus canas de negro. Cuando le decían que no aparentaba tener sesenta años, a ella le gustaba pensar que el tiempo la había olvidado, aunque fuera sólo un poco y sus dos chicos fueran ya hombres casados y padres de familia.

Fortuné plantó dos cocoteros en medio del patio situado delante de la nueva casa. Amélie plantó naranjos y una gran cantidad de flores: hibiscos, buganvillas rosas y blancas, grandes pájaros de paraíso con los picos bien puntiagudos y bastones de rey delicados e imponentes. La nueva casa, pintada de un blanco inmaculado, estaba localizada en una ubicación un tanto extraña, en medio de un conjunto esperpéntico de barracas de madera decoloradas por la lluvia. Hogares en condiciones precarias deterioradas por innumerables ciclones y reconstruidas infinitamente para embellecer la miseria. Hogares que conservaban el recuerdo del lugar y que estaban en total consonancia con el entorno y sus ruidos, sus gritos y sus suspiros. En estas casas, las vidas se agolpaban en la estrechez de sus paredes. Los insultos escapaban por las puertas abiertas que mostraban colchones deformados, armarios de plástico destartalados, sillas brillantes y mesas rebarnizadas sobre capas de barniz desconchado. Hombres y mujeres moraban allí. La mayoría trabajaban en plantaciones bananeras situadas a dos pasos, que cubrían centenas de hectáreas y alcanzaban hasta los pies de la Soufrière. Los niños corrían desnudos alrededor de las barracas. Las niñas, ya mujercitas, trazaban rayuelas en la tierra batida. Tenían toda una vida por delante, esperanzas, soles, pedacitos de cielo. Saltaban a la pata coja empujando una vieja lata oxidada que les abriría la puerta del paraíso. Tenían toda una juventud por delante.

Amélie había estado a punto de poder tocar la cola del anolis verde y amarillo que acababa de pasar por la pared blanca del salón. La pared estaba caliente. Era el mismo calor que sentía ahora en lo más profundo de su corazón después de cuarenta años de privaciones. Cuarenta años en la frialdad de Francia, tirando de la cuerda para comprobar hasta dónde daba de sí. Cuarenta años de vida sacrificada por y para esta jubilación.

Ahora que había vuelto a su país, disfrutaba de su terreno en Guadalupe, nunca se sentía saciada. Era completamente diferente a aquella Amélie que había imaginado apacible, estirada sobre una hamaca en la terraza, aprovechando su merecida jubilación. No se dio cuenta al inicio de su regreso, sino al cabo de un año de jubilación conforme pasaba el tiempo en su bella casa de paredes lisas y blancas. De forma gradual había dejado de contemplar a los anolis amarillos y verdes sobre las paredes. Ahora intentaba matarlos, asestarles golpes de escoba.

Se había desprendido de sus sueños en el mismo momento en que la casa se había convertido en realidad, cuando su cuerpo y su alma entraron a vivir en ella. En aquel momento, empezó a observar el paisaje con otros ojos, a envidiar con celosía la piel sedosa de las jóvenes, sus firmes senos, sus destinos intactos, sus esperanzas desmesuradas. De repente deseaba otra existencia, diferente a aquella que había imaginado en Francia. Quería recuperar el tiempo pasado, volver hacia atrás, disfrutar de cada instante. No lo confesaba abiertamente, sin embargo se veía cada vez más joven frente al espejo, se sentía cada vez más joven en la cama. Y su cuerpo llamaba a gritos a Fortuné, quien permanecía callado, pero tomaba y probaba con apatía lo que ella le ofrecía de una manera violenta y cándida, parecida a aquellas criaturas que se lanzan apasionadamente a los brazos de hombres maduros. En ocasiones, pensaba en Eulalie, la virgen e inocente chica que había sido en otra época, a sus veinte años. Y reía.

Parecía como si aquellos cuarenta años en Francia hubieran sido un sueño. Todo aquel tiempo increpando a Fortuné por apostar el dinero de Renault en vez de ingresarlo en el banco. Todo aquel tiempo en que su cuerpo había permanecido petrificado a causa de los ángeles que veía volar y desvanecerse en el aire; a causa de los inviernos que había pasado mientras soñaba con las Antillas, con su trozo de tierra adquirido ante aquel notario de Basse-Terre, mientras contaba el dinero, los granos de arroz, las semanas, los años que faltaban para que llegara finalmente la jubilación.

Ahora sentía crecer un fuego en su interior. Y se afanaba sin descanso para contenerlo ante su Fortuné, quien se había amoldado a su tranquila jubilación, sin anhelar nada más que vivir la época de paz que ella tanto le había hecho desear.

Ahora sentía una especie de hambre voraz, así como sobresaltos imprevisibles. Palpitaciones repentinas. Deseos imperiosos que calentaban su cuerpo. Subidas de fiebre que la empapaban. Ataques de celosía perturbadora, sin fundamento ni razón, y que sin embargo se apoderaban de ella con furor. Tenía la necesidad de saber dónde y con quién se encontraba Fortuné en todo momento. Cuánto tiempo estaría fuera de casa y a qué hora volvería. Hacía lo que nunca había hecho: interrogarle, hurgar en sus bolsillos, olerle el aliento, el pelo y el cuello. Le reprochaba el modo en que miraba los cuerpos de las mujeres que vestían con poca ropa. Un día, cuando volvían del pueblo, se levantó la falda sin que él comprendiera por qué. Se quedó parado, con la mirada inquieta, la boca abierta, delante de aquel cuerpo negro palpitante de rabia, ardiente de celosía, firme y rebosante de deseo. Ella se afligió al leer en su mirada que ya no la consideraba una mujer sino simplemente una compañera vieja y amargada. Él se parecía tanto al hombre que había imaginado día tras día durante los cuarenta años de ahorro en Francia. Cuarenta años en los que sólo había vivido para el gran sueño de la jubilación. Cuarenta años en los que había silenciado su juventud, en los que había mantenido a Fortuné encadenado a sus sueños de posesión. Se parecía tanto a esa persona que había imaginado, que era insoportable. Había vivido una vida insípida y no tenía nada que alegar. Consumía su jubilación con parsimonia. Estirado en una silla plegable, hacía la siesta bajo la terraza. Cortaba el césped todos los primeros lunes de mes. Iba a pescar con los paisanos de su generación. Para conservar los pulmones, ya no fumaba ni cigarrillos ni puros. Acudía a la consulta del médico y tomaba pastillas para la circulación, la tensión, la descongestión intestinal y los dolores.

Salió temprano por la mañana con Edgar Marécher, un viejo pescador de los alrededores que, aquel día, iba a matar a uno de sus cerdos. Fortuné le había prometido que le traería tres quilos de carne magra y una ristra de morcillas. Ella les siguió con la mirada. Fortuné empezaba a ir encorvado y Edgar arrastraba una pierna desgastada por la edad. La muerte les escoltaba. Ambos la habían aceptado, se veía en sus cuellos abatidos, en sus hombros caídos, en la manera que tenían de adelantarse a la sombra de la muerte, como si nada tuviera ya sentido ni importancia.

Cuando el cartero depositó el correo en el buzón, Amélie estaba bebiendo su café y soñando con aquel joven, Léo, al que veía todos los sábados en el mercado. Se había acostumbrado a acudir a su parada porque le regalaba los oídos con palabras amables, le miraba con dulzura mientras ella elegía sus verduras, las palpaba, las apretaba de una manera ambigua, se divertía regateando las bananas maduras o los ñames. Él le lanzaba piropos mientras pesaba la fruta y después, no se soltaba de su mano cuando pagaba. Ella esperaba ese momento, lo prolongaba riendo mientras buscaba el dinero en el monedero. El efecto era fulgurante. Se sentía terriblemente excitada de pies a cabeza, trastornada, dominada, abatida. Su mano en la de Léo, inmóvil por un instante, derrotada bajo su máscara diaria. Después, se iba, con el cuerpo debilitado y su espíritu agitado. En aquel momento, se sentía intensamente viva.

Todos los sábados, Léo le contaba una parte de su vida. Apenas rozaba los veinticinco y tenía sueños para unos cien años. Le decía que era muy joven, más joven que todas las muchachas que él había pretendido. Y de este modo, todos los sábados se acicalaba un poco más y se vestía como si tuviera cuarenta años menos, cuando frecuentaba los bailes a orillas del Marne, en la época de la sala Chez Maxe, cuando Ernest Léardée le hacía bailar. Las sonrisas que le regalaba eran cándidas.

Mientras se alejaba, Amélie pensaba para sus adentros que sería capaz de abandonar a Fortuné con su aburrida viejez si Léo se lo propusiera. Se atrevería. ¿Cuánto tiempo le quedaba en este mundo? Se merecía tener derecho a disfrutar de su cuerpo después de tantos años sacrificados por la sensatez, por el ahorro, por la espera de la jubilación.

Había llegado correo para Fortuné. Un gran sobre con un marco negro que sin duda anunciaba una muerte. Se sentó sobre una mecedora, depositó la carta en su regazo y cerró los ojos. La cara de Léo aparecía y desaparecía y sus dulces palabras resonaban y se propagaban por todo el cuerpo de Amélie. ¡La vida! Sólo deseaba pensar en la vida, las alegrías, el delirio y las grandes pasiones, en su cuerpo retozando con el de Léo. Sí, tras haber malgastado cuarenta años, estaba dispuesta a vivir pensando sólo en ella, en su propio bienestar, en el disfrute de sus sentidos y de sus emociones. Y no le importaba si Fortuné se había resignado a esperar la muerte.

Abrió el sobre que contenía una tarjeta con otro marco negro, una carta y una foto en blanco y negro. Cuatro rostros sonreían a Amélie. Dos mujeres jóvenes entre veinticinco y treinta años y dos hombres entre treinta y cuarenta años. De aquellos cuatro rostros se desprendía la sombra de una cara conocida en el pasado que se había ido transformando con el paso de los años cediendo lugar a una imagen bondadosa, accesible, obstinadamente entregada a su edad y a la serenidad de una jubilación merecida. Era el rostro de Fortuné el que se adivinaba detrás de estas cuatro figuras retratadas sobre la tarjeta satinada.

El 29 de diciembre de 1992, Carina, Fortuna, José y Georges, leyó en el dorso de la fotografía.

El sol atravesó de repente una nube y se posó en la terraza mientras dos anolis verdes y amarillos se perseguían por la pared de la cocina.

Ella desplegó la carta y se dispuso a leerla mientras una ensordecedora explosión estallaba en su sien:

Querido Papá:
 Desde tu marcha, mamá ha enfermado. No quería que sufrieras. Por eso, no te hemos dicho nada antes. Todos estamos afligidos y hemos decidido escribirte a pesar de lo que siempre nos has dicho y repetido. ¡Así es! Joséphine ha fallecido. Te ha llamado varias veces desde la cama del hospital. Su cuerpo ha sido trasladado hoy para Martinique donde quería que la enterraran. Esperamos verte pronto en Francia. Gracias por los giros postales. Te echamos mucho de menos.

Amélie identificó cuatro nombres bajo las firmas. Los leyó y releyó varias veces: Carina, Fortuné, José, Georges . . . También releyó la carta, cien veces, hasta aprendérsela de memoria. Pasó sus dedos por encima de los cuatro rostros de la foto hasta sentir el tejido de su piel. Clavó su dedo en los hoyuelos de dos muchachas que se parecían tanto a su madre, aquella Joséphine . . . Incluso tenían los mismos ojos vidriosos. La misma sonrisa. Tenían la frente de su padre, sus dientes . . .

No sentía rabia contra él. Únicamente ya no tenía deseos de hablar, beber o comer. Pasó más de un mes mirando la habitación, persiguiendo con la mirada a los anolis verdes y amarillos por las paredes de color blanco. Blanco como el cabello que ya no teñía. Tan blanco sobre las sábanas blancas.

Fortuné permanecía a su lado todo el día, sentado sobre la mecedora, sin decir nada, sin comer, soñando en todas esas estrategias que había aprendido durante sus años de juventud con la complicidad de Nestor, de Alfred o de Émile, sus amigos. Las veces en que Amélie quería ir a Le Havre a pasar una semana en casa de Francesca, él no le pedía explicaciones, la metía rápidamente en el tren y después corría a casa de Joséphine. Se apresuraba para acunar a Fortuna, para ver cómo le salían los dientes a José, para hacer recitar las lecciones a Georges, a quien le costaba estudiar, para secar las lágrimas a Carina, quien no se conformaba con ver a su padre sólo los domingos y se ahogaba durante horas entre sollozos.

Cuando él llegaba, Joséphine siempre estaba allí, la mayoría de veces estirada en un viejo sofá comprado en el mercadillo de Clignancourt, con un cigarrillo entre sus labios escuchando discos de blues, fragmentos de Billie Holiday, de Muddy Waters, de Elmore James, de Little Walter y otros que amontonaba, mezclando las fundas.

De esta manera, había empezado todo entre ellos. Una tarde, en Chez Maxe, ella le pasó su dirección, un apartamento, calle Lepic. Él se acercó, sólo para ver, siguiendo a sus pies, caminando tras el humo de su cigarro. Golpeó tres veces la puerta. Todavía se acordaba, ella llevaba una combinación blanca con tirantes finos y encaje en el pecho. Le dijo que le esperaría eternamente, toda la vida si fuera necesario, sin pedir nada, sin ni siquiera existir más allá de la puerta de su apartamento.

Georges nació el mismo año que Max, su segundo hijo. Y después, le entregó a José, Fortuna y Carina. Por ellos escribió a un notario de Pointe-à-

Pitre y vendió un lote de tierra que había heredado en Marie-Galante. Con este dinero les compró el apartamento de la calle Flandres en 1960. Aquel día, bebieron champán, incluida Carina. Guardó cinco mil francos para Amélie, para que hiciera alguna locura y se comprara un vestido caro y fueran a bailar juntos a la sala Wagram. Al día siguiente, ella se apresuró a guardar el dinero en el banco.

Acudía a la calle Flandres cuando quería dejarse llevar y ser él mismo, irracional, frívolo, extravagante y generoso. Se reía sin medida, sin economizar su alegría. Olvidaba las comidas recalentadas de Amélie, las sopas aguadas, la leche rebajada con agua, los céntimos recogidos en la cuneta de las calles, los sermones incesantes por unas monedas. Joséphine nunca le reprochaba ni calculaba nada. Él tomaba su cuerpo sin que le opusiera resistencia. Y le enloquecía verla pasear en ropa interior, con un cigarrillo entre los labios, sus hoyuelos profundos iluminando su rostro. Le gustaba la manera que tenía de mover la cabeza y sus caderas escuchando a Billie Holiday. Adoraba sus andares, sus ojos vidriosos, su voz grave. Le gustaba permanecer a su lado, liberar su espíritu de los proyectos de Amélie, viviendo intensamente el momento presente, sin preocuparse por la vejez.

Y con su muerte Joséphine pasó a cobrar vida en la existencia de Amélie, que sobrevivió unos años más, sin mediar palabra, estirada en la cama, observando sobre las paredes a los anolis amarillos y verdes de sus sueños consumidos, de su pasada juventud.

TRADUCIDO POR LAURA SERRANO GARCÍA

NOTAS

1. Anolis: género de lagartos nativos de América Central y del Sur.
2. Biguina: género musical y estilo de danza típica de las Antillas francesas.

LES SURVIVANTS ✑

Yanick Lahens (1953–)

La deuxième marche de l'escalier qui mène aux chambres grince encore comme au soir du 15 mai 1968. Au premier grincement, hier, après tant d'années, j'ai revu le visage d'Etienne, celui de Paul. Je m'en souviens encore comme si la distance et le temps n'avaient pas compté. Cette nuit est demeurée en moi comme une immense tache d'ombre et de sang qui m'a aveuglé au point d'avoir rendu difficile tout retour à Etienne ou à Paul avant aujourd'hui. Mes mots n'ont pas cessé depuis ces années de trébucher sur des chemins fermés par d'épais halliers. Je sais pourtant ce soir que mes mots ne me lâcheront pas, qu'ils tiendront la route malgré les épines des bayahondes, malgré les ronces et la broussaille.

J'ai allumé la radio, vieille habitude pour déjouer le spectre du silence. Dehors, la ville est verrouillée dans une pesante obscurité. J'ai tiré les rideaux exprès, comme un ultime rempart contre les bruits de la nuit. Me voici à nouveau seul. Seul avec le visage des fantômes, ceux des absents et ceux des morts, tenant encore de jouer un rôle parmi les ombres, tenant surtout de comprendre. Nous avions tous franchi, Etienne, Paul, les autres et moi, ces lignes de démarcation au-delà desquelles la compréhension se perd dans un tourbillon d'interrogations et de conjectures.

C'était une nuit de pleine lune. Etienne avait lancé deux cailloux contre la fenêtre de ma chambre. Il en connaissait bien sûr l'emplacement. Il était avec Paul, mon compagnon le plus proche. De trois ans notre aîné, il se complaisait depuis quelques temps à nos côtés, dans le rôle d'un Pygmalion au grand cœur. Tout exprimait déjà en lui ce défi aux données immédiates de l'existence. Il se méfiait de l'accommodement, ce que les honnêtes gens appellent la raison et le bon sens. Au bon sens il préférait l'héroïsme, au confort de la raison l'honneur du risque. Nous étions souvent restés de longues heures dans cette chambre, Etienne, Paul et moi, à échafauder des rêves, à bâtir des stratégies autour de la dizaine de livres essentiels à nos yeux pour mettre le malheur à genoux, le contourner ou le braver. Les livres nous ouvraient un monde où la douleur ne disparaissait pas mais se taisait un moment pour laisser place au levain de l'espoir et du rêve. Mais aucun de nous trois ne connaissait encore la folie ou la douleur. Nous n'avions pas non plus approché la mort. Elle ne nous était pas encore familière. Nous étions innocents, immaculés, jeunes. La ville ne nous avait pas encore happés vers ses pôles contradictoires, elle ne nous avait pas encore élus pour donner corps à ses rêves les plus insensés.

Et aujourd'hui que les plus purs d'entre nous ne sont plus, que la vie a cessé d'être cette balance où la fierté et l'humilité ont des parts égales, Etienne manque aux rues, habituées qu'elles étaient à y voir flâner son grand corps maigre et sa légèreté d'ange, aux rencontres entre amis manquent la poignée de main fraternelle de Paul, ses yeux rieurs et sa bonté incommensurable.

Ces deux coups répétés contre ma fenêtre, avaient été convenus entre nous comme un signal ou comme une manière de nous identifier. Ils allaient ouvrir toute grande la route de la prison, de l'exil et de la clandestinité. Mais plus que celle de la prison, de la clandestinité ou de l'exil, ils allaient ouvrir celle de la folie et de la mort.

J'étais dans une situation délicate à l'époque, en proie à des pressions de toutes parts. Dans le groupe une scission s'était opérée. Nous étions en désaccord sur les lignes d'action à adopter. J'appartenais au petit groupe de ceux qui jugeaient l'action prématurée et hasardeuse. Etienne en revanche avait très vite rejoint les autres. Ceux qui voulaient immédiatement passer à des actions d'éclat. Tandis que lui Etienne voulait affronter la bête corps à corps et payer une autre vie par la sienne afin que la justice demeurât vivante et forte, d'autres n'étaient prêts qu'à commettre de nouvelles injustices pour réparer les anciennes. Ce malentendu apparaîtra en pleine lumière à mesure qu'il accumulera des erreurs souvent grossières tout au long de son combat désespéré et solitaire. Mais malgré ces erreurs, Paul et moi n'avions jamais évoqué notre clairvoyance ou une quelconque lucidité. Jamais nous n'avions vu en lui ce rebelle présomptueux, ce mythomane égocentrique qui pensait pouvoir se substituer à la discipline des partis, à la rigueur des idéologies. Les autres camarades s'étaient mis à se méfier de lui. Dans ce refus opiniâtre de se plier, même quand il était frappé, malmené, incompris, dans ce refus sourd et grave des vérités toutes faites, il apparaîtra de plus en plus à leurs yeux comme une plante belle mais vénéneuse, une bête rare mais dangereuse dont il fallait se protéger pour ne pas être soi-même empoisonné ou dévoré. Etienne incarnait la figure du héros qui se bat seul. Sa grande force et sa cohérence se trouvaient ailleurs que dans l'organisation d'un parti. Elles se trouvaient dans son ardeur aveugle. L'action était devenue pour lui un vertige et une obsession. Il avait accepté la lutte comme une volupté à se consumer dans un danger perpétuel. Avancer était devenu pour Etienne une urgence comme si le moindre arrêt eut signifié sa propre perte. L'objectif se transforma de plus en plus en un mirage à mesure qu'il s'enfonçait dans cet univers où aucun d'entre nous ne pouvait le rejoindre. Il vécut l'approche de la mort comme celle d'une terre natale. Mais peu d'entre nous l'avions compris. Emportés comme lui sur une route dont nous croyions prévoir les sinuosités et détours, nous n'avancions pourtant qu'à reculons. Le tracé ne nous apparaîtra qu'après, une fois les dés jetés.

Forts de ce qu'ils appelaient leur expérience, mon oncle, ma tante Céphise et ma mère me suppliaient de me mêler de ce qui me regardait. Le monde entier se réduisait à des images sans grandeur et sans relief. Confrontés à rien d'autre que leur existence quotidienne, ils n'avaient aucun moyen de comparaison. Ils péchaient non par méchanceté mais par manque d'imagination. L'expérience dans se cas précis consistait à s'être toujours regardé le nombril, à n'avoir jamais dit oui avec véhémence ou non avec une ferveur non moins égale. Léonard Dolvé ne concevait pas le monde en dehors de son emploi de troisième catégorie à la mairie. Ma mère et ma tante évoquaient le grand Maître pour expliquer tous les événements de la vie nationale. Ma cousine Inès n'avait jamais rien compris en dehors de défriser et de coiffer les cheveux des femmes, de leur faire des teintures et de les écouter parler de leurs domestiques, des infidélités de leur époux ou des rougeoles de leurs enfants. Marcel, le plus âgé de mes cousins, avait vu en la médecine un tremplin inespéré et s'y accrochait âprement. Claude, le plus jeune, était le seul qui me regardait différemment. Mais jamais je n'avais voulu me confier à lui de peur qu'il ne me comprît pas, de peur surtout qu'une éventuelle incompréhension ne me laissât plus aucun espoir entre ces murs.

Mon père étant mort depuis bien des années, ce fut Léonard Dolvé, mon oncle maternel qui apprit d'un ami récemment nommé à un ministère important que j'avais des fréquentations suspectes et qu'on avait l'œil sur moi. A l'arrivée d'Eliphète Noël, je m'accroupis derrière un meuble sur le pallier afin d'observer la scène sans être vu. Eliphète Noël se tentait debout au milieu du salon, quand il lança à haute voix :

— Ton neveu refuse de se tenir tranquille. Lui et ses amis s'agitent.

Mêlée à l'amitié qu'il leur avait toujours témoignée, les Dolvé perçurent dans la voix d'Eliphète Noël une autorité qu'ils ne lui connaissaient pas jusque là. De ces nouvelles fonctions qu'il occupait depuis seulement semaines, il avait déjà le port, les gestes et la voix. Mon oncle bredouilla des mots à peine audibles pour expliquer mon innocence et louer mes vertus. Ma tante qui les avaient rejoints acquiesçait timidement aux propos de son époux, hochant la tête de temps en temps. Seule ma mère demeura impassible même quand Eliphète Noël insista une seconde fois :

— Léonard, je te connais trop longtemps. Dis à Lucien de se mêler de ce qui le regarde.

Il voulait visiblement impressionner oncle Léonard, tante Céphise et ma mère. Tante Céphise avait sorti son mouchoir dès les toutes premières paroles d'Eliphète Noël et sanglotait en silence. A regarder le visage de ma mère, je compris qu'elle avait déjà invoqué Dieu et qu'elle puisait dans ce dialogue intérieur la sérénité qui se lisait sur ses traits. Mon oncle s'était mis à parler, à trop parler comme toutes les fois où l'émotion le gagnait, l'étreignait au point de lui ôter toute volonté. Ce même oncle qui savait si bien faire marcher son monde au doigt et à l'œil, qui exigeait de ma tante une soumission

muette, qui se montrait envers nous tous d'une sévérité extrême, avait trem-
blé, impressionné par ce que, soudainement, cet Eliphète Noël qu'il
connaissait pourtant depuis longtemps, représentait désormais. Mon oncle
était sur le point de tomber à genoux. Là sous nos yeux, mon oncle s'aplatis-
sait, la peur dans le ventre, la queue basse comme un chien. Et chaque
membre de cette famille devait faire attention pour ne pas être pris de vertige
par sa propre faiblesse et tomber à son tour. Chacun devait aider maladroite-
ment l'autre à ne pas aller plus bas que terre. J'eus cette scène en horreur,
mais, je m'en souviens encore aujourd'hui, aucune des vives émotions
qu'éprouvait ma mère en cet instant ne put se lire sur son visage. Alors
Eliphète Noël fut saisi d'un doute sur son propre jeu. Il prit le parti de conva-
incre ma mère pour échapper à ce doute, ne serait-ce que quelques instants :
— Il sème le désordre, reprit-il en soulevant la tête d'un côté comme pour
se donner de l'importance et en la regardant de haut.
Mais rien n'y fit. Ma mère garda un silence qui très vite devint intolérable.
Il n'y avait rien dans son regard qui pût laisser prise, ni larme, ni reproche.
Eliphète Noël, décontenancé, parla de la pluie et du beau temps, s'inquiétant
de la santé de ma tante, des rhumatismes de ma mère. Son rire déplacé,
presque inouï sur son visage, éclatait bruyamment au milieu des phrases qu'o-
sait à peine prononcer mon oncle. Eliphète Noël avait joué jusqu'au bout son
rôle de Providence. Il s'offrit cette bonté d'occasion comme un luxe.
Mais les jours allaient se refermer sur Etienne, Paul et moi comme une
porte que l'on n'ouvrira plus.

Le soir du 15 mai, je déployai toute l'habileté dont je me savais capable pour
ne pas réveiller Claude avec qui je partageais une chambre, ma mère ou l'un
des quelconques occupants de la maison. Avant de m'engager dans l'escalier,
je voulus m'assurer qu'il s'agissait bien d'Etienne et non de quelque coup
monté par la police politique. De l'unique fenêtre du pallier, je scrutai les
moindres recoins de la cour.
C'était une nuit claire. La lune pleine roulait derrière les nuages. La silhouette d'Etienne se détachait nettement du paysage. Il était debout sous le
manguier du jardin, le dos voûté, la main gauche dans la poche de son pan-

talon. Il passait et repassait la main droite sur sa barbe naissante. Il fronçait les sourcils quelques secondes puis l'instant d'après gardait les yeux singulièrement ouverts. Je compris à ces simples signes qu'Etienne était terriblement tendu. Je connaissais suffisamment mon ami pour le savoir. J'allumai deux fois de suite la lampe de poche pour répondre comme convenu au signal d'Etienne. Puis descendis avec précaution au rez-de-chaussée.

࿇

Alors qu'Etienne habitait Pétion-Ville, non loin de l'église Saint-Pierre, Paul avait déménagé de Saint-Marc pour s'installer dans mon quartier l'année de ses douze ans. Etienne avait toujours vécu dans une villa entourée d'un jardin et d'une haie de bougainvillée entre son père, sa mère et ses deux sœurs. En matière de goût, Madame Berri, la mère d'Etienne se fiait aux canons définis par la mode et les catalogues et jugeait avec méfiance tout ouvrage qui ne figurait pas dans *Jours de France* ou *Paris Match*. Elle guettait les mésalliances comme la peste (question de pigmentation et d'argent) et déployait toute son énergie à ne jamais perdre de vue la ligne de démarcation qui séparait la bonne société, d'abord de ceux qu'elle appelait «ces gens-là» et ensuite, de la grande majorité franchement commune. Aussi nettement stratifiée, la ville dans le cœur de Madame Berri demeurait rassurante et claire. La famille de Madame Berri était bien nègre par la branche maternelle, mais depuis qu'une grand-mère avait épousé un commis allemand de passage qui s'était grassement fait payer des indemnités par un des gouvernements de la fin du dix-neuvième, elle avait voulu transmettre à sa descendance l'arrogance que confèrent dans cette île, quelques gouttes de sang germanique. Ainsi naissaient les bourgeoises et l'oubli.

࿇

Sur la recommandation d'Etienne, j'avais obtenu un emploi de répétiteur auprès de ses deux jeunes sœurs. Mon oncle venait de perdre son poste à la mairie. Toute la famille vivait des maigres revenus de ma mère et des travaux de couture qu'inlassablement ma tante exécutait sur une vieille machine Singer. Nous fûmes privés d'électricité pendant de longues semaines. Une fois la nuit tombée, Claude, Inès et moi, nous préparions nos devoirs sous les lampadaires de la petite place non loin de chez nous. Marcel venait à peine de partir pour les Etats-Unis. Ses quelques dollars ne tombaient pas encore miraculeusement tous les mois. Durant cette période nous nous contentions tous les soirs d'une bouillie agrémentée d'un peu de cannelle pour tromper la faim. Nous nous endormions malgré tout, les yeux pleins de rêves glorieux, utilisant tous les artifices pour cacher nos malheurs aux voisins.

Ne se doutant pas grands rêves qui me rapprochaient de son fils, Madame Berri persistait à voir en moi ce jeune homme à l'avenir prometteur dont Etienne pourrait se servir un jour. Elle ne se doutait pas non plus que quand sa fille aînée mettait des robes et des corsages tellement légers qu'on voyait sa chair brune, un peu rose, que je rêvais en riant de plaisir d'y mordre à belles dents. Madame Berri se préservait du doute et protégeait son univers en m'imaginant instruit, corruptible et asexué. Monsieur Berri avait quant à lui accumulé une fortune suffisante pour se permettre de ne plus heurter sa nature profonde. Aussi comme pour se protéger, recevait-il les signes du confort avec distance et ironie. Il ne se laissait plus entamer par aucune de ces choses que l'on appelle le devoir convenu et la bienséance ennuyeuse. Il était surtout nostalgique de cette liberté qui disparaît si vite sous nos cieux avec la profusion de biens : celle de pouvoir marcher dans les rues, de boire dans les cafés anonymes ou de s'asseoir sur les places publiques. Tel était peut-être l'homme de qui Etienne avait appris le goût de l'école buissonnière et surtout celui de ne pas garder l'âme en rade de ce monde. Et ce fut sous son influence, qu'à seize ans Etienne changea. Mûri ou vieilli seraient les termes exacts pour décrire ces transformations qui se sont opérées en lui. Elles ont été rapides, brutales, à la manière d'une tempête ou d'un séisme. Son regard n'a plus été le même et ne refléta plus les paysages de l'enfance. Certains de ses élans prirent des cours nouveaux. D'autres creusèrent leur lit plus profondément en lui. Ces images empruntées à la géographie disent bien ce relief qui ne cessa de se dessiner depuis : des affaissements, des émergences, des destructions aussi.

∿

Que dire des parents de Paul sinon qu'ils ressemblaient aux miens et que la complicité n'en fut que plus forte entre nous deux. Je l'aimai d'abord parce qu'il connaissait des tas de choses qui moi j'ignorais. Il savait nager, était imbattable dans les concours de tir au fustibale, connaissait trois ou quatre accords qu'il égrenait inlassablement sur un instrument de sa fabrication : un bidon usagé d'huile, de forme rectangulaire percé d'un trou rond sur l'une des faces. A une extrémité, six cordes étaient enroulées autour de petits anneaux métalliques au bout d'une tige en bois. Cette guitare avait fait pendant plus de six mois l'admiration de tous les adolescents du quartier.

Mais Paul connaissait surtout des tas de contes et de légendes, le nom des plantes, celui des arbres et les secrets de ces animaux auxquels le jeune adolescent que j'étais, élevé dans la grande ville, n'avait jamais prêté attention. Paul avait appris toutes ces choses du ciel et de la terre de son grand-père et de et de sa grand-mère qui vivaient encore à quelques kilomètres de Saint-Marc.

Au début de notre amitié, Paul et moi passions des après-midi entiers assis sur l'un des bancs de la petite place non loin de chez nous. Nous avions fini par en connaître chaque pierre, chaque arbuste. Nous nous sentions aussi indispensables à ce lieu que celui-ci l'était à nos yeux. Nous regardions passer les filles et les voitures. Nous nous promettions d'avoir plusieurs femmes, des enfants et d'être riches un jour.

Plus tard, nous avions pris l'habitude de partir tous en tap-tap jusqu'à la Rivière Froide. Nous aimions ces escapades impromptues loin de la ville. Quelquefois nous prolongions nos courses du côté de Mariani pour manger du lambi, du griot et des bananes pesées.

La première fois que nous nous étions rendus pour quelques jours de vacances chez les grands parents de Paul, juillet était à ses derniers jours et s'étirait lentement vers août, le cœur de la saison. Au premier réveil, j'avais bondi dehors comme un fauve prêt à prendre possession de toute l'énergie du monde. Les dernières heures de l'après-midi nous surprenaient quelquefois sur le quai face à la mer, tenus serrés l'un contre l'autre, agglutinés comme des méduses sur un rocher. Tandis que nous évoquions nos poètes favoris, Rimbaud, Saint-Aude, Baudelaire, quelque chose dans cette intimité tiède nous rappelait que nous étions encore proches de l'enfance. Et depuis il n'y avait plus eu qu'un seul jour, long et grandiose jusqu'à notre retour à Port-au-Prince.

A la tombée de la nuit, nous écoutions en silence les histoires que racontait le grand-père de Paul, Difficile Saint-Jacques. Difficile Saint-Jacques ne connaissait pas son âge. Il était né avant le siècle. Sa mémoire se confondait avec la sève des arbres, le sang des sources, les cheveux des mornes et les oreilles du vent. Des cascades de rire gonflaient souvent sa bouche quand il nous contait des histoires. Au cours d'une de ces soirées je posai, je m'en souviens, plus de questions qu'à l'accoutumée à Difficile Saint Jacques. Estimant que j'étais allé trop loin, le vieillard avait marqué une pause et m'avait répondu caché derrière les ronds de fumée de sa pipe :

— Tu sais mon fils, il y a des choses à ne pas savoir, des histoires à ne pas raconter parce que le malheur les habite.

Contrairement à Paul, je refusai ces sombres paroles qui me réduisaient injustement au silence et renforçaient cette peur tapie au fond de moi depuis la tendre enfance. Car il s'agissait bien de la peur que ce vieillard, comme d'autres l'avaient fait avant lui, se devait d'apprendre à l'adolescent que j'étais pour que l'adulte que je deviendrais plus tard continuât à la porter en lui et à l'utiliser à son tour contre d'autres adultes et d'autres enfants. Ce court sursaut m'exaltera toujours malgré les peurs d'une tout autre nature dont je subirai plus tard les assauts assidus.

Etienne nous rejoignit à l'époque où nous n'aurions pour rien au monde raté les festivals de musique de Nemours Jean-Baptiste ou de Webert Sicot au Rex-Théâtre ou les kermesses au Club Camaraderie ou ailleurs. Toute la petite bourgeoisie port-au- princienne se précipitait aux portes de ces lieux de divertissement pur, où l'on se jetait avec avidité dans la plus immédiate apparence.

Puis vint le temps de la révolution et des bordels. Le temps où nous approchâmes le pôle ludique et le magnétisme sensuel de la ville. Très vite la jouissance nous apprit que nous avions un corps et que nous devions compter avec lui. Ce fut l'âge où nos mères ne nous avaient plus embrassés, où nous avions cessé de sentir leur parfum. Nos odeurs nouvelles nous suffisaient. L'âge où nous avions commencé à nous intéresser aux adolescentes qui servaient dans les maisons du quartier ainsi qu'aux jeunes filles de ces mêmes maisons. L'âge où nous aimions parler haut et fort, où nous jurions et évoquions les cuisses et les seins des femmes dès que nous nous croyions seuls. En faisant l'un après l'autre presque tous les bordels de la zone de Carrefour: Royal Cabaret, Ansonia . . . nous découvrions dans la surprise les assauts d'une chair qui n'obéit qu'à elle-même. Mais tandis que notre chair entreprenait de briser les barreaux de sa prison nos cœurs nourrissaient pour le mond- edes rêves insensés. Tout ce qui soutenait l'édifice d'une sensualité étroite : la culpabilité, la honte, l'hypocrisie bourgeoise vola en éclats. Du moins nous le crûmes fermement quand nous connûmes nos premières nudités partagées.

࿋

Et ensemble Paul, Etienne et moi, nous discutions des problèmes de l'heure, persuadés de pouvoir aller beaucoup loin que nos aînés mais ne nous doutant pas que nous étions seulement promis à des épreuves et à des folies nouvelles. Car si nous étions mentalement rodés, il nous manquait l'affrontement. Malgré nos rêves ou peut-être à cause d'eux, du monde nous n'avions qu'une connaissance de seconde main. Nos vies jusque là étaient pauvres en périls affrontés. Pour compenser ce manque, nous transformions nos expériences les plus anodines en aventures fabuleuses où il était question de vie et de mort comme pour éprouver à la fois le sentiment écrasant de notre insignifi- ance et la jubilation exaltée de pouvoir la surmonter par des actes de bravade et folie. Nous allions avoir l'opportunité dès cette nuit du 15 mai de mesurer les termes honneur, courage et lâcheté. Seuls quelques-uns d'entre nous purent se hisser à la mesure de leurs exigences.

࿋

— Je suis repéré, avait dit Etienne sur le seuil de la maison.

Nets, froids, distincts ces trois mots étaient tombés comme un couperet. J'étais resté debout quelques secondes sur le seuil de la maison, ne sachant pas exactement quoi dire ni comment agir. La lune faisait le dos rond derrière les nuages et nous regardait tous les deux sans comprendre elle aussi.

J'avais répondu par des mots dérisoires comme ils le sont toujours quand le malheur grimace et veut nous contraindre à courber la tête, à plier le genou. Etienne me demanda à rester à couvert à la maison jusqu'au lever du jour. Nous nous étions installés à même le sol, le dos contre le mur. En sortant pour la circonstance deux verres et une demi bouteille de rhum, je ne cessais de réfléchir aux gestes indispensables à accomplir dans les prochaines heures. Mais je ne dis rien, voulant laisser parler Etienne le premier. Nous bûmes les

144

premières gorgées dans ce silence qui déjà entre nous comme le malheur. Nous nous étions souvent exercés dans le passé, à respirer à ces hauteurs difficiles comme si nous avions toujours attendu plus que redouté ces inévitables menaces au cours de toutes ces soirées et journées passées ensemble à infléchir le cours des choses et à braver le destin. Mais comme pour un tableau achevé ces exploits n'en étaient jusqu'alors que la simple ébauche. Etienne avait ajouté en hochant légèrement la tête :

— Depuis ce coup de feu accidentel dans la maison que nous avions choisie comme relais, je ne suis plus sûr de rien.

— Si je comprends bien, les autres n'ont donc pas perdu une seule minute. Vos moindres déplacements, vos gestes les plus anodins et jusqu'à votre respiration étaient contrôlés.

— J'en ai bien l'impression.

L'air s'était raréfié, suspendu à nos gestes, aux moindres inflexions de nos voix. Etienne m'avait rapidement exposé la situation. Ce coup de feu avait précipité le déclenchement prématuré de cette fameuse et dangereuse opération qui avait si profondément divisé le groupe. En l'écoutant je pensai aux inévitables donneurs que tout mouvement engendre. Cela aussi faisait partie des risques du métier. Cette pensée me quitta aussi vite qu'elle était venue. Je voulais avant tout nous sauver tous Etienne, Paul et moi.

Etienne était un lutteur aveugle. Il n'envisageait pas une pensée qui ne put être immédiatement suivie de sa mise en acte. Il était loyal, entier, impulsif. Trop impulsif sûrement pour être comptable de ces jeux de l'histoire où il s'agit avant tout de ne pas perdre. Or Etienne avait toujours pensé à son arrestation ou à sa mort prématurée comme un fait inéluctable, une fatalité dont il ne triompherait pas mais qui quelque part le sauverait. Semblable à la météorite détachée d'une planète, cela faisait déjà quelques temps, qu'à ses propres yeux il n'arrêtait pas de tomber. Ces récents événements ne faisaient que confirmer cette défaite déjà inscrite en lui. Il avait toujours manqué à son raisonnement ce troisième terme qui permet à certains d'aller jusqu'à la victoire et de tenir au-delà d'elle. La révolution était pour lui un rêve, jamais il n'aurait consenti à en faire une profession.

A plusieurs reprises Etienne était revenu sur la même idée :

— L'essentiel est de garder la conscience intacte. Parfois, même libre, on doit se restreindre, se priver. Jamais ils n'auront ça.

Et il s'était touché la tête et la poitrine. L'émotion qui était déjà très forte décupla quand je lui demandai entre deux rasades de rhum :

— Que comptes-tu faire ?

Etienne poursuivit sans jamais répondre à ma question :

— De toute façon, même la mort devient plus facile quand on a choisi de l'affronter, parce qu'on n'a rien à perdre. Ou bien tout à gagner parce qu'on est libre.

Les mots ricochaient sur les murs. Je les voyais presque prendre forme, là sous mes yeux pour être ensuite dévorés par la nuit. Etienne avait ponctué ces phrases d'un mouvement de la tête. D'autres plus claires, plus précises avaient suivi les premières. Je ne quittai pas des yeux ses mains qui selon son habitude scandaient exagérément chaque syllabe. Il était évident que nous avions mille choses à nous dire et que nous n'aurions ni le temps ni le courage d'en dire la plupart.

Au bout d'un moment, il se leva brusquement et marcha jusqu'à la fenêtre. C'est alors que m'apparut l'évidence en même temps que la vulnérabilité de ce corps humain fait de chair, d'os et de sang. Ce corps que l'on pouvait blesser, qui pouvait souffrir, qui désirait et qui affirmait aussi sa dignité en cet instant où il était déjà si proche de l'humiliation, à quelques pas de la mort. Etienne frappa machinalement le poing droit dans la paume de sa main gauche puis s'arrêta un instant comme pour fixer une image dehors. Son corps tout entier se tendit, pareil à un arc. On aurait pu croire qu'il voulait briser la nuit en morceaux. Quand il se retourna pour s'asseoir à nouveau, je fus stupéfait. Il y avait la mort dans les yeux d'Etienne. Aussi irrationnel et exagéré que cela pût sembler, il y avait dans ses yeux l'annonce de tout ce qui allait suivre et la confirmation de ce qui s'était déjà déroulé : la tragédie née avec lui, le rêve qui se noyait et le destin qui allait le poursuivre et s'acharner sur lui jusqu'à la fin. On eut dit qu'il quittait déjà lentement ce monde, ensorcelé par le chant de la mort. Il était silencieux comme un fou, tranquille comme un homme qui va mourir. Et je fus, moi son meilleur ami, incapable d'allonger la main pour le retenir dans sa chute.

Etienne quitta la maison sur le coup de quatre heures du matin en me disant sans trop y croire :

— A bientôt.

Je ne répondis pas. Après une brève accolade, je le regardai parti. La nuit s'était ouverte sur son passage, ses pas à jamais effacés dans l'épaisseur de l'obscurité. Etienne n'aurait compris aucun de mes regards, ni aucun de mes mots. Il avait déjà traversé la vie basculé de l'autre côté du chagrin et de la peur.

⌒

Tout au long des heures qui suivirent de départ d'Etienne, je pensai à la soirée d'élection. Fameuse s'il en fut pour des annales qui ne s'écriront peut-être jamais. Et précieuse aussi parce qu'il me semble bien que ce fut ce soir-là que Etienne décida de s'abandonner et de précipiter sa chute. De cette soirée, ce que je garde en souvenir tient de l'ordre du combat.

La rencontre avait lieu au mois de novembre précédent, dans la salle de classes d'une école. La maison donnait sur deux petites cours. Celle de devant communiquait directement avec la rue. Celle de derrière peu fréquentée à cause de l'odeur pestilentielle d'un fosse d'aisance de la maison voisine menait à la rue par un couloir étroit et sombre. Nous avions choisi cette maison exprès, à cause de ces deux issues. A la réunion prenaient part bon nombre d'anciens camarades. Etienne se tenait debout tout contre la porte d'entrée. Il fumait nerveusement, ne répondant pas avec sa chaleur coutumière aux saluts des uns et des autres. Il avait un drôle d'air. Au fond de la salle il y avait bien sûr Paul, Julien et Denis.

Julien né dans ce quartier de la petite bourgeoisie compris entre la ruelle Roy et la place Jérémie, était capable des plus grandes prouesses rien que pour régner et trouvait dans la politique un baume à ses échecs et à ses rancunes secrètement entretenues. Il était de pouvoir et savait manœuvrer les hommes avec une habileté déconcertante. Mais si l'idée de donner des ordres aux autres l'exaltait, il recevait pourtant avec une soumission presque honteuse, ceux de Denis. Ce fils de mulâtres ruinés descendait d'une lignée prestigieuse par le nom. Il était flatté dans son orgueil par cette soumission de Julien qui honorait ainsi ses ancêtres en lui et leur rendait encore un certain culte. Denis ne s'était d'ailleurs engagé dans cette grande bataille que pour s'opposer à ceux qui, toutes griffes dehors, tentaient si grossièrement de prendre la relève de ses aïeuls. Il partageait avec Julien la même haine pour quelques individus. Cette haine leur tenait lieu de seule fraternité et allait les condamner à des actions sans grandeur. Elles se révèleront à l'avenir, aussi courtes que les passions qui les sous-tendaient. Après des années passées ensemble au lycée, nous nous étions retrouvés à l'Université soudés, je le pensais jusqu'alors, par les mêmes rêves, les mêmes attentes. Je savais qu'Etienne s'attendait à être élu pour prendre la direction de certaines opérations. Je savais aussi que ses chances étaient minces. Je le lui avais fais comprendre. Lui ne le voulait rien entendre. Il avait déjà fait ses preuves et contribué à la mise sur pied d'un réseau pour les actions dangereuses qui attendaient son groupe et s'en tenait à cela.

Quand arriva son tour, il parvint sans difficulté, en l'espace de quelques secondes, à couvrir de sa voix tonitruante et grave toutes les conversations. Il parla près d'une demi-heure sans s'arrêter. Je crus un moment qu'il allait tomber en syncope. Lui qui aimait jouer avec son auditoire, le taquiner comme un dresseur dans une cage, il expliqua la politique comme un rêve. Julien, Denis et leurs alliés de la soirée lui opposèrent de la stratégie, des rapports de force et de la juste analyse des contradictions. Ce petit jeu dura plus de deux heures. Deux heures pendant lesquelles j'eus le loisir de découvrir l'arrogance de Denis et de Julien. Elle ressemblait étrangement à celle des autres, ceux pour qui l'argent, les femmes et la mystique du chef tiennent lieu de seule foi. Et contrairement à l'attente d'Etienne, la majorité des voix étaient allés au professionnel de la politique qui était devenu Denis. Jusque là mon choix entre familles d'hommes et de pensée avait été clair. Il y avait d'un côté les négociants si dépourvus d'imagination que je mes sentais forcément d'une autre nature. De l'autre, ceux qui par surcroît d'imagination réalisaient une forme d'ascèse pour toucher un jour la matérialité de leurs rêves. Si j'avais été jusque là des leurs, ils me déçurent amèrement ce soir-là, autant que les autres.

Pendant les semaines que suivirent, je vis Etienne transformer peu à peu cet échec électoraliste en victoire. Il se mit à jouir de cet insuccès comme de la confirmation de sa différence, de son surplus d'âme mais sans jamais le laisser vraiment paraître. Etienne était orgueilleux sans forfanterie, ni vanité. Il continua à participer aux activités plus ou moins dangereuses du groupe mais sa vie personnelle fut totalement bouleversée. Il avait quitté une marche fraternelle dont il gardait encore profondément la nostalgie comme d'un tempo intime. J'avais moi-même déjà entamé ma marche solitaire et appris à taire la nostalgie depuis ce fameux incident en clase terminale au lycée. A l'une des nombreuses diatribes du professeur Mirbeau sur le nationalisme et les dieux de la race, j'avais répondu que j'enseignerais plus tard l'amour de tous les dieux et de toutes les patries. A l'époque ma réponse n'avait pas été reçue seulement par le professeur Mirbeau comme une insulte ou une provocation. Il m'avait fallu aussi me défendre aux yeux des camarades devant un petit tribunal improvisé, des contradictions principales, des contradictions secondaires, du caractère secondaire des contradictions principales... Je m'étais prêté à ce tribunal un peu par jeu beaucoup par ce que l'on a coutume de nommer la culpabilité petite-bourgeoise. Et j'en avais souri car si je n'étais pas certain d'avoir bien agi, j'avais au moins la certitude d'avoir agi comme je le voulais. Leurs paroles n'avaient pas pu brider mes émotions. Elles étaient déjà offertes ailleurs, dehors à courir la ville. Je venais à mon insu de quitter les rangs. Je ne devais jamais tout à fait me remettre au pas.

A la suite de cette soirée d'élection rôda désormais sur le visage d'Etienne un sourire fatal et désinvolte d'ange mutin. De son corps émana la grâce de ceux qui ne vont pas s'attarder, qui vont bientôt disparaître. Sa beauté, qui jusque la faisait se retourner les femmes sur son passage, provoqua un étrange étonnement et effraya presque, dès l'abord. Il exposait sa déchéance avec un air de défi. Son apparence se transforma sans qu'aucun de ses camarades n'y prit vraiment garde. Les rapports et les conversations avec eux se révélèrent de plus en plus difficiles, voire impossibles. Lui qui avait toujours fait montre d'une élégance très nette, afficha désormais une négligence inquiétante. Etienne restait plusieurs jours sans se raser, exhibait des chemises au col élimé, des chaussures abîmées. Quand il lisait sans répit, ne s'imposant de trêve que pour écrire dans des cahiers qu'il empilait sur sa table. Quoi qu'il fit, il y avait toujours un travail qui se poursuivait sans relâche dans sa tête. Il ne travaillait pas seulement à sa table, mais partout et du matin au soir, dans la rue, en errant pendant des heures, en parlant à des inconnus, en les écoutant, en mangeant n'importe quoi, n'importe où. Toujours en quête de quelque chose qui put l'emmener plus loin encore, il faisait la cour aux femmes. Il chercha la vie sur les seins des femmes, la chaleur de la vie entre leurs cuisses, la douceur de la vie sur leurs lèvres. Il découvrit dans le ventre des femmes la jouissance qui endort les blessures et pactise avec la mort. Il but aussi beaucoup, dans les bars, aux étals, souvent seul, comme pour renouer avec ce qu'il y avait de plus triste en lui. Il buvait pour se sentir seul, pour confirmer sa solitude. Les étals au coin des rues, les bars et les bordels, tous ces lieux devinrent les arènes qu'il traversa comme une étoile filante et indocile. Viviane, sa compagne, fut peut-être la seule à avoir vu s'ouvrir, sans vraiment comprendre, les portes de son enfer intérieur.

Et moi depuis cet incident je m'efforçai de trouver la clé de l'engagement d'Etienne ou de ce qui allait m'apparaître comme le désespoir librement consenti par un être qui jouissait pourtant d'une indéniable sécurité, qui n'avait jamais été menacé dans son essence et qui décida un jour de plein gré de tout miser sur un rêve. Jusque là je n'avais vu en Etienne que cet individu qui se voulait pauvre et démuni, lui que ne l'avait jamais été comme pour se disculper face aux vrais pauvres, ceux qui le sont depuis toujours, d'une tare originelle. Quand je lui fis part de mes inquiétudes à ce rendez-vous que je lui avais fixé quelques jours plus tard, il me répondit sans l'ombre d'une hésitation :

— Eh bien, figure-toi je ne serai jamais vieux, donc inutile pour moi d'être sage aujourd'hui. J'ai décidé de tout miser maintenant avant que ma jeunesse ne passe et que j'aie la certitude à quarante ou à cinquante ans que les hommes n'aiment ni la vérité, ni la liberté. Parce qu'alors il sera trop tard et je n'aurai plus de ressort. Les hommes comme moi meurent seuls, même s'ils ont des amis qui les aiment, même s'ils ont une femme qui les rend heureux.

Il fumait plus qu'à l'accoutumée, tenant souvent ses cigarettes entre le pouce et l'index en aspirant de toutes ses forces. La main qui tenait la cigarette tremblait un peu, l'autre était posée sur son genou et sa voix était calme quand il poursuivit derrière un épais nuage de fumée :

— Et puis souviens toi aussi d'une chose : quelqu'un comme Paul laissera lui aussi des plumes. Il n'est pas assez mauvais, il ignore la méchanceté et l'aigreur. Il n'ira pas aussi loin que ces manœuvriers. Je veux parler de Julien et de Denis. Parce que vois-tu le véritable manœuvrier ne frappe pas. Il n'a pas besoin de frapper et le plus souvent il n'en a pas le courage. Le manœuvrier n'est pas un guerrier. Il lui suffit de parler pour intimider, terroriser. Et pour Julien et Denis, surtout ne tente rien. Ils ne valent plus la peine qu'on les sauve. Julien et Denis, c'est fini. C'est trop tard. Ils sont perdus.

A dater de ce jour, j'accompagnai souvent Etienne dans ses sorties. J'avais l'illusion de pouvoir encore l'empêcher de tomber. Nous rencontrions des femmes et nous buvions. Nous marchions dans les rues et nous buvions, mêlant souvent dans nos mots l'ivresse et l'ironie, cette arme des faibles. Aux divers rituels auxquels nous assistions dans les quartiers du bas de la ville, nous fraternisions avec le monde des lakous, des plaines et des clairières. Nous approchions les pulsions pures de ces dieux tour à tour violents, sensuels et sages. Et un soir au Bel-Air une mambo nous offrit des talismans pour nous protéger des mauvais airs, des maléfices, de la ville et de ses sortilèges. Dans ces moments-là, l'alcool empêchait Etienne de savourer jusqu'au bout son amertume et offrait à ce cœur qui flanchait l'occasion d'un dernier sursaut. Sobres le jour pour donner encore le change aux amis, nous buvions la nuit, durant ces seules heures que nous ne vivions pas à la légère. Le goût de la nuit entra profondément en nous. Nous bûmes des nuits entières en fixant le ciel aveugle jusqu'à ce qu'il n'y en ait eu que pour l'ivresse, pour les étoiles et pour la nuit. Port-au-Prince dans la splendeur brûlante de la nuit et de l'alcool. La nuit qui fait chanter les souvenirs, la nuit qui colore les visages, la nuit qui fait danser l'âme. La nuit qui offre tout, qui permet tout.

Quelques heures après le départ d'Etienne, Viviane était venue chez moi s'enquérir de ses nouvelles. Pour tenir enfin une évidence après ces heures d'attente qui lui avaient semblé interminables. Elle était restée un moment sur la galerie à bavarder avec ma mère. Viviane avait dû sur le champ inventer un prétexte à cette visite si matinale et cita le titre d'un livre qu'elle était venue m'emprunter pour préparer les examens du mois de juin. Rien qu'au regard de ma mère, je compris qu'elle n'était pas dupe. Elle me l'avoua plus tard et dit qu'elle ne m'appela que parce qu'elle sentit à la voix de Viviane qu'un danger nous menaçait.

Dès que nous fûmes seuls, Viviane s'empressa de me demander à voix basse :

— Où est Etienne ?

Je répondis sans douter un seul instant que Viviane s'effondrerait à mes paroles :

— Il est chez Julien en ce moment.

Viviane porta d'abord les deux mains sur son visage puis les enleva pour tenter d'articuler des mots qui ne se formèrent pas dans sa bouche. Elle garda les yeux clos et ses lèvres tremblaient. Quand je vis les larmes couler le long de ses joues, je la secouai violemment :

— Mais . . . Qu'est-ce qui se passe Viviane ? Si tu sais quelque chose, dis le tout de suite.

Visiblement Viviane voulait dire quelque chose, mais la douleur et la stupeur avaient verrouillé sa gorge. Elle était dans une sorte de parenthèse blanche, sans pensée aucune. Je voulais quant à moi garder un reste de sang froid pour réfléchir et commencer à agir. Je repris ma question de manière plus directe :

— Viviane qu'est-ce qui est arrivé à Etienne ?

— La police a fait une descente chez Julien ce matin. Ils ont arrêté tous les occupants de la maison. J'étais venue vous prévenir tous de ne pas vous y rendre. Je ne savais pas . . .

Viviane n'acheva pas sa phrase. Son corps fut secoué de sanglots. Elle poussa un grand cri rauque, nu pareil à celui d'un animal qu'on égorge. Ma mère accourut la première. Je n'eus pas à lui fournir d'explications. Elle ne m'en demanda pas sur le champ et proposa plutôt à Viviane d'entrer pour s'étendre. Viviane avait posé la tête contre mon épaule et pleurait. Ma mère nous entraîna ensuite de force à l'intérieur de la maison. Assise sur l'un des fauteuils du salon, Viviane gémit pendant une heure sans s'arrêter. Elle dodelinait d'avant en arrière comme pour accorder ce mouvement à ses gémissements qui sortaient doucement.

L'évidence avait fondu sur nous avec une telle brutalité que je ne ressentis pas tout de suite la montée explosive de la colère. La douleur était déjà là. Elle semblait venir d'un autre que moi-même. J'avais fermé les poings dans les poches de mon pantalon, serrant les mâchoires pour triompher de cette douleur qui se déversait au dedans de moi. Je ne savais pas encore que des mots prononcés à distance pouvaient à ce point rendre malade, vriller le ventre comme un poison que l'on absorbe et qui fait son lent travail. Je sentis le monde se retirer lentement de moi comme le sang qui refluerait des veines d'un malade. C'est alors que le grand vide s'engouffra en moi. Ce grand vide qui prit une fois pour toutes la place d'Etienne. Je pensai à Etienne mais je ne revis que des touches comme si ma mémoire elle-même était effilochée et tombait en lambeaux. Je revis sa manière de faire tourner la manivelle de la ronéo, tirant inlassablement des papiers, sa chemise trempée de sueur et les gouttes qui perlaient à son front. Je revis la cour du lycée, les lieux où nous nous réunissions clandestinement, nos premiers rendez-vous avec les filles. Je revis les soirées à Pivert, les parties de ludo tard dans la nuit, nos rencontres avec les paysans de la Plaine. La ville toute entière s'écroula autour de moi dans un grand fracas sourd. On venait brutalement de me voler la présence d'Etienne. A cet instant j'aurais préféré le savoir mort. Savoir que ce n'était plus la peine d'attendre. Arrêter tout simplement l'espoir et penser à notre dernière rencontre comme à une cérémonie d'adieux. Parce qu'on finit toujours par rationaliser une mort, mais que faire d'une absence ?

Je partis le jour même pour Maïssade me mettre à l'abri chez un oncle. Viviane avait dressé un mur de silence entre le monde et elle, une sorte d'épaisseur sans accès. Elle se regardait sans cesse, étonnée elle-même de sa souffrance. Elle avait souvent l'air de la trouver impossible, et de ne pas pouvoir y croire. Pendant des mois entiers, elle garda des chaussures de sortie aux pieds, un parapluie, un sac et répétait d'une voix absente :

— Je veux être prête à partir à n'importe quel moment. Nous vivons des jours imprévisibles.

Personne ne lui demanda de ressaisir ou d'avoir du courage même quand elle avoua s'endormir tous les soirs aux côtés d'Etienne dans le cachot noir. Nous avions tous craint pour sa raison jusqu'au jour où certains pans de mur s'écroulèrent pour laisser passer ce qui lui restait de force pour réapprendre à vivre.

Au cours d'une des dernières nuits du mois de mai, des doigts errants écrivirent des mots fous sur les murs de la ville. Le lendemain, elle se réveilla folle, agitée de convulsions, stupéfaite de ce qui lui collait à la peau. Quelque chose avait frémi sans bruit dans ses viscères. Tard dans la nuit, la police politique déversée par dizaines dans les rues moites de peur et d'angoisse, avait frappé aux portes des maisons et emmené des fils, des cousins, des époux, des sœurs ou des amis. La lugubre plainte qui fuitait à travers les portes, les fenêtres, les jardins et places parcourut les rues puis alla se tapir dans les buissons pleins d'odeurs et lune de plaine.

Le temps se fractura brusquement. Il entraîna dans sa chute des vies entières. On marcha beaucoup dans la ville cette nuit-là. Des lampes à pétrole, des bougies, des lampes de poche s'allumèrent furtivement dans les corridors, dans les lakous, derrière les murs. La ville se remplit d'ombres qui se mouvaient et se mouvaient sans cesse dans une turbulence silencieuse et terrible. Ils avaient fouillé les entrailles de la ville et avaient pourchassé les ombres qui se glissaient entre les arbres et tentaient de se confondre avec les portes, les palissades et les fenêtres. La nuit avança avec leurs pas et arrêtant sur son passage le tremblement des ombres, elle recouvrit la ville. Alors la ville aveuglée ne vit même pas son malheur. Elle vacilla au milieu des hurlements de chiens fous.

Ces événements ne firent pas la une des journaux. Personne n'en parla le lendemain ni le surlendemain, ni les jours suivants.

Paul, remis en liberté quelques mois plus tard, alla se reposer chez son grand-père à Pivert. Il avait difficilement supporté la dégradation même temporaire de son être. Il n'avait pas non plus accepté la lente rognure de sa résistance. A sa sortie de prison, Paul avait flanché. A part quelques amis intimes, personne ne l'avait su. Le secret avait été plus ou moins bien gardé. A ceux qui demandaient des nouvelles de Paul, sa mère répondait qu'il était parti pour un long voyage.

Au début, il criait tous les soirs, en toute liberté et sans arrêt. Ses cris montaient, touffus d'abord. On aurait dit qu'il allait vomir toutes ses viscères dans une lave épaisse. Toutes les nuits Paul criait. Des que la piqûre que lui faisait sa mère cessait de faire son effet, il recommençait à souffrir et criait. Il réveillait tous les occupants de la maison. Mais personne ne se plaignait. Personne n'aurait songé au faire. Ils attendaient tous, mettant une obstination et une délicatesse à ne point parler de la souffrance de Paul. Régulièrement sa mère le trouvait trempé de sueur, régulièrement elle l'entourait de ses deux bras comme un enfant et le berçait. Quand la nouvelle piqûre commençait à agir, il souriait à peine, fermait les deux yeux et s'abandonnait à l'oubli profond qui l'attendait sur l'oreiller. Et puis lentement, très lentement, l'épouvante avait fait place à la lente succession des jours.

~~

Je revis Paul quelques mois plus tard. Il portait d'épaisses lunettes légèrement fumées. Ses yeux étaient malades. Je le savais. J'avais même eu le sentiment qu'il ne s'intéressait déjà plus aux apparences, uniquement préoccupé des souffles et des impulsions cachées sous les enveloppes visibles. Il était resté sans lumière, des jours durant, dans cet espace étroit et puant l'urine et les excréments. Il avait du faire pousser d'étranges tentacules pour se raccrocher au monde. Une fois sorti de prison quelque chose de lui était définitivement resté dans les souterrains obscurs d'une autre vie.

~~

De tout cela, nous parlions peu, à voix basse, avec prudence. Comme si chacun se méfiait de son ombre. Nous avions cessé d'être ensemble comme nous le fûmes si fortement auparavant.

Une interrogation demeurait pourtant. Je n'osais pas me la formuler. Mais avec le temps je le fis d'abord timidement puis de plus en plus clairement :

— Qui avait bien pu indiquer la maison ou s'étaient réfugiés nos camarades ?

Pour le retour à l'ordre des choses, quelques uns d'entre nous avaient misé sur le temps. Mais le temps ne put rien contre le désordre qui avait déjà gagné. Alors chacun arriva au bout de sa vieille impatience et d'un tacite accord, chacun décida malgré tout de continuer à vivre. Paul nous avait abandonnés à sa façon. Julien et Denis étaient certains de se retrouver pour de nouveaux tours d'illusionniste, la rancune fermée comme un poing. Julien poursuivit ses études et fonda une école avec deux autres camarades. A sa sortie de prison, Denis partit pour les Etats-Unis. Quand je quittai l'île, la vie ordinaire de la maison, du quartier, de la ville, un instant mise en retrait, lentement reprit ses droits comme à la suite d'un orage.

~~

Etienne mourut non loin de l'avenue Christophe. Les dernières minutes de sa vie tombèrent dans la lumière drue d'un midi de septembre. Il avait été libéré contre toute attente le matin même. A sa sortie de prison, il voulut se rendre au domicile d'une tante plus proche du Centre-ville que celle de ses parents.

Les coups et la torture avaient marqué Etienne beaucoup plus profondément qu'il ne l'avait cru. La joie de la libération fut brève, trop vite franchie. L'ultime effort n'avait pas duré longtemps. La fatigue de vivre était venue tout détruire. Etienne n'avait même pas dû comprendre tout à fait ce qui lui était arrivé. Il était mort, avec dans les yeux, la lassitude et l'étonnement d'être arrivé si loin à vingt et un ans.

Il avait été retrouvé sur la chaussée, le corps recroquevillé à côté d'une bouche d'égout. Il flottait dans des vêtements devenus trop grands, les yeux délavés, la bouche fiévreuse et sèche. Seules ses mains avaient été agitées quelques minutes des soubresauts de l'agonie. Il était finalement tombé. Plus moyen de combattre la mort. A la place d'Etienne, il n'y avait plus qu'un paquet d'os, de sang et de chair. De la forme. Rien que de la matière au beau milieu de la ville.

THE SURVIVORS

Yanick Lahens (1953–)

The second step of the staircase leading to the bedrooms still creaks as it did on the evening of May 15, 1968. Yesterday, for the first time after all these years, that creaking sound brought back to me the image of Etienne's face. And Paul's. The memory of that evening persists as if time and space were of no account. That night inhabited my very being like an overwhelmingly dark and bloody stain that blinded me to such an extent that it made it difficult, before today, for me to think of Etienne or Paul. After all these years, my words continue to stumble along roads closed over by thick brushwood. And yet I know this evening that my words will not desert me, that they will follow the road in spite of the bayahondes'[1] thorns, in spite of the brambles and the undergrowth.

I turned on the radio, an old habit of mine designed to outwit the spectre of silence. Outside, the town is locked in by a heavy darkness. I closed the curtains on purpose, creating as it were, a last bastion against the nocturnal noises. Here I am, alone again. Alone with the faces of ghosts, the faces of absent ones and of the dead, still trying to play a role among the shadows, trying, above all, to understand. Etienne, Paul, the others and myself, we had all crossed the demarcation lines beyond which all understanding gets lost in a swirl of questioning and conjecture.

There was a full moon that night. Etienne had thrown two stones against the window of my room. He knew its location only too well. He was with Paul, my closest friend. Three years older than us, he had been enjoying our company for some time now in the role of a big-hearted Pygmalion. One could already see in his attitude and expression this defiance in the face of life's immediate realities. He was wary of compromise, of what decent folk call reason and common sense. He chose heroism over common sense, and he preferred the honour earned by risk to the comfort assured by reason. Etienne, Paul and I had often remained for hours in this room, constructing dreams, building strategies around the dozen books that we deemed indispensable for bringing misfortune to its knees, circumventing it or standing up to it. Those books opened up for us a world where pain did not disappear but remained silent for a while, giving way to the leaven of hope and dreams. But not one of us had yet experienced madness or pain. Neither had we come close to death. It was not yet familiar to us. We were innocent, immaculate, young. The town had not yet dragged us towards its contradictory poles; it had not yet chosen us to fulfil its most demented dreams.

And today, when the purest among us are no more, when life has ceased to be this pair of scales where pride and humility have equal weight, Etienne no longer walks the streets, those streets that had grown accustomed to seeing him stroll by with his tall, thin body and his light, angel-like step; and missing too from our meetings with friends are Paul's fraternal handshake, his laughing eyes and his immeasurable kindness.

Those two successive raps on my window had been agreed between us as a signal or as a means of identifying ourselves. They would open wide the road to prison, exile and clandestinity. But more than the road to prison, clandestinity or exile, they would open the road to madness and death.

I was in a tricky situation at the time, plagued by pressures from all sides. Within the group a split had taken place. We disagreed on the lines of action to be adopted. I belonged to that small group who deemed the proposed action premature and dangerous. Etienne, on the other hand, had very quickly agreed with the others: those who wished to engage immediately in glorious feats. While Etienne himself wanted to confront the beast violently and pay for another life with his own so that justice might remain alive and strong, others were prepared only to commit new injustices as a way of obtaining redress for old ones. This misunderstanding would become more and more evident as he piled up error upon serious error during his desperate and solitary struggle. But in spite of those errors, Paul and I had never mentioned our own perceptiveness or any kind of lucidity. We had never seen in him this presumptuous rebel, this egocentric mythomaniac who felt that he himself could be a substitute for party discipline and ideological rigour. Our other friends had begun to distrust him. Because of this stubborn refusal to be flexible, even when he was knocked about, manhandled, misunderstood; because of this blind, solemn rejection of incontestable truths, he began to appear in the eyes of his friends more and more like a beautiful but poisonous plant, like a rare but dangerous animal against whom some form of protection was necessary in order to avoid being poisoned or devoured. Etienne was the very incarnation of the hero figure engaged in solitary battle. His great strength and coherence were to be found anywhere else but in the organization of a party. Such qualities were to be found in his blind fervour. For him, action had become a heady lure and an obsession. He had accepted the struggle like a voluptuous pleasure to be consumed in a never-ending danger. For Etienne, moving forward had become a matter of urgency, as if the slightest pause would have meant his own ruin. His objective became more and more a mirage as he plunged deeper and deeper into that universe where none of us could reach him. He approached death the way one approached one's native land. But few of us had understood him. Swept along like him on a road whose windings and detours we believed we could anticipate, we could nevertheless advance only by going backwards. The route will become clear to us only afterwards, once the die is cast.

All the wiser for what they described as their experience, my aunt Céphise and my mother begged me to mind my own business. Their entire world had been limited to images on a small scale and lacking in depth. Forced to deal with nothing but their own daily existence, they had no other means of comparison. They sinned not through wickedness but through a lack of imagination. Experience in this particular case consisted of forever gazing at one's navel, of never having said yes with passion or no with the same degree of fervour. Léonard Dolvé could not imagine a world beyond the limits of his third grade job in the local government office. My mother and my aunt would call upon the Almighty for an interpretation of events on the national scene. My cousin Inès had never understood anything besides straightening, styling and tinting women's hair, listening to her clients talk about their servants, their husband's infidelities or their children's measles. Marcel, my oldest cousin, had recognized in medicine an unexpected springboard and was holding on grimly to the profession. Claude, the youngest, was the only one who looked at me differently. But I had never wished to confide in him for fear that he might not understand me, for fear, above all, that some eventual misunderstanding might not leave me entirely bereft of hope within these walls.

Since my father had been dead for many years, it was my maternal uncle, Léonard Dolvé, who had learned from a friend recently appointed to an important government post that I had been mixing with a suspicious crowd and that I was being watched. On Eliphète Noël's arrival, I crouched behind a piece of furniture on the landing in order to take in the scene without being noticed. Eliphète Noël was standing in the middle of the room, when he shouted at the top of his voice:

—Your nephew refuses to stay quiet. He and his friends are acting up.

In addition to the friendship that he had always shown them, the Dolvés detected in Eliphète Noël's voice a ring of authority that they had not noticed before. He was already displaying the bearing, gestures and voice peculiar to the new position he had been occupying for no more than a few weeks. My uncle mumbled a few barely audible words in an effort to explain my innocence and praise my virtues. My aunt, who had joined them, agreed timidly with her husband's remarks, nodding her head from time to time. My mother alone remained impassive even when Eliphète Noël insisted for the second time:

—Léonard, I have known you for too long. Tell Lucien to mind his own business.

Clearly, his intention was to impress Uncle Léonard, Aunt Céphise and my mother. From the very first words uttered by Eliphète Noël, Aunt Céphise had taken out her handkerchief and begun to sob in silence. Just by looking at my mother's face, I knew that she had already called upon God and that she was drawing on this inner dialogue for the serenity that showed in her features. My uncle had begun to speak, to speak too much, just as he did any time his emotions overcame him, gripping him so tightly that he was deprived of all willpower. This same uncle, who was so good at making his family toe the line with a mere glance and a flick of the finger, who demanded silent submission of my aunt, who treated us all with extreme harshness; this same uncle had trembled, overawed by what, all of a sudden, this Eliphète Noël (whom he had nevertheless known for so long) now represented. My uncle was on the point of falling on his knees. Before our very eyes, my uncle grovelled, fear in his belly, tail between his legs like a dog. And all members of the family had to be careful not to allow personal weakness to make them feel dizzy and fall to the ground too. Each of us had, however clumsily, to help the other avoid falling further than the ground. I came to loathe that scene, but I can still remember today not a single one of the intense emotions felt by my mother at that time that could be read on her face. At that point, Eliphète Noël was assailed by misgivings about his own game. In order to overcome these misgivings, if only for a few moments, he decided to convince my mother:

—He is spreading disorder, he continued, raising his head to one side as if to assume an air of importance by looking down at her.

But to no avail. My mother maintained a silence which very soon became intolerable. There was nothing in her look that betrayed any sign of influence, tears or reproach. Eliphète Noël, losing his composure, spoke about this and that, expressing anxiety about my aunt's health and my mother's rheumatism. On his face, unnatural, almost unbelievable laughter exploded amid the words my uncle scarcely dared utter. Eliphète Noël had played to the very end his role of Guardian Angel. He allowed himself this secondhand act of kindness as if it were a luxury.

But the days would close in on Etienne, Paul and myself like a door that we could never reopen.

On the evening of May 15, every skill I knew I possessed I used to avoid awakening Claude (with whom I shared a room), my mother or any one of the various occupants of the house. Before stepping onto the staircase, I wanted to be sure that this was really about Etienne and not some stunt set up by the political police. From the only window on the landing, I scanned the remotest nooks and crannies of the courtyard.

It was a clear night. The full moon rolled along behind the clouds. Etienne's silhouette stood out clearly against the landscape. He was standing under the mango tree in the garden, with his back arched and his left hand in the pocket of his trousers. He kept passing his right hand over the stubble on his chin. He frowned for a few seconds then immediately afterwards he kept his eyes open in a peculiar way. I realized from these simple signs that Etienne was awfully tense. I knew my friend well enough to recognize this. I switched on the flashlight twice in succession in prearranged response to Etienne's signal. Then I carefully made my way down to the ground floor.

Whereas Etienne lived in Pétionville, not far from St Peter's Church, Paul had left Saint-Marc when he was twelve years old to live in my neighbourhood. Etienne had always lived with his father, mother and two sisters in a villa surrounded by a garden and a bougainvillea hedge. As regards taste, Mrs Berri, Etienne's mother, placed all her trust in the canons established by current fashion and catalogues, and she regarded with suspicion any piece of work that did not appear in *Jours de France* or *Paris Match*. She kept a sharp lookout for misalliances as if they were signs of the plague (a question of pigmentation and money) and devoted all her energy to never losing sight of the demarcation line separating good society, first of all from the ones whom she called "those people", and secondly from the vast majority of decidedly common folk. In the context of such a clear-cut stratification, the town became in Mrs Berri's mind both reassuring and unambiguous. Mrs Berri's family was in fact black on her mother's side, but since her grandmother had married a visiting German clerk who had been paid generous allowances by one of the government administrations of the nineteenth century, she had sought to pass on to her descendants the arrogance that a few drops of Germanic blood confer on such privileged groups in this island. This is how middle-class women and lapses of memory became part of our world.

On Etienne's recommendation, I had obtained a job as tutor to his two young sisters. My uncle had just lost his position at the local government office. The entire family lived on my mother's meagre income and the sewing that my aunt tirelessly pedalled out on an old Singer machine. We were without electricity for weeks on end. Once it had become dark, Claude, Inès and I would do our homework under the street lamps in the small square not far from where we lived. Marcel had only just left for the United States. The few dollars he earned had not yet begun to fall as if by some miracle into their hand every month. Every evening during this period, we contented ourselves with some porridge flavoured with cinnamon to stave off our hunger. In spite of everything, we would fall asleep, heads full of glorious dreams, using every trick to hide our misfortunes from the neighbours.

Not even suspecting the big dreams that drew me close to her son, Mrs Berri kept on regarding me as this young man with a promising future of whom Etienne could make use some day. Nor did she suspect that, when her older daughter put on dresses and blouses so sheer that they revealed her brown, slightly pink flesh, I would laugh with delight and dream of biting gleefully into that flesh. Mrs Berri protected herself against any uncertainty and made her own universe secure by imagining me to be educated, corruptible and asexual. As for Mr Berri, the fortune he had accumulated was enough to allow him to live without doing violence to his true nature. And so, as if to protect himself, he greeted signs of comfort with aloofness and irony. He no longer allowed himself to be weakened by any of those things called conventional duty and boring propriety. Above all, he longed for that freedom which disappears so quickly in our countries once one possesses an abundance of wealth: the freedom to walk in the streets, to have a drink in nondescript cafés or to sit in public squares. This was perhaps the kind of man from whom Etienne had acquired the taste for playing truant and especially for not keeping his spirit anchored in this world. It was under his influence that Etienne, at the age of sixteen, underwent a change. An increase in maturity or in age would be the exact terms to describe the changes which took place in him. They were quick, brutal, like a storm or an earthquake. His eyes were no longer the same and no longer reflected the landscapes of his childhood. Some of his new impulses took new courses. Others embedded themselves deep within him. These images borrowed from geography express quite well this relief that has been constantly emerging since that time: subsidences, emergencies, and destruction too.

⌒

What can I say about Paul's parents except that they resembled my own, and that this rapport was even stronger between the two of us. I loved him first of all because he knew lots of things of which I was ignorant. He could swim, was unbeatable in slingshot competitions,[2] knew three or four chords which he would keep plucking on an instrument of his own making: an old oil drum, rectangular in shape with a round hole drilled through one of its sides. At one end, six strings were rolled around small metallic rings at the end of a bit of wood. For more than six months, that guitar had been an object of admiration among the teenagers in the neighbourhood.

But more than anything else, Paul knew loads of stories and legends, the names of plants, of trees, and the secrets of all those animals to which, as a young teenager brought up in the big city, I had never paid attention. Paul had learned all these things about the sky and the earth from his grandfather and grandmother who still lived a few kilometres from Saint-Marc.

At the start of our friendship, Paul and I would spend entire afternoons sitting on one of the benches in the little square not far from where we lived. We had ended up knowing every stone and every shrub. We felt as much a part of this place as it seemed to be a part of ourselves. We would watch girls and cars go by. We promised ourselves that we would have several women and children, and that one day we would be rich.

Later, we got into the habit of going off together by tap-tap[3] as far as Rivière Froide. We grew to like these impromptu escapades far from the town. Sometimes, we would extend our trips in the direction of Mariani to eat lambi,[4] griot[5] and bananes pesées.[6]

The first time that we visited Paul's grandparents to spend a few days' vacation, July was in its final days and was slowly stretching out to meet August, the height of the holiday season. As soon as I woke up, I dashed outside like a faun ready to capture all the energy in the world. Sometimes, the final hours of the afternoon would catch us on the wharf facing the sea, huddled together, stuck to each other like jellyfish to a rock. As we called to mind our favourite poets, Rimbaud, Saint-Aude, Baudelaire, something about this warm intimacy reminded us that we were still close to childhood. And from that time onwards, everything became one long, spectacular day until our return to Port-au-Prince.

At nightfall, we would listen in silence to stories told by Paul's grandfather, Difficile Saint-Jacques. Difficile Saint-Jacques did not know his age. He was born before this century. His memory was indistinguishable from the sap of the trees, the blood of the springs, the hair of the hillsides and the ears of the wind. Peals of laughter often filled his mouth when he told us stories. During the course of one of those evenings (I remember it clearly), I asked Difficile Saint-Jacques more questions than usual. Judging that I had gone too far, the old man had paused and answered me, hidden behind the smoke rings from his pipe.

—You know, my son, there are things that should not be known, stories that should not be told because misfortune inhabits them.

Unlike Paul, I rejected such solemn words which reduced me unjustly to silence and increased that fear I had been harbouring deep within me since childhood. For it was indeed about fear that this old man, as others before him had done, felt obliged to teach the adolescent that I was, so that the adult I would later become might continue to carry it within him and use it in his turn against other adults and other children. This short-lived fright will keep me in a constant state of excitement despite the fears of a totally different nature whose unrelenting assaults I shall endure later on.

Etienne met us again at a time when we would not for anything in the world have missed the musical treats offered by Nemours Jean-Baptiste or Webert Sicot at the Rex Theatre or the fêtes at the Club Camaraderie or somewhere else. The entire lower-middle-class in Port-au-Prince would flock to these places of pure entertainment where they would eagerly hurl themselves into a scenario of instant pretence.

Then came the time of revolution and brothels. The time when we approached the ludic pole and the sensual magnetism of the town. Sensual pleasure taught us very quickly that we had a body and we had to deal with it. It was the age when our mothers no longer kissed us, when we had ceased to smell their perfume. Our new fragrances were all that we needed. The age when we had begun to be interested in the girls employed in the houses in the area as well as in the other young women who lived in those very houses. The age when we liked to talk loudly and boldly, when we swore and spoke about women's legs and breasts, once we thought we were alone. Visiting almost all the brothels in the Carrefour area one after the other: Royal Cabaret, Ansonia . . . we were surprised to discover the onslaughts of that flesh which was its own master. But while our flesh set about breaking the bars of its prison, our hearts entertained wild dreams for the world. Everything that supported the edifice of this limited sensuality (guilt, shame, middle-class hypocrisy) smashed up into pieces. At least, so we firmly believed when we experienced our first shared nakedness.

And Paul, Etienne and I would discuss current problems together, convinced that we could go further than our elders but not doubting that we were destined only for hardship and renewed madness. For if we had mentally already got the hang of things, we lacked boldness. In spite of our dreams or perhaps because of them, we had only second-hand knowledge of the world. Up to that point, our lives were unimpressive in terms of dangers faced. In order to compensate for this shortcoming, we would transform our most insignificant experiences into fabulous life and death adventures as if to experience both the overwhelming feeling of our insignificance and the wild jubilation of being able to overcome that feeling through acts of bravado and madness. From that night of May 15 onwards, we were going to have the opportunity to measure the terms honour, courage and cowardice. Only some of us could measure up to the requirements demanded by such qualities.

—I've been caught, Etienne had said at the entrance to the house.

Precise, cold, clear, these three words had dropped like a bombshell. I had remained standing on the doostep for a few seconds, not knowing exactly what to say nor how to behave. From behind the clouds the full moon rounded its back and looked at us both without being any wiser itself.

I had replied using some pathetic expressions as is usually the case when misfortune grimaces and tries to force us to bow our heads and go down on our knees. Etienne asked if he could remain under cover in the house until daybreak. We settled down on the floor with our backs against the wall. Producing two glasses and half a bottle of rum as the occasion demanded, I kept thinking about the tasks that needed to be carried out in the next few hours. But I said nothing, preferring to let Etienne speak first. We drank the first mouthfuls in the silence that was already building up between us like misfortune itself. In the past, we had often trained ourselves to breathe at these difficult heights as if we had always awaited rather than feared these inevitable threats during all those evenings and days spent together changing the course of events and challenging destiny. But if we were to think in terms of a completed painting, these exploits of ours up to that point represented only a simple rough sketch. Etienne had added, shaking his head slightly:

—Since that accidental gunshot in the house that we had chosen as a stopover point, I can no longer be sure of anything.

—If I understand you correctly, then the others did not lose a single minute. Your slightest movements, your most insignificant actions and even your breathing were monitored.

—That is definitely my impression.

The air had become rarefied, hanging on to our movements and the slightest inflections of our voices. Etienne had quickly explained the situation to me. That gunshot had hastened the premature start of that memorable and dangerous operation which had created such a serious division within the group. As I listened to him, I thought of the inevitable informers that every movement breeds. That too was an occupational hazard. That thought was gone as quickly as it had come to me. Above all, I wanted to save us all, Etienne, Paul and myself.

Etienne was a blind fighter. He could not imagine any idea that could not be immediately translated into action. He was loyal, committed, impulsive. Too impulsive certainly to be held accountable for those games of history in which the most important thing is not to lose. Now, Etienne had always thought of his arrest or his premature death as an inevitable event, a fate over which he would not triumph but which would save him somewhere. For some time now, he himself had realized that, like a meteorite separated from a planet, he could not stop falling. Recent events only served to confirm this inherent failure. His way of thinking never seemed to include this third period which allows certain people to move on to victory and to hold out beyond that point. For him, revolution was a dream, and he would never have agreed to make a profession of it.

Etienne had come back to the same idea several times:

—The important thing is to keep one's conscience clear. Sometimes, even if one is free, one must restrain oneself, deprive oneself. They will never have that.

And he had touched his head and his chest. His emotions, which were already very strong, increased tenfold when I asked him between two glasses of rum:

—What do you plan on doing?

Etienne continued without ever answering my question:

—In any event, even death becomes easier when one chooses to confront it, because one has nothing to lose. One has everything to gain because one is free.

The words richocheted off the walls. I saw them almost take shape, right there before my eyes, and then become swallowed up by the night. Etienne had punctuated those sentences with a movement of the head. Other sentences, clearer and more precise, had followed the first ones. I did not take my eyes off his hands which, as was his wont, gave exaggerated emphasis to each syllable. It was obvious that we had a thousand things to say to each other and that we would never have the time nor the courage to say most of them.

After a while, he got up abruptly and walked to the window. It was at that very moment that I became aware not only of the real nature but of the vulnerability of this human body made of flesh, bone and blood. This human body which could be wounded, which could suffer, which nurtured feelings, and which also affirmed its dignity at that very moment when it was already so close to humiliation, a few steps away from death. Etienne pounded his right fist mechanically into the palm of his left hand, then stopped for a moment as if to gaze at an image outside. His entire body tensed, like a bow. One might have thought that he wanted to smash the night into pieces. When he turned around to sit down again, I was stunned. There was death in Etienne's eyes. As irrational and exaggerated as it may seem, there was in his eyes a picture of what was to follow and a confirmation of what had already taken place: the tragedy coinciding with his very birth, the dream that was slipping away and destiny which would pursue him and hound him till the very end. One might have said that he was already slowly taking leave of this world, bewitched by the song of death. He was as silent as a madman, as calm as a man about to die. And there I was, me, his best friend, incapable of extending my hand to prevent him from falling.

Etienne left the house in the morning on the stroke of four saying to me without too much conviction:

—See you soon.

I did not reply. After a quick embrace, I saw him off. The night had opened up to let him through, his footsteps leaving no trace in the thick darkness. Etienne would not have understood any of my looks nor any of my words. He had already made his way through life and toppled over on the other side of grief and fear.

᠑

For hours after Etienne's departure, I thought of election night, famous if ever it could be in a history that will perhaps never be written. And invaluable also because it seems to me that it was on that night that Etienne decided to let himself go and accelerate his fall. What I remember of that evening resembles something like a dogfight.

The meeting took place the previous November, in the classroom of a school. The house looked out onto two small courtyards. The one in front had direct access to the street. The one behind, seldom used because of the foul smell from the neighbouring house's cesspool, led to the street through a dark, narrow corridor. We had chosen this house deliberately, because of these two ways out. Quite a number of old friends took part in the meeting. Etienne stood right against the front door. He smoked nervously, not answering various greetings with his usual warmth. He looked very strange. At the back of the room, of course, were Paul, Julien and Denis.

Born in that lower-middle-class area lying between King's Lane and Jérémie Square, Julien was capable of the greatest feats just for the sake of ensuring his domination over others, and he found in politics a balm for his failures and for his secretly harboured grudges. He was power hungry and could manipulate men with disconcerting skill. But if the idea of giving orders to other people gave him a feeling of elation, he accepted orders with almost shameful submission from Denis. This son of penniless mulattoes was the descendant of a line that owed its renown to a name. Julien's submission flattered his pride and at the same time honoured his ancestors through this flattery and worshipped their memory. In any event, Denis's only reason for becoming involved in this huge battle was to confront those who, weapons drawn, were making crude attempts to take over from his ancestors. He shared with Julien the same hatred for certain individuals. This hatred served as their only fraternal bond and would eventually condemn them to perform acts lacking in grandeur. Such acts would prove at some time in the future to be as shortlived as the passions that inspired them. After years spent together at the lycée, we had rediscovered one another at university, closely knit, as I used to think until then, because we shared the same dreams and the same expectations. I knew that Etienne expected to be elected in order to take charge of certain operations. I also knew that his chances were slim. I had made that quite clear to him. He would not hear of it. He had already proved himself and contributed to the setting up of a network for the dangerous operations that lay in store for his group, and he would stick to his position.

When his turn came, he very easily managed in a few seconds to drown out all conversation with his deep, booming voice. He spoke for almost half an hour without stopping. For a moment, I thought he was going to faint. As one who loved to toy with his audience, teasing them like a trainer in a cage, he likened politics, in his analysis, to a dream. Julien, Denis and their allies for the evening, based their attack on the question of strategy, power struggles and a fair analysis of dissenting views. This little game continued for more than two hours. Two hours during which I had the opportunity to discover Denis's and Julien's arrogance. In a strange way, it resembled the arrogance of other people: those for whom money, women and a blind belief in the leader constitute the only value system. And contrary to Etienne's expectations, the majority of votes went to the professional politician that Denis had become. Up to that point, my choice between families of men and families of thought had been clear. On the one hand, there were merchants so bereft of imagination that I could not help feeling that I was of a completely different nature. On the other hand, there were those who used their overextended imagination to attain a form of asceticism that might allow them one day to touch the material embodiment of their dreams. If up to that time I had been on their side, they disappointed me bitterly that evening, as much as the others did.

During the weeks that followed, I saw Etienne gradually transform this electoral defeat into a victory. He began to enjoy this failure as if it were the confirmation of his difference, of his super soul, but without ever really letting it show. Etienne was proud without being boastful or conceited. He continued to participate in the more or less dangerous activities of the group but his personal life was in total upheaval. He had abandoned a fraternal march for which he still felt a deep nostalgia as one might feel for an intimate rhythm. I myself had already started off on my solitary march and learned to conceal my nostalgia since the time of that famous incident in my final year at the lycée. To one of professor Mirbeau's long diatribes on nationalism and the gods of the race, I had replied that later on I would teach love of all gods and of all countries. At the time, my reply was regarded as insulting and provocative, not only by professor Mirbeau. I also found it necessary to defend myself against my friends before an ad hoc tribunal: main counter-arguments, secondary counter-arguments, secondary characteristic of main counter-arguments. I had gone along with this tribunal partly for fun but mostly because of what is usually referred to as lower-middle-class guilt. And I had smiled at the thought because even if I were not certain that I had taken the correct form of action, at least I was certain that I had acted as I wished. Their words could not keep my emotions in check. They had already been exposed elsewhere, outside, running all over the town. Unknown to me, I had just broken ranks. I would never quite get back in step.

Following that election night and from then on, there lurked on Etienne's face a fatal, relaxed smile, reminiscent of a rebellious angel. His body exuded a charm typical of those who do not intend to hang around, who will soon disappear. His beauty, which usually made women turn around as he passed by, now immediately provoked a strange surprise, bordering on fear. He flaunted his degeneration with an air of defiance. His appearance underwent a transformation of which none of his friends seemed to take real notice. His relationship and conversations with them proved more and more difficult, if not impossible. This man who had always displayed the finest elegance, now exhibited a disturbing slovenliness. Etienne would remain for several days without shaving, paraded in shirts with frayed collars and worn out shoes. He would read without respite, allowing himself a break only to write in some notebooks which he kept stacking up on his table. Whatever he did, there was always some piece of work going on relentlessly in his head. He would work not only at his table, but everywhere and from morning till evening, in the street, wandering around for hours, talking to strangers, listening to them, eating anything, anywhere. Always in search of something which could take him still further away, he courted women. He sought life on women's breasts, the warmth of life between their legs, the sweetness of life on their lips. He discovered in women's bellies that sensual pleasure that soothes wounds and makes a pact with death. He also drank a lot, in bars, in stalls, often alone, as if he were seeking to relive the most depressing aspects of his experience. He would drink in order to feel alone, in order to confirm his loneliness. Stalls at street corners, bars and brothels, all these places became the arenas he traversed like an untamed shooting star. Viviane, his girlfriend, without really understanding, was perhaps the only person to have seen the doors of his inner hell open up.

And as for me, since that incident, I tried to find the key to Etienne's commitment or to what would appear to me like despair freely embraced by a person who nevertheless enjoyed an unquestionable sense of security, whose essence had never been under threat and who decided one day, of his own accord, to stake everything on a dream. Until then, I had seen in Etienne only this individual who liked to think of himself as poor and destitute, he who in fact had never been poor and destitute, as if he were trying to exonerate himself from an original defect in the eyes of the truly poor, those who had always been poor. When I shared my concerns with him at the meeting I had arranged with him some days later, he replied without the slightest hesitation:

—Look, you must understand that I shall never reach old age, so that it is pointless for me to try to act sensibly now. I decided to bet everything now before I lose my youth and before I get to learn at forty or fifty that men love neither truth nor freedom. Because then it will be too late and I shall no longer have any motivation. Men like myself die alone, even if they have friends who love them, even if they have a woman who makes them happy.

He was smoking more than usual, often holding his cigarettes between the thumb and the index finger and inhaling deeply. The hand holding the cigarette trembled slightly, the other rested on his knee and his voice was calm when he continued behind a thick cloud of smoke:

—And then you must also remember something: someone like Paul will also get his fingers burnt. He is not nasty enough, he knows nothing about wickedness and bitterness. He will not go as far as his manipulators. I want to talk about Julien and Denis. Because you must understand that the real manipulator does not attack. He does not need to attack and more often than not he does not have the courage to do so. The manipulator is not a warrior. He only needs to talk in order to intimidate, and to terrorize. And as for Julien and Denis, above all, make no effort to assist them. They are not worth saving. It's all over for Julien and Denis. It's too late. There's no hope for them.

From that day onwards, I often accompanied Etienne on his outings. I was under the illusion that I could still prevent him from falling. We met women and we drank. We walked along streets and we drank, our words often tinged with drunkenness and irony, the weapon of the weak. At the various rituals we attended in neighbourhoods in the lower town, we fraternized with people from the lakous,[7] the plains and the glades. We experienced the pure rhythms of those gods who were alternately violent, sensual and good. And one evening at Bel-Air, a mambo[8] offered us talismans to protect us from evil looks, evil spells, from the town and its magic spells. At such times, the alcohol prevented Etienne from savouring his bitterness to the fullest and presented his weakening heart with the opportunity for a final burst of energy. Sober by day so as to put our friends off the scent, we drank by night, and during those hours we had set aside, we did not give a serious thought to anything. The night stimulated our senses and pervaded our entire being. We drank for nights on end gazing at the blind sky until all that mattered were our drunkenness, the stars and the night. Port-au-Prince in the burning splendour of alcohol and the night. Night that makes memories sing, night that stains faces, night that makes the spirit dance. Night that offers everything, that permits everything.

⌒

A few hours after Etienne's departure, Viviane came to my home to ask for news about him. She came in order to finally have the facts after all those hours of waiting which for her had seemed interminable. She remained for a while on the gallery chatting with my mother. Viviane had to invent on the spot an excuse for a visit so early in the morning and mentioned the title of a book she had come to borrow from me in order to prepare for the June examinations. Just from my mother's eyes, I could tell that she had not been fooled. She admitted this to me later and said that she had called me only because she sensed from Viviane's voice that we were in danger.

As soon as we were alone, Viviane quickly asked me in a hushed voice:

—Where is Etienne?

I replied without doubting for one second that Viviane would collapse as soon as I spoke:

—He is at Julien's now.

Viviane first brought both hands to cover her face then removed them to try and utter words which did not take shape in her mouth. She kept her eyes closed and her lips trembled. When I saw tears flowing down her cheek, I shook her violently:

—But . . . What's going on, Viviane? If you know something, tell me now.

Viviane obviously wanted to say something, but pain and astonishment had gripped her throat. She was in a sort of blank parenthesis, without a single thought in her head. As for me, I wanted to keep whatever sangfroid I still had left in order to reflect and then begin to take action. I asked my question again in a more direct fashion:

—Viviane, what has happened to Etienne?

—The police made a raid on Julien's home this morning. They arrested all the occupants of the house. I had come to warn you all not to go there. I did not know . . .

Viviane did not finish her sentence. Her body was racked by sobs. She let out a huge raucous cry, just like that of an animal when its throat is being cut. My mother was the first to rush forward. I did not have to give her any explanation. She did not ask immediately for any and suggested instead to Viviane that she come in and lie down. Viviane had rested her head on my shoulder and was in tears. My mother then pushed us inside the house. Sitting on one of the living room armchairs, Viviane groaned for an hour without stopping. She rocked back and forth as if to keep this movement in time with her groans as they came out softly.

The facts had descended on us with such suddenness that I could not immediately feel the explosive rise of anger. The pain was already there. It seemed to come from someone other than myself. I had closed my fists in the pockets of my trousers, clenching my jaws in order to overcome this pain which went rushing through my body. I did not yet know that words uttered from a distance could make one so ill, boring into the belly like a poison one absorbs that does its work slowly. I felt the world slowly withdraw from me like the blood which flows back from a sick person's veins. And then I was overcome with a great feeling of emptiness. This overwhelming sense of emptiness which took once and for all the place of Etienne. I thought of Etienne but I could only see faint signs as if my memory itself were frayed and falling to pieces. I could still see the way he had of turning the handle of the Roneo machine, tirelessly churning out articles, his shirt soaked with sweat and drops like beads on his forehead. I could see the courtyard of the lycée, the places where we used to meet in secret, our first rendezvous with girls. I could see again the soirées at Pivert's, the ludo games late into the night, our encounters with the peasants from the Plain. The entire town collapsed around me with a great dull crash. Etienne's presence had just been suddenly stolen from me. At this time, I would have preferred to know that he was dead. To know that there was no longer any point in waiting. To quite simply stop hoping and think of our last meeting as a farewell ceremony. Because we always end up by rationalizing a death, but what does one do with an absence?

I left the same day for Maïssade to seek refuge at an uncle's home. Viviane had built a wall of silence between the world and herself, a sort of inaccessible thickness. She kept on looking at herself, amazed at her own suffering. Quite often, she seemed to find such suffering impossible, unable to think of it as real. For months on end, she kept her dress shoes on her feet, an umbrella, and a handbag at the ready, and kept repeating absentmindedly:

—I must be ready to leave at any time. We live in unpredictable times.

No one asked her to get a hold of herself or to have courage even when she admitted to sleeping at Etienne's side every evening in his dark cell. We had all feared for her sanity until the day when certain sections of her defensive wall collapsed and released whatever strength she had left which might allow her to learn again how to live.

During one of the last nights in the month of May, some misguided fingers had written crazy words on the walls of the town. The next day, Viviane woke up mad, shaking with convulsions, amazed by what stuck to her skin. Something had shuddered noiselessly in her entrails. Late in the night, the political police, pouring out by dozens into streets clammy with fear and anxiety had knocked on the doors of houses and taken away sons, cousins, husbands, sisters or friends. The mournful wail which filtered through doors, windows, gardens and squares travelled up and down the streets then went off to hide in the bushes full of fragrances and moonlight from the Plain.

Time suddenly suffered a break in its continuity, dragging whole lives down with it. That night people walked around a lot in the town. The furtive light of kerosene lamps, candles and flashlights appeared in corridors, in lakous and behind walls. The town was filled with shadows that kept moving to and fro in a silent and awful turbulence. They had searched the bowels of the town and pursued shadows as they slipped between trees and tried to merge with doors, fences and windows. Night kept pace with them and, putting an end to the trembling of the shadows on its way, it covered the town completely. And so the town in its blindness could not even see its misfortune. It reeled amid the howling of mad dogs.

These events did not make the front page in the newspapers. Nobody spoke about it the next day, nor the day after, nor the following days.

Released some months later, Paul went to his grandfather's home in Pivert to get some rest. He had experienced some difficulty in enduring his own degradation, however temporary it might have been. Neither had he accepted the slow chipping away at his resistance. After his release from prison, Paul had lost his nerve. Apart from a few close friends, no one had known this. It had more or less remained a secret. To those who asked for news of Paul, his mother would reply that he had gone off on a long trip.

At first, he would scream out every evening, openly and non-stop. His screams grew louder, thick at first. It seemed as if he would bring up all his entrails in a thick lava. Every night Paul would scream. As soon as the injection his mother gave him lost its effect, the suffering and screaming would start all over again. He woke up all the occupants of the house. But nobody complained. Nobody would have thought of doing such a thing. They all waited, displaying obstinacy and sensitivity in their refusal to speak of Paul's suffering. His mother would routinely find him soaked in sweat and just as routinely she would put her arms around him and rock him like a child. When the fresh injection began to take effect, he would barely manage a smile, close both eyes and drift off into the deep oblivion that awaited him on the pillow. And then slowly, very slowly, fear gave way to the slow succession of days.

I saw Paul again some months later. He was wearing thick, slightly tinted glasses. His eyes reflected illness. I could tell. I had even had the feeling that he was already no longer interested in appearances, but concerned only with the breaths and impulses hidden beneath envelopes he could see. He had remained for days on end, deprived of light in that narrow space that reeked of urine and filth. He must have had to grow strange tentacles in order to hang on to the world. Once out of prison, some part of him had remained permanently in the dark subterranean areas of another life.

About all that we would say little, in hushed tones and with caution. As if each person distrusted his own shadow. We were no longer as closely knit as before.

One question remained however. I dared not formulate it, even for myself.

But as time passed I did so, at first timidly, and then more and more openly:

—Who could have pointed out the house where our friends had taken cover?

Some of us had counted on time to restore order to our lives. But time was of no use in the face of the disorder that had overtaken everything. And so each individual came to the end of his former impatience and by tacit agreement we each decided, in spite of everything, to get on with our lives. Paul, in his own way, had abandoned us. Julien and Denis were certain to find each other again to engage in new rounds of conjurors' tricks, all grudges now a thing of the past. Julien completed his studies and established a school with two other friends. After his release from prison, Denis left for the United States. When I left the island, the everyday life of the house, of my neighbourhood, of the town, slowly reasserted itself after a slight setback, as happens after a storm.

Etienne died not far from Avenue Christophe. The final minutes of his life were spent in the heavy light of a September midday. He had been released unexpectedly the very morning. After his release from prison, he intended to go to the home of an aunt living closer to the town centre than his parents.

The beatings and the torture had marked Etienne much more deeply than he had imagined. The joy of being free was brief, and over all too quickly. The final effort had not lasted a long time. The strain of living had finally destroyed everything. Etienne must not have quite understood what had happened to him. He had died with a look of weariness and astonishment at having reached so far at age twenty-one.

He had been found on the roadway, his body curled up beside a manhole. He was floating in clothes that had become too big for him, his eyes were watery and his mouth feverish and dry. His hands alone had been tossed about for a few minutes by the convulsions of his final agony. He had finally fallen. No longer able to fight death. In Etienne's place there was nothing more than a bundle of bones, blood and flesh. A form. Nothing but matter right in the middle of town.

TRANSLATED BY RANDOLPH HEZEKIAH

ACKNOWLEDGEMENTS

The translator wishes to thank the following friends for their kind assistance: Professor Keith Warner, retired professor emeritus of French, George Mason University, Virginia, for his revision of the text, and Mr Raymond Reid, a Haitian and retired PAHO consultant, for his assistance with the endnotes.

NOTES

1. Bayahonde (Prosopis juliflora of the mimosaceae family): A shrub with spines commonly found growing along the coastline in very poor soil.
2. Slingshot competitions: favourite pastime among children in rural areas involving the use of a small, hand-held catapult to shoot at empty cans, birds, mangoes etc. The winner, of course, is the best marksman.
3. Tap-tap: a converted pick-up used as a means of public transport in Haiti. Its locally made cabin is fitted with benches designed to accommodate twelve to fourteen passengers (a number that is sometimes exceeded) and the exterior is colourfully painted with pictures depicting religious themes, symbols or more contemporary designs.
4. Lambi: (Creole spelling lanbi). A marine mollusc with a hard shell varying in size between 3 and 4 inches wide and 6 and 7 inches long. The "muscular foot" is extracted and may be served in several ways: marinade, brochette/kebab, curry.
5. Griot: small cuts of pork seasoned and fried in oil.
6. Bananes pesées: plantains cut at a slant and pressed (hence the term "pesées") between two paddles, then fried in the same oil as the "griot". "Bananes pesées" and "griot" are usually offered for sale by road-side vendors as a sort of local fast food.
7. Lakous: Creole for "la cour": the yard where Vaudou ceremonies are held.
8. Mambo: Vaudou priestess.

LOS SOBREVIVIENTES ∽

Yanick Lahens (1953–)

El segundo peldaño de la escalera que lleva a las habitaciones rechina todavía como en la tarde del 15 de mayo de 1968. Al primer rechino, ayer, después de tantos años, volví a ver el rostro de Etienne, el de Pablo. De todo me acuerdo como si la distancia y el tiempo no hubieran contado. Esa noche ha quedado en mí como una inmensa marca de sombra y de sangre que me ha cegado al punto de haber hecho difícil todo regreso a Etienne o a Pablo antes de hoy. Desde aquellos años, mis palabras no han dejado de tropezar sobre caminos cerrados de espesos matorrales. Sin embargo, yo sé que esta tarde mis palabras no me dejarán, que mantendrán el camino a pesar de las espinas bayas, a pesar de las zarzas de la maleza.

He encendido la radio, viejo hábito para burlar el espectro del silencio. Fuera, la cuidad está encerrada en una oscuridad pesada. He corrido las cortinas a propósito, como una última muralla contra los ruidos de la noche. Aquí me encuentro nuevamente solo. Solo con el rostro de los fantasmas, los de los ausentes y los de los muertos, intentando todavía jugar un rol entre las sombras, intentando sobre todo comprender. Todos habíamos franqueado, Etienne, Pablo, los otros y yo, esas líneas de demarcación más allá de las cuales la comprensión se pierde en un torbellino de interrogantes y conjeturas.

Era una noche de luna llena. Etienne había arrojado dos guijarros contra la ventana de mi habitación. De eso sabía bastante. Se encontraba con Pablo, mi mejor amigo. Aunque tres años mayor, se mostraba complacido de estar con nosotros desde hacía tiempo, jugando el papel de un Pigmalión de gran corazón. Todo en él expresaba ese sentimiento de desafío, de contrariedad contra los principios inmediatos de la existencia. Desconfiaba del compromiso, eso que la gente honesta llama la razón y el buen sentido. Al sentido común él prefería el heroísmo, a la tranquilidad de la razón el honor del riesgo. Con frecuencia nos quedábamos largas horas en esta habitación, Etienne, Pablo y yo, apilando sueños, construyendo estrategias alrededor de la decena de libros esenciales a nuestros ojos para sojuzgar la tristeza, amoldarla o enfrentarla resueltamente. Los libros nos abrían un mundo donde el dolor no desaparecía sino que se callaba un momento para dar lugar al levantamiento de la esperanza y del sueño. Pero ninguno de nosotros tres conocía todavía la locura o el dolor. Tampoco nos habíamos acercado a la muerte. Ella todavía no nos era familiar. Éramos inocentes, inmaculados, jóvenes. La ciudad todavía no nos había jalado bruscamente hacia sus polos contradictorios, no nos había elegido todavía para dar cuerpo a sus sueños más insensatos.

Y hoy que los más puros de nosotros ya no estamos, que la vida ha cesado de ser esta balanza donde el orgullo y la humildad tienen partes iguales, Etienne falta en las calles, acostumbradas como estaban a ver errar su gran cuerpo delgado y su ligereza de ángel, en las reuniones entre amigos falta a su vez el apretón de manos fraternal de Pablo, sus ojos risueños y su bondad inconmensurable.

Esos dos golpes repetidos contra mi ventana habían sido acordados por nosotros como una señal o como una manera de identificarnos. Iban a abrir grandemente el camino de la prisión, del exilio, de la clandestinidad. Pero más que de la prisión, la clandestinidad o el exilio, iban a abrir el de la locura y de la muerte.

Yo estaba en una situación delicada en esa época, preso de presiones de todas partes. En el grupo una escisión se estaba gestando. Estábamos en desacuerdo sobre las líneas de acción a adoptar. Yo pertenecía al pequeño grupo de los que juzgaban la acción prematura y dejada a la suerte. Etienne, contrariamente, se había unido a los otros rápidamente. Los que querían inmediatamente pasar a acciones de conmoción. Mientras que él, Etienne, quería afrontar la bestia cuerpo a cuerpo y pagar otra vida con la suya para así mantener a la justicia viva y fuerte, otros estaban prestos a cometer otras injusticias para reparar las viejas. Este malentendido aparecerá a plena luz a medida que él acumule errores frecuentemente groseros a lo largo de su combate desesperado y solitario. A pesar de esos errores, jamás habíamos evocado Pablo y yo nuestra sagacidad o una lucidez cualquiera. Jamás habíamos visto en él ese rebelde presuntuoso, ese mitómano egocéntrico que pensaba poder sustituir a la disciplina de los partidos, al rigor de las ideologías. Los otros camaradas habían empezado a desconfiar de él. En este rechazo obstinado a plegarse, inclusive cuando era golpeado, tratado con rudeza, incomprendido en ese rechazo sordo y grave de las verdades todas hechas, aparecerá cada vez más ante sus ojos como una planta bella pero venenosa, una bestia rara pero peligrosa de la cual era necesario protegerse para no ser devorado o envenenado uno mismo. Etienne encarnaba la figura del que se bate solo. Su gran fuerza y su coherencia se encontraban en alguna parte lejos de la organización de un partido político. Se encontraban en su ardor ciego. La acción se había convertido para él en vértigo y obsesión. Había aceptado la lucha como una voluptuosidad para consumirse en un peligro perpetuo. Avanzar se había convertido para Etienne en una urgencia como si la mínima parada hubiera significado su propia pérdida. El objetivo se transformó cada vez más en un espejismo a medida que se hundía en ese universo donde ninguno de entre nosotros podía unírsele. Vivió la aproximación de la muerte como la de la tierra natal. Pero pocos de entre nosotros lo habíamos comprendido. Llevados como él sobre una ruta de la cual creíamos prever las sinuosidades y desviaciones, no avanzábamos sin embargo más que a retrocesos. El trazado no se nos apareció hasta después, una vez que los dados fueron arrojados.

Seguros de lo que llamaban su experiencia, mi tío, mi tía Céfisa y mi madre suplicaban que no me metiera en lo que no me importaba. El mundo entero se reducía a imágenes sin grandeza y sin relieve. Confrontados a nada más que su existencia cotidiana, no tenían ningún medio de comparación. Pecaban no por maldad sino por falta de imaginación. La experiencia en ese caso preciso consistía en siempre estar mirándose el ombligo, en jamás haber dicho sí con vehemencia o no con un fervor no menos igual. Leonardo Dolvé no concebía el mundo fuera de su trabajo de tercera categoría en la alcaldía. Mi madre y mi tía evocaban al Todopoderoso para explicar todos los eventos de la vida nacional. Mi prima Inés nunca había comprendido nada fuera de desrizar y de peinar el cabello de las mujeres, de teñírselos y de escucharlas hablar de sus domésticas, de las infidelidades de sus esposos o de los sarampiones de sus hijos. Marcel, el mayor de mis primos, había visto en la medicina un trampolín inesperado y ahí se enganchaba ásperamente. Claudio, el más joven, era el único que me miraba diferentemente. Pero nunca había yo querido confiarme a él con miedo de que no me comprendiera, con miedo sobre todo de que una eventual incomprensión no me dejara ninguna esperanza más entre esos muros.

Con mi padre muerto desde hace bastantes años, fue Leonardo Dolvé, mi tío maternal, quien se había enterado por un amigo recientemente nombrado en un ministerio de que yo tenia encuentros sospechosos y que se tenía el ojo puesto sobre mí. Con la llegada de Elifeto Noel, me acurruqué detrás de un mueble sobre el rellano a fin de observar la escena sin ser visto. Elifeto Noel se mantenía de pie en el centro del salón, cuando lanzó en voz alta:

—Tu sobrino rehúsa mantenerse tranquilo. Él y sus amigos están dando guerra.

Mezclada con la amistad que siempre les había manifestado, los Dolvé percibieron en la voz de Elifeto Noel una autoridad que no le conocían hasta ese momento. De esas nuevas funciones que desempeñaba desde hacía solamente semanas, tenía ya el porte, los gestos y la voz. Mi tío farfulló palabras apenas audibles para explicar mi inocencia y adular mis virtudes. Mi tía, que se les había unido, consintió tímidamente a las intenciones de su esposo, meneando la cabeza a veces. Únicamente mi madre se quedó impasible, incluso cuando Elifeto Noel insistió una segunda vez.

—Leonardo, te conozco desde hace mucho tiempo. Dile a Lucien que no se meta en lo que no le importa.

Él quería visiblemente impresionar al tío Leonardo, a la tía Céfisa y a mi madre. La tía Céfisa había sacado su pañuelo cuando se oyeron las primeras palabras de Elifeto Noel y sollozaba en silencio. Observando el rostro de mi madre, comprendí que ella había ya invocado a Dios y que ella sumergía en este diálogo interior la serenidad que se leía sobre su cara. Mi tío se había instalado a hablar, a hablar demasiado como todas las veces en que la emoción le agobiaba y lo abrazaba al punto de arrebatarle toda voluntad. Este mismo tío que sabía tan bien hacer caminar su mundo al pie de la letra, que exigía a mi tía una sumisión muda, que se mostraba contrario a todos nosotros con una severidad extrema, había temblado, impresionado por lo que, inesperadamente, este Elifeto Noel, que él conocía sin embargo desde hacía mucho tiempo, representaba ahora. Mi tío estaba a punto de caer arrodillado. Ahí bajo nuestros ojos, mi tío se abatía, el miedo en el vientre, con la cola baja como un perro. Y cada miembro de esta familia debía tener cuidado de no caer en vértigo de su propia debilidad y caer seguidamente. Cada uno debía ayudar pesadamente al otro a no ir más profundo que la tierra. Yo llegué a detestar esta escena, pero, todavía me acuerdo hoy, ninguna de las vivas emociones que experimentaba mi madre en ese instante se pudo leer en su rostro. Entonces, a Elifeto Noel lo invadió una duda sobre su propio juego. Tomó la decisión de convencer a mi madre para escapar a esa duda, lo que no tomaría más de unos instantes:

—Él siembra el desorden—retomó levantando la cabeza de un lado como si quisiera darse importancia y mirando en alto.

Pero nada se hizo. Mi madre guardó un silencio que rápidamente se hizo intolerable. No había nada en su mirar que pudiese dejar conflicto, ni lágrima ni reproche. Elifeto Noel, desconcertado, habló de la lluvia y del buen tiempo, inquietándose por la salud de mi tía, de los reumatismos de mi madre. Su reír desplazado, casi increíble en su rostro, estallaba ruidosamente en medio de frases que apenas osaba pronunciar mi tío. Elifeto Noel había jugado hasta el fin su rol de Providencia. Se permitió esta bondad de ocasión como un lujo.

Pero los días iban a cerrarse sobre Etienne, Pablo y mí como una puerta que no se abrirá más.

⌒

La tarde del 15 de mayo, yo exhibí toda la habilidad de la que me sabía capaz para no despertar a Claudio con quien compartía la habitación, a mi madre o a uno de los cualesquiera ocupantes de la casa. Antes de ir a la escalera, quise asegurarme que se trataba bien de Etienne y no de algún golpe montado por la policía política. De la única ventana del rellano, investigué los menores escondrijos del patio.

Era una noche clara. La luna llena volaba detrás de las nubes. La silueta de Etienne se divisaba netamente en el paisaje. Estaba parado bajo el manguero del jardín, con la espalda encorvada, la mano izquierda en el bolsillo de su pantalón. Con la mano derecha acariciaba y volvía a acariciar su barba naciente. Fruncía el ceño y, unos segundos después, abría los ojos singularmente. Comprendí con estos gestos que Etienne estaba terriblemente triste. Conocía suficientemente a mi amigo para saberlo. Encendí dos veces seguidas la linterna para responder como acordado a la señal de Etienne. Después, bajé con precaución a la planta baja.

Mientras que Etienne habitaba en Villa Petión, no lejos de la iglesia de San Pedro, Pablo se había mudado de San Marcos para instalarse en mi barrio cuando él tenía doce años. Etienne siempre había vivido en una casa rodeada de un jardín y de un seto de buganvilla entre su padre, su madre y sus dos hermanas. En materia de gustos, la señora Berri, la madre de Etienne, se fiaba de los cánones definidos por la moda y los catálogos y juzgaba con desconfianza toda obra que no figuraba en *Jours de France* o *Paris Match*. Ella acechaba los casamientos desiguales como la peste (cuestión de pigmentación y de dinero) y empleaba sus energías en no perder jamás de vista la línea de demarcación que separaba la buena sociedad, primero, de esos que ella llamaba "esas gentes" y enseguida, de la gran mayoría francamente común. También netamente estratificada, la ciudad en el corazón de la señora Berri continuaba tranquilizadora y clara. La familia de la señora Berri era bien negra por la parte maternal, pero desde que una abuela se había casado con un comisionado alemán de paso y que se había hecho generosamente pagar indemnizaciones por uno de los gobiernos del final del diecinueve, ella había querido transmitir a su descendencia la arrogancia que confieren en esa isla algunas gotas de sangre alemana. Así nacían las burguesas y el olvido.

Bajo recomendación de Etienne, yo había obtenido un empleo de tutor con sus dos jóvenes hermanas. Mi tío acababa de perder su puesto en la alcaldía.

Toda la familia vivía de las escuetas entradas de mi madre y de los trabajos de costura que incansablemente mi tía ejecutaba con una vieja máquina *Singer*. Fuimos privados de la electricidad durante largas semanas. Una vez cuando la noche apretaba, Claudio, Inés y yo preparábamos nuestros deberes debajo de los faros de la pequeña plaza no lejos de nuestra casa. Marcel apenas acababa de partir para los Estados Unidos. Sus escasos dólares todavía no caían milagrosamente todos los meses. Durante ese período, nos contentábamos todas las tardes con una papilla condimentada con un poco de canela para evitar el hambre. Nos dormíamos a pesar de todo, los ojos llenos de sueños gloriosos, utilizando todos los artificios para ocultar nuestras tristezas a los vecinos.

Sin sospechar de los grandes sueños que me acercaban a su hijo, la señora Berri persistía en ver en mí ese joven hombre con un futuro prometedor del cual Etienne podría servirse algún día. Ella no sospechaba tampoco que cuando su hija mayor se ponía vestidos y blusas tan transparentes que se veía su carne morena, un poco rosada, que yo soñaba riendo de placer con hincar mis dientes ahí. La señora Berri se preservaba de duda y protegía su universo imaginándome instruido, corruptible y asexuado. En cuanto al señor Berri, había acumulado una fortuna suficiente para permitirse no golpear su naturaleza profunda. Así como para protegerse, recibía las señales del confort con distancia e ironía. Ya no se dejaba herir por ninguna de esas cosas que uno llama el deber convenido y la decencia aburrida. Él estaba sobre todo nostálgico de esa libertad que desaparecía tan velozmente bajo nuestros ojos con la profusión de bienes: la de poder caminar en las calles, de beber en los cafés anónimos o de sentarse en lugares públicos. Tal era, quizás, el hombre de quien Etienne había aprendido el gusto de la escuela vagabunda y sobre todo el de no guardar el alma anclada a este mundo. Y fue bajo su influencia que a los dieciséis años Etienne cambió. Madurado o envejecido serían los términos exactos para describir esas transformaciones que operaron en él. Han sido rápidas, brutales, a la manera de una tempestad o de seísmo. Su mirar no ha sido el mismo y no reflejó más los paisajes de la infancia. Ciertos movimientos suyos tomaron cursos nuevos. Otros excavaron su asiento más profundamente en él. Esas imágenes tomadas de la geografía captan bien ese carácter que desde entonces no cesó de perfilarse: desplomes, emergencias, destrucciones también.

Qué decir de los padres de Pablo sino que se parecían a los míos y que la complicidad se hizo más fuerte entre nosotros dos. Yo lo amaba primero porque él conocía cantidades de cosas que yo desconocía. Él sabía nadar, era imbatible en el concurso de hondas, conocía tres o cuatro acordes que él desgranaba infatigablemente sobre un instrumento de su fabricación: un barril usado de aceite, de forma rectangular perforado con un hoyo en una de sus caras. En una extremidad, seis cuerdas estaban enrolladas alrededor de pequeños anillos metálicos al final de un mango de madera. Esa guitarra había sido durante más de seis meses la admiración de todos los adolescentes del barrio.

Pero Pablo conocía sobre todo numerosos cuentos y leyendas, el nombre de las plantas, el de los árboles y los secretos de los animales a los que el joven adolescente que yo era, educado en la gran ciudad, nunca había prestado atención. Pablo había aprendido todas estas cosas del cielo y de la tierra de su abuelo y de su abuela que vivían todavía a algunos kilómetros de San Marcos.

Al principio de nuestra amistad, Pablo y yo pasábamos tardes enteras sentados sobre uno de los bancos de la pequeña plaza no lejos de nuestras casas. Habíamos terminado por conocer cada piedra de ahí, cada arbusto. Nos sentíamos también indispensables para ese lugar como él era para nuestros ojos. Mirábamos pasar las muchachas y los carros. Nos prometimos tener muchas mujeres, hijos y ser ricos algún día.

Más tarde, habíamos adoptado la costumbre de ir todos en *tap-tap* hasta el Río Frío. Amábamos esas escapadas improvisadas lejos de la ciudad. Algunas veces prolongábamos nuestros paseos del lado de Mariani para comer caracolas, *griot* y bananas grandes.

La primera vez que llegamos de vacaciones por algunos días a la casa de los abuelos de Pablo, julio estaba en sus últimos días y se extendía lentamente hacia agosto, el corazón de la estación. Al primer despertar, yo había saltado fuera como una fiera lista para tomar posesión de toda la energía del mundo. Las últimas horas de la tarde nos sorprendían algunas veces sobre el puerto de cara al mar, tumbados apretadamente el uno contra el otro, aglutinados como medusas sobre el malecón. Mientras evocábamos a nuestros poetas favoritos, Rimbaud, Saint-Aude, Baudelaire, algo en esa intimidad tibia nos recordaba que aún estábamos cerca de la infancia. Y desde entonces no había habido más que un solo día largo y grandioso hasta nuestro regreso a Puerto Príncipe.

A la caída de la noche, escuchábamos en silencio las historias que contaba el abuelo de Pablo, Difícil San-Jacobo. Difícil San-Jacobo no conocía su edad. Había nacido antes de este siglo. Su memoria se confundía con la savia de los árboles, la sangre de las vías, los cabellos de los melancólicos y las orejas del viento. Cascadas de risa inflaban a menudo su boca cuando nos contaba historias. En el curso de una de esas tardes yo hice, me acuerdo de eso, más preguntas de lo acostumbrado a Difícil San-Jacobo. Estimando que yo había ido muy lejos, el anciano había hecho una pausa y me había respondido oculto detrás de los círculos de humo de su pipa:

—Sabes hijo mío, hay cosas que es mejor no saber, historias que es mejor no contar porque la tristeza las habita.

Contrariamente a Pablo, no acepté esas sombrías palabras que me reducían injustamente al silencio y reforzaban ese miedo agazapado en el fondo de mi ser desde mi más tierna infancia. Pues, se trataba del miedo que ese anciano, como otros lo habían hecho antes que él, se debía de enseñar al adolescente que yo era para que el adulto que yo llegaría a ser más tarde continuase llevándolo en él y usándolo en su momento contra otros adultos y otros muchachos. Ese corto sobresalto me exaltó siempre a pesar de los temores de una completamente nueva naturaleza de la cual sufriría los asaltos asiduos.

Etienne se nos unió en esa época donde no habríamos faltado por nada en el mundo a un festival de música de Nemours Juan-Bautista o de Weber Sicot en el Teatro Rex o las ferias en el Club Camaradería o en otras partes. Toda la pequeña burguesía de Puerto Príncipe se precipitaba a las puertas de esos lugares de diversión pura, donde uno se arrojaba con avidez a la más inmediata apariencia.

Después vino el tiempo de la revolución y de los burdeles. El tiempo donde nos acercamos al polo jugador y al magnetismo sensual de la ciudad. Muy velozmente el disfrute nos enseñó que teníamos un cuerpo y que debíamos contar con él. Fue la edad donde nuestras madres ya no nos besaban o habíamos dejado de sentir sus perfumes. Nuestros olores nuevos nos bastaban. La edad en que habíamos comenzado a interesarnos en adolescentes que servían en las casas del barrio así como en las jóvenes muchachas de esas mismas casas. La edad en que amábamos hablar alto y fuerte, donde nos jurábamos y evocábamos los muslos y los senos de las mujeres desde el primer momento en que pensábamos que estábamos solos. Recorriendo uno después del otro todos los burdeles de la zona de Carrefour: Royal Cabaret, Ansonia . . . , descubríamos con sorpresa los asaltos de una carne que no obedecía más que a sí misma. Mientras que nuestra piel emprendía la ruptura de las barras de su prisión, nuestros corazones se nutrían por el mundo de sueños insensatos. Todo lo que sostenía el edificio de la sensualidad estrecha: la culpabilidad, la vergüenza, la hipocresía burguesa, voló en pedazos. Al menos lo creímos ciegamente cuando conocimos nuestras primeras desnudeces compartidas.

Y en conjunto Pablo, Etienne, y yo discutíamos problemas de la hora, persuadidos de poder ir bastante más lejos que nuestros primogénitos pero sin sospechar que sólo nos deparaban pruebas y locuras nuevas. Pues si estábamos mentalmente desgastados, nos faltaba el encaramiento. A pesar de nuestros sueños o quizás a causa de ellos, del mundo no teníamos más que un conocimiento de segunda mano. Nuestras vidas hasta ese entonces eran pobres en peligros afrontados. Para compensar esa falta, transformábamos nuestras experiencias inocentes en aventuras fabulosas en donde era cuestión de vida o muerte, como para experimentar a la vez el sentimiento destructor de nuestra insignificancia y la celebración exaltada de poder remontar el mismo a través de actos de bravura y locura. Íbamos a tener la oportunidad desde esa noche del 15 de mayo de medir los términos honor, coraje y cobardía. Sólo algunos de nosotros pudimos estar a la altura de sus exigencias.

—Yo estoy marcado—había dicho Etienne sobre el umbral de la casa.

Netas, frías, distintas, esas tres palabras habían caído como un cuchillo. Me había quedado de pie algunos segundos en el umbral de la casa, no sabiendo exactamente qué decir ni como reaccionar. La luna mostraba su espalda redonda detrás de las nubes y nos miraba a los dos sin comprender ella tampoco.

Yo había respondido con palabras ridículas como lo son siempre que la tristeza hace una mueca y quiere obligarnos por la fuerza a bajar la cabeza y a doblar las rodillas. Etienne pidió quedarse a cubierto en la casa hasta el amanecer. Nos habíamos instalado sobre el suelo, la espalda contra el muro. Sacando por la circunstancia dos vasos y una media botella de ron, yo no cesaba de reflexionar sobre los gestos indispensables a cumplir en las próximas horas. Pero no dije nada, queriendo dejar hablar a Etienne primero. Bebimos los primeros tragos en ese silencio que ya se establecía entre nosotros como tristeza. Frecuentemente en el pasado, nos habíamos entrenado para respirar a esas alturas difíciles como si siempre nos hubiéramos esperado más que temido esas inevitables amenazas en el transcurso de todas esas noches y jornadas pasadas juntos, cambiando el curso de las cosas y desafiando el destino. Pero como para un cuadro acabado, esos actos no eran hasta entonces más que un simple esbozo. Etienne había añadido meneando ligeramente la cabeza:

—Desde esa detonación accidental en la casa que habíamos escogido como refugio nocturno, ya no estoy seguro de nada.

—Si comprendo bien, pues, los otros no han perdido un solo minuto. Sus mínimos desplazamientos, sus gestos más insignificantes y hasta su respiración estaban controlados.

—Tengo la impresión de eso.

El aire se había enrarecido, suspendido en nuestros gestos, en las menores inflexiones de nuestras voces. Etienne me había expuesto la situación rápidamente. Esa detonación había precipitado el desencadenamiento prematuro de esa famosa y peligrosa operación que había dividido tan profundamente al grupo. Al escucharla, pensé en todas las consecuencias que todo movimiento engendra. Esa también formaba parte de los riesgos del negocio. Ese pensamiento me dejó tan rápidamente como había llegado. Yo quería antes que nada salvarnos a todos, a Etienne, a Pablo y a mí.

Etienne era un luchador ciego. No vislumbraba un pensamiento que no pudiese ser seguido inmediatamente de la puesta en marcha del mismo. Era leal, entero, impulsivo. Demasiado impulsivo seguramente para que se le haga responsable de esos juegos de la historia en donde se trata antes que nada de no perder. Ahora, Etienne siempre había pensado en su arresto o en su muerte prematura como un hecho ineludible, una fatalidad sobre la cual él no triunfaría sino que de alguna forma lo salvaría. Parecido al meteorito desprendido de un planeta, hacía ya bastante tiempo que en sus propios ojos él no dejaba de caer. Esos recientes eventos no hacían más que confirmar esa derrota ya inscrita en él. Su razonamiento siempre había carecido de ese tercer término que permite a algunos seguir hasta la victoria y sostenerse más allá de ella. La revolución era para él un sueño, nunca hubiera consentido en hacer de ella un oficio.

En muchas ocasiones Etienne había vuelto a la misma idea:

—Lo esencial es guardar la conciencia intacta. A veces inclusive libre, uno debe restringirse, privarse. Nunca tendrán eso.

Se había tocado la cabeza y el pecho. La emoción que era ya muy fuerte aumentó considerablemente cuando le pregunté entre dos sorbos de ron:

—¿Qué pretendes hacer?

Etienne prosiguió sin responder a mi pregunta:

—De todas formas, incluso la muerte se hace más fácil cuando uno ha escogido afrontarla, porque no hay nada que perder. Se ha ganado todo porque se es libre.

Las palabras rebotaban sobre los muros. Yo las veía casi tomar forma, ahí bajo mis propios ojos para ser en seguida devoradas por la noche. Etienne había puntuado esas frases con un movimiento de cabeza. Otras más claras, otras más precisas habían seguido las primeras. Yo no quitaba los ojos de sus manos que según su hábito enfatizaban exageradamente cada sílaba. Era evidente que teníamos miles de cosas qué decir y que no habríamos tenido ni el tiempo ni el valor de decir la mayoría.

Después de un momento, se levantó bruscamente y caminó hacia la ventana. Entonces me apareció la evidencia al mismo tiempo que la vulnerabilidad de ese cuerpo humano hecho de carne, hueso y sangre. Ese cuerpo que podía ser herido, que podía sufrir, que deseaba y que afirmaba también su dignidad en ese instante cuando estaba ya tan cerca de la humillación, a algunos pasos de la muerte. Etienne se golpeó mecánicamente el puño derecho contra la palma de su mano izquierda, después se detuvo un instante como para fijar una imagen fuera. Su cuerpo todo entero se tendió, parecido a un arco. Se hubiera podido creer que quería romper la noche en fragmentos. Cuando se volteó para sentarse de nuevo, yo estaba estupefacto. Ahí estaba la muerte en los ojos de Etienne. Tan irracional y exagerado como pudiese parecer, tenía en sus ojos el anuncio de todo lo que iba a suceder y la confirmación de todo lo que ya se había desarrollado: la tragedia nacida con él, el sueño que se hundía y el destino que iba a perseguirlo y encarnizarse sobre él hasta el fin. Se hubiese dicho que él ya dejaba este mundo, hechizado por el canto de la muerte. Estaba silencioso como un loco, tranquilo como un hombre que va a morir. Y yo, su mejor amigo, fui incapaz de alargarle la mano para atraparlo en su caída.

Etienne dejó la casa a eso de las cuatro de la madrugada diciéndome sin creerlo mucho:

—Hasta pronto.

No respondí. Después de un abrazo, lo miré partir. La noche se había abierto a su paso, sus pasos que nunca se borrarán en el espesor de la oscuridad. Etienne no habría comprendido ninguna de mis miradas, ni ninguna de mis palabras. Él ya había atravesado la vida y caído al otro lado del dolor y del miedo.

A lo largo de las horas que siguieron la partida de Etienne, pensé en la noche de la elección. Famosa si fuese para los anales que no se escribirán quizás jamás. Y preciosa también porque se me figura que fue esa noche que Etienne decidió abandonarse y precipitar su caída. De esa noche, lo que guardo como recuerdo está conforme con un combate.

El reencuentro tenía lugar en el mes de noviembre precedente, en el aula de clases de una escuela. La casa daba a dos pequeños patios. El de delante comunicaba directamente con la calle. El de atrás, poco frecuentada a causa del olor pestilente de una fosa séptica de la casa vecina, llevaba a la calle por un corredor estrecho y sombrío. Habíamos escogido esa casa a propósito debido a sus innumerables salidas. En la reunión tomaban parte numerosos antiguos camaradas. Etienne se mantenía erguido contra la puerta de entrada. Fumaba nerviosamente, no respondiendo con su acostumbrado calor a los saludos de unos y otros. Tenía un aire extraño. En el fondo de la sala estaban, por supuesto, Pablo, Julián, y Denis.

Julián, nacido en ese barrio de la pequeña burguesía comprendido entre el callejón Rey y la plaza Jeremías, era capaz de las más grandes proezas para nada más que reinar sobre los demás y encontraba en la política un bálsamo para sus fracasos y rencores secretamente sostenidos. Estaba ávido de poder y sabía maniobrar a los hombres con una habilidad desconcertante. Pero, si la idea de dar órdenes a otros lo exaltaba, recibía con una sumisión casi vergonzosa las de Denis. Ese hijo de mulatos arruinados descendía de un linaje prestigioso por el nombre. Se sentía orgulloso y adulado por esa sumisión de Julián quien honraba a sus ancestros de esa forma y les rendía de nuevo un cierto culto. Denis no se había embarcado en esa batalla más que para oponerse a los que, con las garras afuera, intentaban tan groseramente tomar el relevo de sus abuelos. Compartía con Julián el mismo odio por algunos individuos. Ese odio los mantenía en pura fraternidad e iba a condenarlos a acciones sin grandeza. Ellas se revelarán en el futuro, tan cortas como las pasiones que los sostenían. Después de años vividos juntos en el liceo, nos habíamos reencontrado en la universidad, unidos, lo pensaba en ese entonces, por los mismos sueños, las mismas esperanzas. Sabía que Etienne esperaba ser elegido para tomar la dirección de ciertas operaciones. Sabía también que sus posibilidades eran muy escasas. Se lo había hecho comprender. Él no lo quería entender para nada. Ya había hecho sus pruebas y contribuido a la puesta en marcha de una red para acciones peligrosas que esperaban a su grupo y de eso se asía.

Cuando llegó su momento, logró, en espacio de algunos segundos, ahogar con su voz tonante y grave todas las conversaciones. Habló cerca de una media hora sin parar. Creí por un momento que le iba a dar un síncope. Él que amaba jugar con su auditorio, fastidiarlo como un conductor en una jaula, explicó la política como un sueño. Julián, Denis y sus aliados de la tarde se le oponían en la estrategia, en la lucha por el poder y en el justo análisis de las contradicciones. Ese pequeño juego duró más de dos horas. Dos horas durante las cuales tuve el gusto de descubrir la arrogancia de Denis y de Julián. Se asemejaba extrañamente a la de los otros, los que por el dinero, las mujeres y la mística del jefe se mantienen de única fe. Y contrariamente a lo esperado por Etienne, la mayoría de las voces se unieron al profesional de la política en el que se había convertido Denis. Hasta entonces, mi escogencia entre familias de hombres y las de pensamiento había sido clara. Había, por un lado, los negociantes tan desprovistos de imaginación que yo me sentía forzadamente distinto de ellos. Por otro lado, los que por acrecentamiento de imaginación realizaban una forma de mortificación para alcanzar un día la materialización de sus sueños. Si yo había sido hasta ese momento de los suyos, me decepcionaron amargamente esa tarde, tanto como los otros.

Durante las semanas que siguieron, vi a Etienne transformar ese revés electoral en victoria. Se puso a disfrutar de ese fracaso como de la confirmación de su diferencia, de su demasía de alma pero sin dejarlo jamás mostrarse verdaderamente. Etienne era orgulloso sin fanfarronería ni vanidad. Continuó participando en actividades más o menos peligrosas del grupo pero su vida personal fue totalmente trastocada. Había dejado una marcha fraternal de la cual guardaba todavía profundamente la nostalgia como de un momento íntimo. Ya había empezado yo mismo mi marcha solitaria y había aprendido a callar la nostalgia desde ese famoso incidente en el último curso del liceo. Ante una de las numerosas diatribas del profesor Mirabeau sobre el nacionalismo y los dioses de la raza, yo había respondido que enseñaría más tarde el amor de todos los dioses y de todas las patrias. En esa época, mi respuesta no había sido recibida solamente por el profesor Mirabeau como un insulto o una provocación. Me había tocado defenderme a los ojos de mis camaradas ante un pequeño tribunal improvisado, de las contradicciones principales, de las contradicciones secundarias, del carácter secundario de las contradicciones principales . . . Me había prestado a ese tribunal un poco como juego y mucho por lo que se tiene costumbre de llamar la culpabilidad de la pequeña burguesía. Y de eso había sonreído, pues si no estaba seguro de haber actuado bien, tenía al menos la certeza de haber actuado como yo quería. Sus palabras no habían podido refrenar mis emociones. Ellas estaban ya ofrecidas en otra parte, fuera de la ciudad. Sin saberlo, yo acababa de dejar las filas. No debía jamás volver a meterme en el paso.

Como consecuencia de esa tarde de elección, vagabundeó sobre el rostro de Etienne una sonrisa fatal y desenvuelta de ángel revoltoso. De su cuerpo emanó la gracia de los que no van a retardarse, que van más bien a desaparecer. Su belleza, que hasta entonces hacía voltear a las mujeres a su paso, provocó un extraño revuelo y casi espantó desde el inicio. Él exponía su decaída con un aire de desafío. Su apariencia se transformó sin que ninguno de sus camaradas se hubiera dado cuenta. Los informes y las conversaciones con ellos se revelaron cada vez más difíciles, hasta imposibles. Él que siempre había hecho alarde de una elegancia muy neta, ofreció en ese momento una negligencia inquietante. Etienne pasaba varios días sin afeitarse, exhibía camisas con el cuello gastado, zapatos estropeados. Cuando leía sin detenerse, no imponiendo tregua más que para escribir en sus cuadernos que apilaba en una mesa. Lo que fuera que hiciera, siempre había algún trabajo que se perseguía sin descanso en su cabeza. No trabajaba únicamente en su mesa, sino por todas partes y de la mañana a la noche, en la calle, errando durante horas, hablando con desconocidos, escuchándolos, comiendo cualquier cosa, en cualquier parte. Siempre buscando alguna cosa que pudiese llevarlo más lejos todavía, él cortejaba a las mujeres. Buscó la vida en los senos de las mujeres, el calor de la vida entre sus muslos, el dulzor de la vida en sus labios. Descubrió en el vientre de las mujeres el disfrute que duerme las heridas y pacta con la muerte. También bebió mucho, en los bares, en las barras, casi siempre solo, como para reanudar con lo que había de más triste en él. Bebía para sentirse solo, para confirmar su soledad. Las barras en las esquinas de las calles, los bares y los burdeles, todos esos lugares llegaron a ser las arenas que él atravesó como una estrella huyente e indómita. Viviana, su compañera, fue quizás la única que pudo haber visto abrirse, sin comprender verdaderamente, las puertas de su infierno interior.

Y yo, desde ese incidente, me esforcé en encontrar la clave del empeño de Etienne o de lo que me parecía como el desespero libremente abrazado por un ser que gozaba sin embargo de una innegable seguridad, que nunca había sido amenazado en su esencia y que decidió un día de buen grado apostarle todo a un sueño. Hasta ahí yo no había visto en Etienne ese individuo que se quería pobre y desposeído, él que no lo había sido jamás como para disculparse de cara a los verdaderos pobres, los que lo son desde siempre, por un defecto original. Cuando le comenté mis inquietudes en ese encuentro que yo le había fijado algunos días más tarde, él me respondió sin sombra de vacilación:

—Bueno, figúrate que yo no seré jamás viejo, así pues inútil para mí ser sabio hoy. He decidido apostarlo todo ahora antes que mi juventud pase y que tenga la certitud a los cuarenta o cincuenta años que los hombres no aman ni la verdad, ni la libertad. Porque entonces será muy tarde y no tendré fuerza. Los hombres como yo mueren solos, incluso si tienen amigos que los aman, incluso si tienen una mujer que los hace felices.

Fumaba más de lo acostumbrado, teniendo frecuentemente sus cigarrillos entre el pulgar y el índice aspirando con todas sus fuerzas. La mano que sostenía el cigarrillo temblaba un poco, la otra estaba puesta sobre su rodilla y su voz estaba calmada cuando prosiguió detrás de una espesa nube de humo:

—Y después acuérdate de una cosa: alguien como Pablo también dejará plumas. Él no es suficientemente malo, ignora la mezquindad y la acritud. Él no irá tan lejos como sus manipuladores. Quiero hablar de Julián y Denis. Porque, ves tú, el verdadero manipulador no golpea. No tiene necesidad de golpear y lo más común es que no tenga coraje. El manipulador no es un guerrero. Le basta hablar para intimidar, aterrorizar. Y para Julián y Denis, sobre todo no intentes nada. Ya no vale la pena salvarlos. Para Julián y Denis, es el fin. Es demasiado tarde. Están perdidos.

A partir de ese día, acompañé a Etienne en sus salidas. Yo tenía la ilusión de poder todavía impedir que se cayera. Conocíamos mujeres y bebíamos. Marchábamos en las calles y bebíamos, mezclando a menudo en nuestras palabras la embriaguez y la ironía, esa arma de los débiles. En los diversos rituales a los cuales asistíamos en los barrios de las faldas de la ciudad, fraternizábamos con el mundo de los recintos, de las planicies y de los claros. Nos acercábamos a las pulsaciones puras de esos dioses violentos de giro a giro, sensuales y sabios. Y una tarde en el Bel-Air una bruja vudú nos ofreció talismanes para protegernos de los malos aires, de los maleficios, de la ciudad y de los sortilegios. En esos momentos, el alcohol impedía a Etienne saborear hasta el fondo su amargura y ofrecía a su corazón que cedía la ocasión de un último sobresalto. Sobrios durante el día para todavía despistar a los amigos, bebíamos durante la noche, durante esas únicas horas que no vivíamos a la ligera. El gusto de la noche entró profundamente en nosotros. Bebimos noches enteras, fijando la mirada en el cielo ciego hasta el punto en que no hubiese más que la embriaguez, las estrellas y la noche. Puerto Príncipe en el esplendor ardiente de la noche y del alcohol. La noche que hace cantar los recuerdos, la noche que colorea los rostros, la noche que hace bailar el alma. La noche que ofrece todo, que permite todo.

⌒

Algunas horas después de haberse ido Etienne, Viviana había venido a mi casa a indagar las noticias. Para tener al fin una evidencia después de esas horas de espera que le habían parecido interminables. Se había quedado un momento en la galería conversando con mi madre. Viviana había debido inventar sobre el terreno un pretexto para esa visita tan matinal y citó el título de un libro que había venido a pedirme para preparar los exámenes del mes de junio. A juzgar sólo por la mirada de mi madre, me di cuenta de que ella no estuvo engañada. Ella me lo confesó más tarde y dijo que no me llamó más que porque sintió en la voz de Viviana que un peligro nos amenazaba.

Cuando estuvimos solos, Viviana se apresuró a preguntarme en voz baja:

—¿Dónde está Etienne?

Yo respondí sin dudar ni un solo instante que Viviana se desplomaría con mis palabras:

—Está en casa de Julián en este momento.

Viviana se llevó primeramente las dos manos al rostro luego las retiró para intentar articular palabras que no se formaron en su boca. Guardó los ojos cerrados y sus labios temblaban. Cuando vi las lágrimas rodar a lo largo de sus mejillas, la sacudí violentamente:

—Pero . . . ¿qué sucede Viviana? Si tú sabes alguna cosa, dilo inmediatamente.

Visiblemente Viviana quería decir alguna cosa, pero el dolor y el estupor habían cerrado su garganta. Estaba en una especie de paréntesis blanco, sin pensamiento alguno. En cuanto a mí, yo quería guardar cualquier sangre fría que me quedara para reflexionar y comenzar a actuar. Retomé mi pregunta de manera más directa:

—Viviana, ¿qué le sucedió a Etienne?

—La policía ha efectuado una redada en casa de Julián esta mañana. Han detenido a todos los ocupantes de la casa. Había venido a advertirles a todos que no fueran ahí. Yo no sabía . . .

Viviana no acabó su frase. Su cuerpo fue sacudido por sollozos. Empujó un gran grito ronco, desnudo, parecido al de un animal que se ha degollado. Mi madre fue la primera en acudir. Yo no tuve que darle explicaciones. Ella no me las pidió sobre el terreno y le propuso a Viviana que entrase para acostarse. Viviana había puesto la cabeza contra mi hombro y lloraba. Mi madre nos llevó seguidamente y con fuerza al interior de la casa. Sentada sobre uno de los sillones del salón, Viviana gimió durante una hora sin detenerse. Ella se mecía para atrás y para adelante como para acompanar ese movimiento con sus gemidos que salían dulcemente.

La evidencia se había fundido en nosotros con una brutalidad tal que no sentí de inmediato la subida explosiva de la cólera. El dolor ya estaba ahí. Parecía venir de alguien más que yo. Había cerrado los puños en los bolsillos de mi pantalón, cerrando las mandíbulas para triunfar sobre ese dolor que se derramaba dentro de mí. Yo no sabía todavía que esas palabras pronunciadas a distancia podían a tal punto enfermar, perforar el vientre como un veneno que se absorbe y que hace su lento trabajo. Sentí que el mundo se retiraba lentamente de mí como la sangre que sale fluyendo de las venas de un enfermo. Fue entonces cuando el gran vacío se hundió en mí. Ese gran vacío que tomó de una vez por todas el lugar de Etienne. Pensé en Etienne pero no volví a ver más que escenas como si mi memoria misma estuviera deshilachada y se hiciera pedacitos. Volví a ver su manera de hacer girar la manivela de la copiadora, produciendo papeles incansablemente, su camisa empapada de sudor y de gotas que adornaban su frente como perlas. Volví a ver el patio del liceo, los lugares en donde nos reuníamos clandestinamente, nuestros primeros encuentros con las muchachas. Volví a ver las noches en Pivert, las partidas de ludo tarde en la noche, nuestros encuentros con los paisanos de la planicie. La ciudad entera se hundió alrededor de mí en un gran fracaso sordo. Se me acababa de robar brutalmente la presencia de Etienne. En ese instante, hubiera preferido saberlo muerto. Saber que no valía la pena esperar. Detener sencillamente toda esperanza y pensar en nuestro último encuentro como una ceremonia de adiós. Porque siempre se termina por aceptar una muerte, pero ¿qué hacer con una ausencia?

Partí el mismo día para Maïssade buscando refugio en casa de mi tío. Viviana había trazado un muro de silencio entre el mundo y ella, una suerte de espesor sin acceso. Se miraba sin cesar, asombrada ella misma de su sufrimiento. A menudo tenía el aspecto de encontrarlo imposible y de no poder creer en ello. Durante meses enteros, guardó zapatos de salida en los pies, un paraguas, un saco y repetía con una voz ausente:

—Quiero estar presta a partir en cualquier momento. Vivimos días imprevisibles.

Nadie le pidió que se recobrase o que tuviese valor inclusive cuando ella afirmaba dormirse todas las noches al lado de Etienne en el calabozo negro. Habíamos temido por su cordura hasta el día en que algunos pedazos de muro se cayeron para dejar pasar lo que le quedaba de fuerza para aprender a vivir de nuevo.

⌀

En el curso de una de las últimas noches del mes de mayo, dedos errantes escribieron palabras locas sobre los muros de la ciudad. En la mañana, ella se levantó loca, agitada con convulsiones, estupefacta de lo que se colaba en su piel. Algo se había estremecido sin ruido en sus vísceras. Tarde esa noche, la policía política repartida en decenas por las calles húmedas de miedo y angustia, había tocado a las puertas de las casas y llevado hijos, primos, esposos, hermanas o amigos. La lúgubre queja que escapaba a través de las puertas, las ventanas, los jardines y las plazas recorrió las calles y después fue a agazaparse en los arbustos llenos de olores y de luna de la planicie.

El tiempo se fracturó bruscamente. Arrastró en su caída vidas enteras. Se caminó mucho en la ciudad esa noche. Lámparas de aceite, bujías, linternas alumbraron furtivamente en los corredores, en los recintos, detrás de los muros. La ciudad se llenó de sombras que se movían y se movían sin cesar en una turbulencia silenciosa y terrible. Habían excavado las entrañas de la ciudad y habían acosado las sombras que se deslizaban entre los árboles e intentaban confundirse con las puertas, las empalizadas y las ventanas. La noche avanzó con sus pasos y, deteniendo por el camino el temblor de las sombras, recubrió la ciudad. Entonces la ciudad cegada no vivió su tristeza. Vaciló en medio de los aullidos de perros locos.

Esos eventos no fueron noticia en los periódicos. Nadie habló de ello al día siguiente, ni el otro ni los que le siguieron.

Pablo, puesto en libertad algunos meses después, fue a reposar en casa de su abuelo en Pivert. Había resistido difícilmente la degradación inclusive temporal de su ser. Tampoco había aceptado la lenta disminución de su resistencia. A su salida de prisión, Pablo había desistido. Aparte de algunos amigos íntimos, nadie lo había sabido. El secreto había sido más o menos bien guardado. A aquellos que pedían noticias de Pablo, su madre les respondía que había partido para un largo viaje.

Al principio, gritaba todas las tardes, con toda libertad y sin detenerse. Sus gritos subían, densos primeramente. Se hubiera dicho que iba a vomitar sus vísceras en una lava espesa. Todas las noches, Pablo gritaba. Desde que la inyección que su madre le daba dejaba de hacer efecto, comenzaba nuevamente a sufrir y a gritar. Despertaba a todos los ocupantes de la casa. Pero nadie se quejaba. Nadie habría pensado en hacerlo. Todos esperaban, poniendo una obstinación y una delicadeza en no mediar palabra del sufrimiento de Pablo. Regularmente, la madre lo encontraba empapado en sudor, regularmente lo rodeaba con sus dos brazos como un niño y lo mecía. Cuando la nueva inyección empezaba a hacer efecto, apenas sonreía, cerraba los ojos y se abandonaba a un olvido profundo que lo esperaba sobre la almohada. Y así lentamente, muy lentamente, el espanto se había hecho un lugar en la lenta sucesión de los días.

Volví a ver a Pablo algunos meses más tarde. Portaba lentes gruesos ligeramente oscurecidos. Sus ojos estaban enfermos. Yo lo sabía. Yo incluso había tenido la sensación de que él ya no se interesaba más por las apariencias, únicamente preocupado por los alientos e impulsos escondidos bajo las cubiertas visibles. Se había quedado sin luz, días enteros, en ese espacio estrecho que apestaba a la orina y los excrementos. Debía haberse dejado crecer extraños tentáculos para agarrarse al mundo. Una vez salido de prisión, alguna cosa suya se había quedado definitivamente en los subterráneos oscuros de otra vida.

De todo eso, hablamos poco, en voz baja, con prudencia. Como si cada uno desconfiara de su sombra. Habíamos cesado de estar juntos como lo estuvimos tan fuertemente antes.

Una pregunta quedaba sin embargo. No osaba formulárla. Pero con el tiempo lo hice primero de forma tímida y después de forma cada vez más clara:

—¿Quién había podido indicar la casa donde se habían refugiado nuestros camaradas?

Para el regreso al orden de las cosas, algunos de nosotros habíamos apostado al tiempo. Pero el tiempo no pudo nada contra el desorden que ya había ganado. Entonces cada uno llegó al final de su vieja impaciencia y de un tácito acuerdo, cada uno decidió, a pesar de todo, seguir viviendo. Pablo nos había abandonado a su manera. Julián y Denis estaban seguros de reencontrarse para nuevos juegos de ilusionistas, con un rencor cerrado como un puño. Julián prosiguió sus estudios y fundó una escuela con dos camaradas. A su salida de prisión, Denis partió a los Estados Unidos. Cuando dejé la isla, la vida ordinaria de la casa, del barrio, de la ciudad, en un instante puesta en retiro, lentamente retomó sus derechos como después de una tormenta.

Etienne murió no lejos de la avenida Cristóbal. Los últimos minutos de su vida cayeron en la luz tupida de un mediodía de septiembre. Había sido liberado contra todo pronóstico esa misma mañana. A su salida de prisión, quiso llegar al domicilio de una tía más cercano al centro de la ciudad que el de sus padres.

Los golpes y las torturas habían marcado a Etienne mucho más profundamente que lo que él había creído. La alegría de la liberación fue breve, muy velozmente superada. El último esfuerzo no había durado mucho tiempo. La fatiga de vivir había llegado a destruir todo. Etienne no había debido ni siquiera comprender completamente lo que le sucedía. Estaba muerto, llevando en los ojos el cansancio y el asombro de haber llegado tan lejos a los veintiún años.

Había sido encontrado en la acera, con el cuerpo encogido al lado de una boca de alcantarilla. Flotaba en sus vestimentas que ahora eran muy grandes, los ojos aguados, la boca de fiebre y seca. Sólo sus manos habían sido agitadas por algunos minutos de sobresalto de la agonía. Al fin había caído. Ya no le quedaba ninguna forma de combatir la muerte. En lugar de Etienne, no había más que un paquete de huesos, de sangre y de carne. Una forma. Nada más que materia en el bello centro de la ciudad.

TRANSLATED BY TERESA NAVARRO

ENTRE CONDICIONALES
E INDICATIVOS

Carmen Lugo Filippi (1940–)

«Il me semble que je serais toujours bien, là, où je ne suis pas.»
—*Baudelaire*

«Si seulement j'avais encore eu le temps, mais je ne l'avais plus.»
—*Céline*

Podrías pasar la noche mirándote en ese espejo de lunas biseladas, contemplando sin inmutarte esa piel estrujada cuya flaccidez no puede disimularse ni siquiera con cuatro capas de cremas emolientes, cuya amarilleante tonalidad, apenas camufleada por unos cuantos polvos, se impone con obstinada pujanza, creando alrededor de tu rostro esa ictérica aureola tan detestada y combatida durante años de inútil lucha. Podrías, sí, permanecer inmóvil, buscando en el fondo de ese españolísimo espejo de hotel de cuatro estrellas no sabes cuántas imágenes fugitivas puestas de patitas en la calle por tu limpísima conciencia de señora virtuosa, siempre obediente a los mandatos del grave confesor inflexible y justiciero. Lástima que el cansancio acumulado durante este día de excursión desenfrenada (a los cuarenta y ocho años de edad, tanta turística visita es lastimoso ejercicio), no te permita seguir ahí de pie, mirándote alelada con esa extraña expresión de idiota sorpresa y te obligue a sentarte en el borde de una butaca, hipnotizada aún por la imagen que te devuelve el fiel espejo, tan inflexible como el cura, tan grave y justiciero como su voz de trueno los domingos en el púlpito.

Al sentarte recoges distraídamente algunas de las revistas esparcidas sobre la alfombra (gesto de autómata doméstico de años y años), esas malditas revistillas madrileñas, culpables de tu colosal asombro, de esa ira pequeñita que te va naciendo y que comienza a crecer segundo a segundo, aupándose persistentemente, culebreando por todas tus vísceras hasta hacerlas retorcer. No tienes fuerzas para estrujarlas, para hacerlas tirillas y arrojarlas sin contemplaciones a esa madrileña Avenida José Antonio Primo de Rivera, la Gran Vía, además para qué, ese gesto teatral nada cambiaría tu enconada congoja, tu inútil descubrimiento a los cuarenta y ocho, tu creciente sensación de que ellos han estado tomándote el pelo toda la vida, de que han estado jugando al gato y al ratón contigo, y tú, claro, has sido la pobre rata boba, bobísima, siempre en la trampa de las verdades altisonantes y de los principios sempiternos.

Debiste haberte quedado en Yauco, nunca haber realizado el sueño de tu vida, nunca haberte inscrito en esta excursión de lujo a la Madre Patria, nunca haber dejado la seguridad de tus lecturas preferidas en *Cosmopolitan* y *Vanidades*, claro está, esas nunca te habrían revelado verdades tan frustrantes, al contrario, mensualmente te distraían con sus despampanantes consejos culinarios y su chismografía entretenida sobre los del Jet Set, no como estas otras revistillas que se dan pisto a costa de una aristocracia raquítica y fuera de moda: nada mas ver el desfile interminable de incoloras marquesas, duquesas, princesas venidas a menos o a más. La única nota atractiva en aquella galena de momias prevenía de las paginas repletas con las fotos de las Saritas, las Lolas, las Massieles y Marisoles folklóricas, quienes de pronto, sin habérselo propuesto, te han revelado el gran secreto, aquello que te ocultaron siempre y que te habría salvado diez años atrás, pero que ahora es sólo un rudo golpe, como decir la estocada final, peor aún, la lúcida comprensión de la vaciedad, de la nada, de la inutilidad de tu vida.

El tiempo te gasta una mortal jugarreta, dilo así. *El tiempo jugó conmigo* es el título de una voluminosa novela que quisiste leer cuando estudiabas literatura puertorriqueña, y que nunca terminaste, confiésalo, pero ahora, así tan de repente, ¡qué cosas tiene la vida!, comprendes el alcance de esas palabras del remoto título. Si hubiera venido antes, te dices, si lo hubiera sabido hace ocho años, si entonces me hubiera enterado de cualquiera de estos casos, si hubiera . . . , si . . . El condicional te alivia, te descubre un sinnúmero de posibilidades y a la vez te tortura porque todo permanece en el plano de lo potencial, en los «si» de una cláusula que engendra malvadamente unos resultados parásitos, tan hermosos de todas maneras, claro está, si fueran factibles. si . . .

Maldito pueblo para ti, maldito encerramiento, una isla dentro de otra, sí, los corsos enclavaron la suya en esos cafetales y con ayuda de los catalanes la rotularon, la parcelaron, la sacralizaron. En la unión está la fuerza, probablemente eso pensaron, entonces se juntaron para embarrarla con sus prejuicios y para sentar las reglas de su juego: iglesia, hacienda y casino. Te confinaron en tu falso linaje de dama venida a menos, tu abuelo fue, tu tío era, tus primos hicieron, patatí-patatá, todo tiempo pasado fue mejor. Tu apellido sonaba exótico, clara señal de tu distinción, decían ellos, y te lo creías porque dos consonantes juntas en medio de vocales raramente se escuchaban siquiera en el mismo Ponce. Soñabas con las esclavas que nunca tuviste, con los abuelos fabulosos que jugaban gallos, que perdían hasta los calzoncillos y luego valseaban como Luis XIV en el Casino, soñabas con las muselinas, sedas y encajes que hasta el puerto de Guayanilla llegaban en barco y continuaban rumbo a Ponce en briosos corceles (siempre eran briosos), soñabas con bodas, bautizos y velorios donde escanciaban barriles de sidra y ron añejo, soñabas con . . .

Quizás por eso te hiciste maestra de Historia y hasta pensaste escribir sobre la inmigración de corsos y catalanes en Yauco, creyendo que ibas a esclarecer todos aquellos linajes perdidos que tanto te fascinaban. Quizás por eso también aceptaste la proposición de matrimonio que él, descendiente de catalanes, te hizo un Día de Reyes en el Casino. Te pareció el colmo de la elegancia el maridaje de apellidos. Cierto que no vivirían en una legendaria quinta, sino en la destartalada casona de ocho dormitorios que tu suegro alquilara a tu marido por cuarenta dólares mensuales. «Viejo tacaño—gruñía tu flamante novio—, pero no te apures que soy su único heredero y ése tiene más de un cuarto de millón, créelo, es accionista en el Banco de Ponce, quién lo diría, mira cómo nos tiene a mamá y a mí, mendigándole unos puercos pesos.»

No te importaban aquellos líos familiares, después de todo, tu prometido tenía empleo seguro en Ponce y con eso y tu salario podían ir tirando. Los primeros tres años los pasaste bien, claro, aunque la vida matrimonial no te excitaba tanto como habías imaginado: la rutina hogareña se imponía con su metódica persistencia y eso a veces te entristecía, aunque en realidad mostrabas buen carácter y tu optimismo te salvaba de esos pequeños desastres. A veces te ubicabas en aquel enmarañado patiecillo interior, lujo de años ha y ya descolorido refugio de lagartijas descaradas. Allí resurgía tu romanticismo quinceañero, soñándote Dama de las Camelias entre setos de indomables amapolas frecuentados por eróticos lagartos que te hacían releer breves apuntes de teorías freudianas. Nada turbó esos hábitos hasta un buen día en que él te dio la noticia: «Me trasladan a San Juan, tendré que buscar hospedaje allá, no te preocupes, mi vida, será por poco tiempo, luego te mudarás conmigo.» Así lo creíste, confiada e ilusa como siempre, esperando la orden de la mudanza que nunca llegaba, justificando el despego creciente de aquel hombre a quien habías jurado seguir hasta la muerte. Mes tras mes tu marido fue acumulando obstáculos, posponiendo la tan ansiada fecha, encaracolándose en su retiro sanjuanero, y un mal día ya no pudiste engañarte más: «Tiene otra mujer, no hay más razón para esa frialdad tan obvia, me engaña y se engaña, telenovela de las seis de la tarde en mi propia vida, qué voy a hacer, Dios mío, callarme o decírselo.»

Quizás fue lo peor abrir la boca, él se encabritó y ya no guardó más las apariencias, brilló por su ausencia durante meses y al cabo regresó más distante y autoritario. («Vine por aquello de ver cómo están la casa y el viejo»), lo cual fue para ti el colmo porque le gritaste, lo insultaste y hasta amenazaste con divorcio. El no respondió, malhaya sea cuando no te lo pidió también a gritos porque creíste entender con su silencio que no quería divorcio, que quizás en el fondo siempre eras su verdadera mujer y que lo otro era asuntillo pasajero. En fin, todo siguió igual o peor, te consumías sin darte cuenta. El sacerdote te consolaba: «Son pruebas, hija mía, que hay que sufrir, recuerda a la madre de San Agustín que tanto padeció por la conversión de su hijo y nunca se rindió, así también ruega tú para que su corazón se ablande y vuelva al redil.» Lo escuchabas creyente y a la vez rebelde: «¡Hasta cuándo, padre, hasta cuándo!» Raro injerto ese de optimismo y fatalismo que te recriminaba tu ferviente catolicismo incondicional. ¡Ah, pero peor era cuando ibas a confesarte! Después del «Bendígame padre, porque he pecado», las confidencias salían a borbotones, revelabas todos tus deseos reprimidos y hasta el ansia de venganza que te carcomía. El se escandalizaba muy sobriamente y con su grave voz recomendaba el acatamiento de tu misión: «Las mujeres que se sometan a sus maridos como al Señor, porque el marido es cabeza de la mujer así como Cristo es cabeza de la Iglesia.» Sus consejos terminaban con aquella sentencia contundente que estimulaba tu resignación durante algunas horas: «Por eso abandonará el hombre a su padre y a su madre y se unirá a su mujer, y serán los dos una sola carne. De modo que ya no son dos sino una sola carne. Pues lo que Dios ha unido que no lo separe nadie.»

Al cabo de trece meses dejaste de pensar en el divorcio, condenación eterna, barrera infranqueable entre los sacramentos y tú. Soñabas entonces con que él regresaría arrepentido, tras mil guitarras quejumbrosas que arañarían las penumbras, luna llena en el patiecillo perfumado por los jazmines, traje vaporoso que trasluciría tus gestos lánguidos: «Perdóname linda, perdóname, he sido un canalla, vamos a comenzar una nueva vida.» Justo en ese momento lloraban juntos tornados de la mano hasta que una dulce pasión los empujaba al lecho. Nutrías tu soledad con sueños y masturbaciones repletos de culpa, con rosarios y verbenas que te distraían pero que nunca lograban hacerte olvidar.

Tu historia sobre los linajudos escudos de corsos y catalanes quedó en mero proyecto. Eso quizás te habría salvado de aquella inercia que te tragaba, de aquella indiferencia monástica que amenazaba con convertirte en un cirio más. Ya a los treinta y siete te creías acabada, por eso te conmoviste tanto cuando aquel maestro rural se fijó en ti. Avancino, osó él sentarse a tu lado durante aquella reunión del distrito escolar para entablar conversación de una hora. Calló sólo cuando el superintendente empezó a sermonear. Entonces lo examinaste detenidamente y te pareció feo, no lo niegues, aunque tenía no sabes qué atractivo, quizás la forma retadora de mirar o el odioso aplomo de todos sus gestos. Quedaste subyugada, sobre todo, cuando en medio de la reunión su comentario dejó boquiabierto aun al mismo superintendente: «Qué tanta instrucción programada ni qué ocho cuartos, aquí lo que se necesita son más libros y menos embelecos.» Después de la reunión ofreció llevarte a tu casa. Y así son las cosas de la vida: no tuviste más remedio que ofrecerle una taza de café, claro, lo más natural y nada censurable. Se quedó a tu lado casi dos horas más y en verdad no sabes de qué hablaron, más bien no recuerdas de que habló él, pues su voz y sus gestos acapararon todo.

De ahí en adelante pasaba diz que casualmente y entraba a conversarte: «Pero oiga Elisa, no puede usted vivir tan encerrada, de la casa al trabajo y del trabajo a la casa, usted es joven y . . .» Entonces te ponías melancólica, entornabas los ojos y con un dejo sentencioso respondías: «Qué se va a hacer, amigo mío, es mi destino sufrir en silencio, ya tendré mi recompensa, hay que conformarse y rezar.» Pero él se enfurecía y te soltaba a boca de jarro: «Siga, siga comiendo santos mientras otros se las gozan todas.» Conocía tu condición, te lanzaba cuchufletas que dolían. Y un buen día ocurrió lo inevitable: se encontraron en el Casino durante la celebración de las fiestas patronales, cuando una jaranita organizada por las Hijas de María producía el mayor éxito porque medio pueblo se amontonaba en aquel salón.

No sabes cómo te obligó a salir del Casino, tampoco cuándo llegaste a la plaza casi desierta por motivo de la jarana, y mucho menos por qué accediste a sentarte en aquel banco. «No puedes seguir así, divórciate y casémonos, eres una gran mujer.» Por poco te desmayas (luego cree una que se exagera en las telenovelas). Tenías un nudo en la garganta, gemiste dos débiles noes: «No puedo divorciarme porque no creo en el divorcio.» Y a eso ripostó él tajantemente: «Pamplinas, te divorcias en un santiamén, ése no te quiere para nada, tú bien lo sabes, te ha abandonado, tienes una causal que no falla, la de abandono del hogar.» Hubieras querido que aquel momento se perpetuara, sin duda vivías nuevamente minutos emocionantes y por ello sonaste tan falsa al comentar: «Soy católica y no creo en el divorcio, aunque se rompan los lazos civiles siempre estaré casada con él, tú no comprendes porque no tienes fe, el matrimonio por la iglesia es indisoluble, lo que Dios ha unido que el hombre no lo separe.»

Hacia la medianoche, ocultos en un rincón del patio, tu fe flaqueaba al conjuro de sus razones. Tus noes eran cada vez mas lánguidos y él se reconocía casi dueño de tu voluntad. Cuando se despidió, ya daba por real el divorcio. Mientras tanto, tú permanecías alelada. Hasta el otro día, no te percataste de las consecuencias de aquello. Curioso que por vez primera, te justificaras plenamente: él tiene razón, yo no fui quien abandonó el hogar, siempre fui fiel, ¿por qué tengo que sufrir si soy inocente? ¿acaso no tengo derecho a ser feliz? Soltaste esas reflexiones a tu director espiritual tan pronto como pudiste. Las habías aprendido de memoria, de modo que te fuera fácil hablar sin titubeos durante más de quince minutos. El te escuchó paternalmente, pero de pronto, con sólo una mirada fulminante, te cortó la verbosidad entusiasta. Y unas cuantas frases tronantes procedieron a hundirte en la mayor angustia: «Bien, si lo haces no podrás contraer matrimonio por la iglesia y estarás separada por siempre de los sacramentos, recuerda que ante Dios sólo tienes un esposo.»

Luego tus castillos se volvieron sal y agua, ya no tuviste reposo, sólo remordimientos y congoja. Te encerraste en tal mutismo, que el mismo padre se dio cuenta y te obligó a asistir en San Juan a un retiro espiritual que iluminara tu confundida alma. De allá regresaste aparentemente fortalecida y tus noes volvieron a cobrar su tajante agrura. De tu enamorado, indudablemente cansado de insistir, un mal día no supiste más.

A veces te preguntas acerca del transcurso de estos diez últimos años entre crueles recuerdos y dulces recriminaciones, tu historia resumida en un cadencioso bolero: «lo que pudo haber sido y no fue . . .» De vez en cuando te sentías gran mártir, sufrida y paciente mujer ya redimida por la renuncia a la mundana felicidad.

¡Idiota, idiota! te dices con tanta convicción que una oleada de autodesprecio te obliga a encauzar la justa indignación dando patadas sobre la costosísima alfombra de arabescos indescifrables de ese tu hotel de cuatro estrellas. Tal sublimación no te basta y buscas frenéticamente dónde descargar tu contenida cólera. Agarras con fuerza el chivo expiatorio más próximo: un lustroso toro de porcelana que sirve de base a la lamparilla de noche. Vas a arrojarlo contra los tapices colmados de escenas bucólicas frecuentadas por machos cabríos y regordetas ninfas sonrosadas, cuando súbitamente tropiezas con la mirada extasiada de un Quijote-Pastor, embelesado él por tantas maravillas campestres, y al conjuro de sus ojos tu brazo desciende vertiginosamente, exhausto por tanto esfuerzo inútil. ¿Cuándo terminará tu sufrimiento? Ah, ¿se te castiga acaso por haber osado salir de tu cárcel provinciana? Este viaje a Europa constituye la única cana al aire, aunque maldita sea la hora en que decidiste venir. El culpable, una vez más, tu director espiritual: «Debes darte ese saltito, te lo mereces. España es el paraíso de la tierra, qué muchos museos y catedrales vas a ver, hija mía, y la excursión incluye una visita a la Lourdes de Francia.» Y aquí te encuentras, siempre obediente a sus sabios consejos, sumisamente esperando cumplir con un itinerario que ya poco te importa. Por eso te dices que tienes bien merecido cuanto te ha pasado, naciste boca abajo, bobaliconamente buena, ahora no tienes por qué lamentar las consecuencias.

Sí, te dices, a lo hecho pecho, el mundo sigue girando, no hay mal que por bien no venga, tampoco hay mal que dure cien años ni cuerpo que lo resista. Debes acicalarte, disimular las ojeras, ordenar esas malditas revistas y guardarlas, al fin y al cabo, qué culpa tienen de tu ciega obediencia, de tu catolicismo de cuatro estrellas. Pero confiésalo, te duele mirar nuevamente a esa hermosa cantante rubicunda que sonríe desde una portada de Semana, tan feliz bajo sus níveos tules, tan romántica con su coronita de capullos amarillos . . . La lágrima que no has querido soltar se te escapa, al releer los titulares: «Se casa Viviana en la misma iglesia donde contrajo matrimonio por vez primera.» Y debes confesar que eres masoquista porque sigues leyendo: «Viviana nos reveló que el mismo sacerdote que bendijera sus primeras nupcias, accedió a oficiar en este su segundo matrimonio.» Ese fue el titular que te desconcertó cuando, buscando alguna lectura ligera para conciliar el sueño, te topaste en plena Puerta del Sol con la foto de aquella atractiva novia. Curiosa, hojeaste la revista porque creías que la tal Viviana, viuda la pobre, había contraído matrimonio nuevamente. ¿De qué otro modo podías explicar el hecho de que por segunda vez oficiara en su caso el mismo sacerdote?

Pensaste que la cantante tenía pésimo gusto, vaya, casarse en el mismo lugar, eso trae mala suerte, ni loca lo hubieras aceptado tú. Pero cuando acabaste de leer el artículo, no pudiste creer lo que descubrías. Después de anular su matrimonio anterior sin grandes dificultades, la cantante apresuraba los preparativos de su segunda boda durante el verano porque en otoño tendría que cumplir compromisos profesionales y . . . De ahí en adelante, las descripciones de los atuendos nupciales comenzaron a girar descompasadamente dentro de tu pobre cabeza. Sólo retenías la suma de ochenta mil pesetas, cálculo conservador de la autora del reportaje sobre los gastos de la anulación. A partir de aquel instante, pareciste una demente: compraste todas las revistas femeninas expuestas en el estanquillo y febrilmente te diste a la tarea de examinarlas una por una, más bien hurgarlas con una morbosidad creciente.

Los ejemplares de *Semana*, *Hola* y *Lecturas* sufrían tu implacable examen y eran testigos de aquella ira pequeñita que te iba ahogando a medida que cada nuevo reportaje hacía más evidente tu estupidez. En el colmo de tu paroxismo, alcanzaste a ver las fotos del recordado marido de aquella dulcísima Marisol, la chica que hacia las delicias de las quinceañeras en el único cine de Yauco, y casi aullaste de dolor cuando, luego de una ojeada ávida, te enteraste de que él ya no era marido de la salerosa chiquilla, sino que se había convertido en el flamante esposo de no recuerdas cual marquesilla española, claro está, luego de haber obtenido la tan ansiada anulación en . . . No, no era broma ni chisme de cotarrillo. Allí estaban las fotos de los nuevos cónyuges, ceremoniosamente amartelados ante otro catoliquísimo altar.

Cuando terminaste tu loca peregrinación a lo largo de aquellas páginas, ciertos datos te habían dejado agujereadas las sienes: en el Tribunal Eclesiástico de Barcelona la tasa máxima para los trámites conducentes a la declaración de nulidad matrimonial es de cuarenta mil pesetas. ¿Ochocientos dólares? Quarenta mil pesetas. ¿Novecientos cincuenta dólares? Y aprendiste de memoria el párrafo donde se resumían las causales aceptadas por tal tribunal: negarse a concebir hijos, haber sido infiel, crueldad física o reniego de la ortodoxa indisolubilidad matrimonial.

No sabes cuánto tiempo permaneciste en estado cataléptico. Despertaste de tu colosal asombro frente al espejo de tu madrileñísima habitación de cuatro estrellas. Sí, ahí hipnotizada, sin creer nada de cuanto habías leído, mesándote los cabellos resecos, sin decidirte por el fácil camino hacia el lecho acogedor. Y de todos modos, ¿podrías dormir con ese asomo de claridad que ya se filtra por los ligeros cortinajes?

Así te sorprende el amanecer, entre revistas y lágrimas, entre condicionales e indicativos, lejana y sombría (lo mismo que en alguna novela de las seis de la tarde), te contemplas en el espejo de lunas biseladas de tu hotel de cuatro estrellas. Ya nada te sorprende, ni siquiera esa ictérica aureola tan detestada y combatida durante años de inútil lucha, menos aún esas ojeras que se agrandan a medida que la luz te alcanza.

Pero súbitamente algo estalla dentro de ti: sientes deseos de correr, de salir cuanto antes de esas cuatro paredes. A ciencia cierta, no sabes de dónde procede esa enérgica apetencia. ¿Acaso la luz madrileña te conmueve en demasía? Descorres en un santiamén las cortinas y te asomas al espectáculo matutino: afanosos turistas en busca de pensiones módicas, estanquillos que se aprestan a recibir su diaria mercancía, autobuses de Pullman-Tours con su entusiasta

carga consuetudinaria, risueños colegiales que parlotean y gesticulan alboro-
tosamente.

¡Ah!, respiras hondo, preciosa mañana, que sigan los demás con sus museos
y sus piedras. ¿Por qué no he de hacer lo que me dé la gana si hoy es mi día?
¡Tiene que ser mi día, sólo mío! Rápidamente alcanzas tu bolso porque nada
puede detenerte, ni siquiera tu horrible facha. Y entonces suena el teléfono
que automáticamente descuelgas para escuchar la castellanísima dicción de
tu guía, esa exótica dicción que te intimida, incluso te obliga a adoptar de
inmediato la compostura perdida, y te sorprendes, no lo niegues, de tu
lacayesco ¡hola!, ¿qué tal?, correspondido con creces por la verbosidad incontenible del cicerone, quien con perfecta articulación te ordena que estés lista
a las diez porque habrán de partir hacia Toledo, sí, hacia la ciudad del Greco,
señora, en donde se oficiará una misa cantada en honor del grupo de turistas
caribeños . . . ¿En honor nuestro? balbuceas, vaya, ¡qué gentileza! ¿Vale,
querida señora? Sientes a flor de labios cómo el sibilante ssíííí se desliza sin
dificultad, te hace cosquillas en la punta de la lengua, se enrosca y desenrosca
sin cuajarse, extraña lucha de la serpentosa consonante con la tímida vocal
que te hace sentir incómoda ante el imperioso reclamo del castellanísimo
¿vale? que una y otra vez el guía repite, sorprendido por tu repentino silencio.
Pero no puedes articular el sumiso monosílabo porque una cosa extraña
comienza a trepar por tu esófago, la sientes venir, diminuta bola peluda que
va creciendo a medida que asciende, sí, ya invade la tráquea hinchándose más
y más sin que puedas evitarlo: tienes que vomitar prestamente esa intrusa
criatura, si no, te ahogarás, morirás, sí, con ese otro aborto que desgarrará tu
garganta. El terror contrae todas tus vísceras que se aúnan en el pujo decisivo
del parto liberador: solemne instante en que la esfera perfecta de ese NOOO
reprimido estalla para llorar su primera luz. Alelada, colocas el auricular en
su sitio, mientras repites con creciente frenesí el gozoso indicativo de la
negación absoluta . . .

BETWEEN CONDITIONALS AND INDICATIVES

Carmen Lugo Filippi (1940–)

« Il me semble que je serais toujours bien là, où je ne suis pas. »
—*Baudelaire*

« Si seulement j'avais encore eu le temps, mais je ne l'avais plus. »
—*Céline*

You could spend the night looking at yourself in that mirror of bevelled moons, unperturbedly contemplating that shrivelled skin whose flaccidity can't be hidden, not even with four layers of moisturizing creams, whose yellowish hue, barely camouflaged by a few specks of powder, imposes itself with obstinate force, creating that much hated, jaundiced halo around your face, fought against during years of useless battle. Yes, you could remain immobile; looking into the depths of that very Spanish, four-star hotel mirror, for God alone knows how many fleeing images, kicked out on the street by your extremely clear conscience as a virtuous lady, always obedient to the instructions of the serious, inflexible and righteous confessor. Pity that the weariness accumulated during today's frenetic outing (at forty-eight years of age that much touristic touring is painful exercise) has left you too tired to stay on your feet, looking at yourself stupefied, with that strange expression of a surprised idiot, and it forces you to find a seat on the edge of an armchair, still hypnotized by your reflection in the faithful mirror, as rigid as the priest, as serious and righteous as his voice on Sundays, thundering from the pulpit.

On sitting you distractedly pick up some of the magazines scattered on the carpet (gesture of an old domestic robot), those damned tabloids from Madrid, responsible for your colossal amazement, for that tiny bit of anger being born in you, and growing with each passing second, rising persistently, snaking through your guts, until they begin to writhe. You don't have the strength to crush them, to rip them to bits and hurl them without a second thought into Jose Antonio Primo de Rivera Avenue, on the Gran Vía in Madrid. Moreover, why should you? That theatrical gesture wouldn't change your bitter anguish, your useless discovery at forty-eight, your growing sensation that they had been taking you for a fool all your life, that they had been playing cat and mouse with you and you, obviously, had been the poor stupid rat, extremely stupid, always in the trap of high-sounding truths and eternal principles.

You should have stayed in Yauco, never have fulfilled your lifelong dream, never have signed up for this luxury trip to the Motherland, never have left the security of your favourite readings – *Cosmopolitan* and *Vanity Fair* – obviously those would never have revealed such frustrating truths; on the contrary, every month they distracted you with their stunning culinary advice and entertaining gossip about the jet set, not like those other tabloids that gave the inside scoop on a miserly, old-fashioned aristocracy: nothing else to see but a never-ending parade of colourless marchionesses, duchesses, princesses come to nought or less. The only attractive piece in that gallery of mummies came from the pages filled with photos of the Saritas, the Lolas, the Massieles and folkloric Marisoles, who just now, unintentionally, had revealed the great secret to you, that which they had always been hiding from you and which would have saved you ten years earlier, but which now is only a rude shock, as they say, the death blow, even worse, the lucid understanding of emptiness, of nothing, of the uselessness of your life.

Time has played a deadly, dirty trick on you, to put it simply. *Time Played with Me* is the title of a voluminous novel that you wanted to read when you were studying Puerto Rican literature, that you never finished, you admit, but now, so suddenly (life is full of surprises!), you understand the depth of these words of the remote title. If I had come before, you tell yourself, if I had known this eight years ago, if then I had known about any of those examples, if I had . . . if . . . The conditional gives you some relief, you discover an infinite number of possibilities and at the same time you torture yourself because everything remains in the realm of the potential, in the "if" of a clause which breeds unfortunately, parasitic results, so beautiful in every way of course, if only they were real, if . . .

Damned town, damned cage, an island within an island, yes, the Corsicans established theirs in those coffee plantations and with the help of the Catalonians they labelled it, packaged it, consecrated it. There is strength in unity, maybe that's what they thought, then they got together to spoil her with their prejudices, and to lay down the rules of their game: church, plantation, casino. They confined you in your fake lineage of lady of reduced status, your grandfather was, your uncle was, your cousins did, and so on and so on, the past was always better. Your surname sounded exotic, clear sign of your distinction they said, and you believed them because rarely did one find two consonants coming together between two vowels, even in Ponce. You dreamt of the slaves you never had, of the fabulous grandfathers who went to cockfights, who lost down to their underpants and and then waltzed like like Luis XIV in the Casino, you dreamt of the muslins, silks and laces which came from the port of Guayanilla by boat and stayed on course to Ponce on elegant steeds (they were always elegant), you dreamt of weddings, baptisms and wakes where they served barrels of cider and aged rum, you dreamt of . . .

Perhaps that's why you did a master's in history about the immigration of Corsican and Catalonians peoples to Yauco, believing that you were going to shed some light on all those lost lineages that fascinated you. Perhaps that's another reason why you accepted the marriage proposal that he, descendant of the Catalonians, made one Epiphany in the Casino. To you, the coming together of the two names seemed like the height of elegance. Surely you would not live in a legendary country house, but in the huge dilapidated mansion with eight bedrooms your father-in-law would rent to your husband for forty dollars a month. "Old miser," grumbled your brand-new boyfriend, "but don't worry, I'm his only heir and he has more than a quarter of a million dollars, I swear, he's a shareholder in the Bank of Ponce, you'd never guess judging from how he makes mummy and me beg him for a few rotten pesos."

You didn't care about those family feuds. After all, your fiancé had a permanent job in Ponce and with both your salaries, you would manage. The first three years went well of course, even though married life didn't excite you as much as you had imagined: the domestic routine established itself with methodical persistence and that, at times, made you sad, even though in reality you showed good character and your optimism saved you from those little disasters. At times you went to that little, messy interior courtyard, a luxury for years, an already faded refuge for brazen wall lizards. There, your fifteen-year-old romanticism came to life once again, with you pretending to be the Queen of the Camellias among hedges of wild poppies, frequented by erotic lizards which make you re-read short notes on Freudian theories. Nothing interfered with those habits until one fine day when he broke the news to you: "They're transferring me to San Juan. I have to find lodging over there. Don't worry, my dear, it will only be for a little while, then you'll come stay with me." So you believed him, trusting and gullible as always, waiting for the word to move that never came, justifying the growing indifference of the man to whom you'd sworn to follow until death. Month after month your husband went on inventing obstacles, postponing the long-awaited date, spending more and more time in his hideaway in San Juan, and one cursed day you could no longer delude yourself: "He has another woman. There's no other logical reason for such *obvious* coldness. He's lying to me and to himself. My very own life is a 6 p.m. soap opera. What am I going to do, my God, keep my mouth shut or confront him about it?"

Perhaps it was worse to open your mouth. He had a fit and since then stopped trying to keep up appearances. For months he was conspicuous by his absence and in the end he'd return more distant and authoritarian. ("I just came to see how the house and the old man were doing.") Which was the last straw for you and the reason why you screamed at him, insulted him, even threatened to file for a divorce. He didn't answer. Damn him for not shouting the same at you because you believed that his silence meant that he didn't want a divorce, that perhaps deep inside you were always the woman for him and that the other was just a passing affair. In the end things continued as they were or got worse, you wasted away without realizing it. The priest consoled you: "They are tests my child. One has to suffer. Remember Saint Augustine's mother who suffered so much for the sake of her son's conversion son and never gave up, so too must you pray that his heart will soften and he will return to the fold." You listened to him, believing and at the same time, rebellious: "For how long Father, for how long?" This was a rare combination of optimism and fatalism on your part, for which your fervent, unquestioning Catholicism reproached you. Ah! But it was worse when you went to confession. After the "Bless me Father for I have sinned," the secrets spewed forth, you revealed all your repressed desires and even the thirst for revenge that consumed you. He was quite horrified, albeit restrainedly, and in a grave voice, recommended that you comply with your mission: "Women should submit themselves to their husbands as to the Lord, because the husband is the head of the woman as Christ is head of the Church." His advice always ended with that convincing sentence that encouraged your resignation for a few hours: "For this shall a man leave his mother and father and shall be joined to his wife and the two shall become one flesh. In this way they are no longer two separate entities but one flesh. So what God has joined let no man put asunder."

After thirteen months you stopped thinking of divorce, eternal damnation, impenetrable barrier between the sacraments and you. Instead you dreamt of him returning, repentant, a thousand plaintive guitars scraping aside the shadows, a full moon in the courtyard perfumed by jasmines, sheer dress that reveals your languid movements: "Forgive me darling, forgive me. I have been an absolute swine. We're going to start a new life." At that point you both succumbed to tears, hand in hand until a sweet passion forced you into bed. You fill your loneliness with guilt-laden dreams and masturbation, with rosaries and prayers to the saints that distract you, but never really make you forget.

Your story on the noble shields of Corsicans and Catalonians remained a mere project. That, perhaps, could have saved you from the inertia that engulfed you, from that monastic indifference that threatened to convert you into another pillar of wax. At thirty-seven years of age you already thought you were old and washed up, that's why you were so touched when that schoolteacher from the country paid attention to you. Quite boldly, he dared to sit next to you during the school district meeting, so that he could strike up an hour-long conversation. He only shut up when the superintendent began to lecture. Afterwards you examined him thoroughly and he seemed ugly to you, you don't deny it, although he had a certain something that was attractive, perhaps his defiant look or the hateful self-confidence in all his gestures. You were captivated, especially when, in the middle of the meeting his comment left even the superintendent speechless: "All this programmed instruction isn't worth a thing. What's needed here is more books and less deceit." After the meeting he offered to take you home. And that's how life is. You didn't have a choice but to offer him a cup of coffee. It was the most natural thing to do, nothing wrong with that. He stayed at your side for almost two more hours and the truth is that you don't know what you spoke about, or actually, you can't remember what he said since his voice and gestures monopolized everything. From that day onwards he would pass by, supposedly he was just in the area and would come in to chat: "But Elisa, hear me well, you cannot live locked up like this, home to work and from work back home, you are young and . . ." Then you would become wistful, and eyes half-shut, with a grave drop in the voice you would reply: "What can I do my friend, it's my destiny, to suffer in silence. I will have my reward, one just has to be satisfied and pray." But he would get infuriated and let you have it point blank: "Go ahead, continue wallowing in sorrow while everybody else enjoys themselves." He knew your situation, cracked jokes at you that hurt. And one fine day the inevitable happened. You met at the Casino during the parish feast, when a little dance organized by the Daughters of Mary was a huge success because half the town was crammed into the hall.

You don't know how he got you to leave the Casino, nor when you arrived at the square that was almost deserted because of the dance, much less why you agreed to sit on that bench. "You can't go on like this. Get a divorce and let's get married. You are a great woman." You almost fainted (then you felt like one of those overdone characters in the soap operas). You had a lump in your throat, you groaned two weak nos: "I can't get a divorce because I don't believe in divorce." And to that he rebutted emphatically, "Nonsense, you could get a divorce in a wink. That man doesn't love you one bit, you know that well enough. He has abandoned you. You have good grounds, abandonment." You wished that the moment would last forever. Clearly you lived anew the emotional minutes and that's why you sounded fake when you pointed out: "I'm Catholic and I don't believe in divorce. Even if the civil ties are broken I will always be married to him, you wouldn't understand because you don't believe. Marriage by the church is indissoluble. What God has put together let no man put asunder."

Toward midnight, hidden in a corner of the courtyard, your faith weakened under the strength of his reasoning. Your nos were more and more languid, and he realized that he was a hairsbreadth away from having you where he wanted you. When he left, the divorce was already decided on. You were still stupefied. Even the next day you didn't take full stock of the consequences.

Funny that for the first time you felt fully justified. He is right, I wasn't the one who walked out, I've always been faithful. Why should I suffer if I'm innocent? Don't I have a right to be happy? You flung these thoughts at your spiritual counsellor as soon as you could. You'd learned them by heart so that you could speak without hesitation for more than fifteen minutes. He listened to you paternally and then with one look he cut short your excited verbosity, and in a few thundering sentences went on to drown you in further anguish: "Fine, if you do it you cannot have a church wedding and you would forever be denied the sacraments. Remember that before God you only have one husband."

Then your castles became salt and water, you no longer had any rest, only regret and guilt. You shut yourself away in silence such that the same father realized and forced you to attend a spiritual retreat in San Juan that would illuminate your confused soul. From there you returned apparently fortified and your nos managed to hide your sharp sourness. As for your lover, undoubtedly tired of insisting, one day he simply ceased to insist.

Sometimes you wonder where the last ten years went. Between the cruel memories and sweet reproach your story could be summarized in a rhythmic bolero: "What I could have been but wasn't . . ." From time to time you felt like a great martyr, a longsuffering and patient woman redeemed by her renunciation of the most mundane pleasure.

Idiot, idiot! you tell yourself with so much conviction that a wave of self-pity forces you to vent your justified indignation by kicking the extremely expensive carpet of indecipherable Arabic origin in this four-star hotel. Such sublimations are not enough and you look frantically for somewhere to offload your pent up anger. You grab the closest scapegoat: a beautiful porcelain horse, the base of a night lamp. You're about to hurl it against the tapestries crowded with bucolic scenes, frequented by many drunken men and sun-ripened nymphs, when suddenly you stumble upon the look of euphoria of a Quixote-Shepherd, enraptured by all these countryside marvels and, mesmerized by his eyes, your hand falls suddenly, exhausted by all that useless activity. When will your suffering end? Ah, perhaps you're being punished for having left your provincial prison? This trip to Europe is your only chance to let your hair down but cursed be the moment you decided to come. The culpable one, once again, was your spiritual counsellor: "You should give yourself this holiday, you deserve it. Spain is a paradise on earth. So many museums and cathedrals, you'll see my child, and the trip includes a visit to Lourdes in France." And here you are again, always obedient to his wise advice, humbly waiting to be done with a programme that didn't matter to you any more. That's why you tell yourself that you deserved everything you got. You were born an idiot, utterly stupid; now you have no reason to lament over the consequences.

Yes, you tell yourself, it's no use crying over spilt milk; every cloud has a silver lining; there's nothing bad that lasts forever, nor can anyone live that long. You should get dolled up, hide the bags under your eyes pack up those damned magazines and put them away; at the end of the day, how are they responsible for your blind obedience? For your four-star Catholicism? But go ahead and admit it, it hurts to look at that pretty, rosy singer smiling from the cover page of *Semana*, so happy in her wedding gown, so romantic with her crown of yellow rosebuds. The tear you didn't want to release escapes as you re-read the headlines, "Viviana remarries in the same church where she first got married." And you must confess that you're a masochist, because you continue reading, "Viviana also revealed that the same priest who officiated at her first nuptials agreed to officiate at the second wedding." That was the line that threw you when, looking for some light reading to put you to bed, you happened upon this magazine in the centre of the Plaza del Sol, with the photo of this attractive bride. Curious, you leafed through the magazine because you thought Viviana, poor widow, had gotten married again. What other explanation was there? How else could you explain the fact that the same priest would officiate at her second wedding?

You thought that that was in really poor taste on her part. Come on, it's bad luck to get married in the same place twice. You wouldn't have done that even if you were crazy. But when you'd finished reading the article, you couldn't believe what you'd just discovered. After annulling her previous marriage without any great difficulty, the singer hastily prepared her second wedding during the summer because in autumn she would have to attend to professional commitments . . . Henceforth the description of the wedding attire started to spin out of control in your poor head. All you could remember was the sum of eighty thousand pesetas, a conservative estimate of the wedding expenses done by the reporter. From then on, you seemed to have gone mad; you bought all the women's magazines at the kiosk and examined each one feverishly or rather rummaged through them in an increasingly morbid fashion.

Issues of *Semana*, *Hola* and *Lectura* were subjected to your relentless search and were witness to that hint of rage that was gradually smothering you as each new report continued to highlight your stupidity. At the height of your hysteria you managed to see the photos of the husband of the ever-so-sweet Marisol, the girl that delighted fifteen-year-olds in the one and only cinema in Yauco, and you almost howled in pain when, after an eager glance, you learned that he was no longer married to the charming young girl, but was the brand new husband of some Spanish marchioness whose name you couldn't remember, after having gotten the desired annulment, of course, in . . . No, this was not some kind of bad joke. There were the pictures of the newly weds, ceremoniously lovesick as they stood before another ever-so-holy Catholic altar.

When you had finished flipping madly through those pages, a few facts had branded themselves into your memory: in the Ecclesiastical Court of Barcelona the procedure for annulling a marriage costs forty thousand pesetas. Eight hundred dollars? Forty thousand pesetas. Nine hundred and fifty dollars? And you memorized the paragraph in which were listed the grounds accepted by the court: refusal to have children, infidelity, physical abuse or renouncing the indissolubility of marriage according to orthodox tradition.

You don't know how long you remained in a cataleptic state. You woke up from your colossal astonishment in front of the mirror in your room in a four-star hotel so typical of Madrid. Yes, hypnotized, not believing a word of what you had read, pulling out your very dry hair, deciding not to get into the cozy bed. And in any case, would you be able to sleep with that light already coming through the flimsy curtains?

That's the state in which dawn caught you, between magazines and tears, between conditionals and indicatives, distant and gloomy (just like in a 6 p.m. soap opera). You look at yourself in the bevelled mirror of your four-star hotel room. Nothing surprises you anymore, not even this jaundiced halo, so loathed and fought against for years though in vain, and to an even lesser extent these bags under your eyes that get bigger as the light gets brighter.

But all of a sudden something bursts inside of you. You feel like running, like getting far away from these four walls. You certainly don't know where this all-consuming energy is coming from. Maybe the sun in Madrid is proving to be too much? In the blink of an eye you pull back the curtains and look at the morning bustle: tourists looking anxiously for cheap guest houses, kiosks being prepared for their daily merchandise, Pullman-Tours buses with their usual load of enthusiastic passengers, the laughter of high school students chatting and gesticulating excitedly.

Ah! You take a deep breath. Beautiful morning. Let the others go about their museums and their shopping. If today is my day why don't I do what I feel like doing? This has to be my day. All mine! You grab up your handbag because nothing can hold you back, even if you do look a state. And then the phone rings. You answer automatically only to hear the very Spanish accent of your tour guide, that exotic accent that intimidates you, even forces you to suddenly lose your composure, and you're surprised, there's no denying that, at your pleasant "Hello! How are you?" To which the guide responds with uncontrollable wordiness and perfectly articulates that you must be ready to leave for Toledo, yes, the town of El Greco, madam, where there would be a special mass for the Caribbean tourists . . . "In honour of us?" you stammer. "Really, how nice!" "All right, ma'am?" You feel the "y- y-yes" slip easily past your lips, it tickles the tip of your tongue, curls and uncurls without really taking shape, a strange battle between those two simple consonants and that one little vowel makes you uneasy faced with the pressing and very Spanish "okay?" that the guide repeats several times, surprised by your sudden silence. But you can't utter the submissive monosyllable because something strange starts to move up your throat, you feel it coming, a small hairy ball that gets bigger as it moves up, yes, it's already invading your windpipe, growing bigger and bigger without you being able to avoid it. You have to vomit all of a sudden, get rid of this intrusive creature. If it doesn't drown you, you'll die, yes, from this other abortion that's going to rip your throat out. All your entrails contract in terror and join as one for the decisive and liberating push: a solemn moment, in which the perfect rounded Nooo, once suppressed, erupts and wails as it comes into the world. Speechless, you hang up the receiver, while repeating with increased frenzy and pleasure the indicative of absolute negation . . .

TRANSLATED BY RESEL MELVILLE AND NATASHA CALLENDER

ENTRE CONDITIONNELS ❧
ET INDICATIFS

Carmen Lugo Filippi (1940–)

« Il me semble que je serais toujours bien, là, où je ne suis pas. »
—*Baudelaire*

« Si seulement j'avais eu encore eu le temps, mais je ne l'avais plus. »
—*Céline*

Tu pourrais passer la nuit à te regarder dans ce miroir biseauté, et contempler sans broncher cette peau ridée dont il est impossible de dissimuler la flaccidité même avec quatre couches de crèmes émollientes, dont le teint jaunâtre, à peine camouflé par la poudre, s'impose avec une force obstinée, et crée autour de ton visage cette auréole ictérique si détestée et combattue durant des années de lutte inutile. Tu pourrais, oui, rester immobile, à rechercher au fond de ce miroir à l'espagnol d'hôtel quatre étoiles tu ne sais combien d'images fugitives mises à la porte par ta conscience pure de femme vertueuse, obéissant toujours aux commandements du tout puissant confesseur inflexible et justicier. C'est dommage que la fatigue accumulée lors de cette journée d'excursion effrénée (à quarante-huit ans, une telle visite touristique est un exercice pénible), ne te permette pas de rester debout, même comme tu te regardes stupéfaite avec cette étrange expression de surprise idiote, et t'oblige à t'asseoir sur le rebord de la chaise, encore hypnotisée par l'image que te renvoie ce fidèle miroir, aussi inflexible que le curé, aussi grave et justicière que sa voix tonitruante le dimanche à la chaire.

Au moment de t'asseoir, tu ramasses distraitement quelques-unes des revues éparpillées sur le tapis (geste domestique automatique datant de nombreuses années), ces maudites revues madrilènes, coupables de ta stupeur colossale, de cette petite rage qui est en train de naître et commence à grandir de seconde en seconde, qui s'exalte persistante, qui frétille à travers tes boyaux au point de les tordre. Tu n'as pas la force de les froisser, pour en faire des confettis et les jeter sans ménagements sur cette avenue madrilène José Antonio Primo de Rivera, la Gran Vía ; en plus, à quoi ça servirait ? Ce grand geste théâtral ne changerait rien à ton amer chagrin, ta découverte inutile à quarante-huit ans, ta sensation grandissante qu'ils se sont moqués de toi toute ta vie, qu'ils ont joué au chat et à la souris avec toi, et toi, évidemment, tu as été la pauvre souris idiote, vraiment idiote, toujours prise au piège des vérités grandiloquentes et des sempiternels principes.

Tu aurais dû rester à Yauco, et n'avoir jamais réalisé le rêve de ta vie, et ne pas inscrire à cette excursion de luxe chez la Mère Patrie, et n'avoir jamais abandonné la sécurité de tes lectures préférées—*Cosmopolitan* et *Vanidades*—bien sûr, celles-ci ne t'auraient jamais révélé des vérités aussi frustrantes ; au contraire, elles te distrayaient mensuellement avec leurs conseils culinaires sensationnels et leur rumeur passionnante sur les personnalités de la Jet Set, pas comme ces autres revues de pacotille qui se la ramènent au détriment d'une aristocratie rachitique et démodée : il suffit de regarder le défilé interminable de marquises incolores, de duchesses, de princesses plus ou moins déchues. Le seul article intéressant provenait des pages remplies de photos des Sarah, des Lola, des Massiel, des Marisol folkloriques, qui soudain, sans l'avoir décidé, ont révélé leur grand secret, celui qu'elles ont toujours occulté et qui t'aurait sauvée la vie dix ans en arrière, mais qui maintenant est juste un coup de couteau dans le ventre, c'est-à-dire l'estocade finale, pire encore, la compréhension lucide du vide, du néant, de l'inutilité de la vie.

Le temps joue de mauvais tours, on peut le dire comme ça. *Le temps a joué avec moi* est le titre d'un roman volumineux que tu as voulu lire quand tu étudiais la littérature portoricaine, et que tu n'as jamais terminé, avoue-le, mais maintenant, soudainement, La vie est pleine de surprises ! Tu comprends l'étendue des mots de ce lointain titre. Si j'étais venue avant, tu te dis, si je l'avais su il y a huit ans, si alors j'avais été informé sur ces cas, si j'avais . . ., si . . . . Le conditionnel te soulage, te fait découvrir d'infinies possibilités et en même temps te torture parce que tout flotte à la surface des possibles, au niveau des « si » d'une clause qui engendre méchamment des résultats parasites, si beaux de toute façon, évidemment, s'ils étaient réalisables. Si . . . .

Pays maudit pour toi, maudit enfermement, cette île imbriquée dans une autre, oui, les corses ont enclavé la leur au milieu de ces plantations de café et grâce aux catalans ils l'ont façonnée, parcellée, sacralisée. L'union fait la force, ont-ils probablement pensé, ils se sont ensuite réunis pour la salir de leurs préjugés et pour établir les règles du jeu : église, plantations et casino. Ils t'ont confinée dans ta fausse lignée de femme déchue, ton grand-père fut, ton oncle était, tes cousins furent, et patati et patata, le passé était beaucoup mieux. Ton nom avait une consonance exotique, signe évident de ta distinction, disaient-ils, et tu y croyais parce que c'était bizarre d'entendre deux consonnes au milieu de voyelles même avec un simple nom comme Ponce. Tu rêvais d'esclaves que tu n'eus jamais, de grands-pères qui pariaient sur des coqs, qui en perdaient leurs culottes et ensuite valsaient comme au temps de Louis XIV au Casino, tu rêvais de mousselines, de soies, de dentelles qui arrivaient par bateaux au port de Guayanilla et arrivaient jusqu'à Ponce par de vaillants coursiers (ils étaient toujours élégants), tu rêvais de mariages, de baptêmes et de veillées funèbres où on versait des barils de cidre et de vieux rhum, tu rêvais de . . .

C'est sans doute pour cela que tu es devenue professeure d'histoire et que tu as même pensé écrire un ouvrage sur l'immigration corse et catalane à Yauco, pensant que tu allais éclaircir toutes ces lignées perdues qui te passionnaient tant. C'est peut-être aussi pour cette raison que tu as accepté sa demande en mariage à lui, descendant des catalans, qu'il t'a faite un jour d'Epiphanie au Casino. Pour toi, l'union de noms représentait le summum de l'élégance. Il est évident que vous n'habiteriez pas dans une légendaire demeure de plantation, mais plutôt dans la grande baraque délabrée de huit chambres que ton beau-père louerait à ton mari pour un montant de quarante dollars mensuels. « Vieux radin———grognait ton élégant fiancé———, mais ne t'inquiète pas car je suis son unique héritier et le vieux possède plus d'un quart de millions, crois-moi, il est actionnaire à la Banque de Ponce, qui le croirait, regarde comment il nous traite ma mère et moi, obligés de lui mendier quelques sales pesos. »

Ces quelques histoires familiales t'étaient égales, après tout, ton fiancé avait un emploi sûr à Ponce et avec ça et ton salaire vous vous en sortiriez. Tu as été heureuse les trois premières années, bon, même si la vie de couple ne t'excitait pas autant que tu l'avais imaginée : la routine casanière s'imposait de manière persistante et cela te rendait parfois triste, même si en réalité tu faisais preuve d'un bon caractère et ton optimisme te sauvait de ces petits malheurs. Quelquefois tu te retirais dans cette petite cour intérieure enchevêtrée, luxe datant du passé et pâle refuge de petits lézards sans gêne maintenant. Ici, ton romantisme des quinze ans resurgissait, tu t'imaginais être la Dame aux Camélias parmi les haies de coquelicots sauvages fréquentées par d'érotiques lézards qui te faisaient réviser de furtives notes sur les théories freudiennes. Rien ne vint perturber ces habitudes jusqu'au beau jour où il t'informa : « Je suis muté à San Juan, je devrai me loger là-bas, ne t'inquiète pas mon amour, ce sera provisoire, tu me rejoindras par la suite. »

C'est ce que tu as cru, confiante et naïve comme toujours, attendant l'ordre du déménagement qui n'arrivait jamais, et qui justifiait la distance croissante de cet homme à qui tu avais juré fidélité jusqu'à ce que la mort s'ensuive. Mois après mois ton mari accumulait des obstacles, repoussant la date si attendue, s'enfonçant dans sa retraite à San Juan, et un beau jour tu ne t'es plus voilée la face : « Il a une autre femme, je ne vois pas d'autre raison à cette froideur si évidente, il me trompe et se trompe, c'est comme le feuilleton de dix-huit heures mais dans ma propre vie, que vais-je faire, mon Dieu, me taire ou le lui dire. »

Ce fut peut-être pire d'ouvrir la bouche, il s'est rebiffé et n'a plus sauvé les apparences, il a brillé par son absence de nombreux mois et au bout du compte est revenu plus distant et autoritaire que jamais. (« Je suis venu voir comment vont le vieux et la maison. ») Ce fut pour toi le comble puisque tu t'es fâché contre lui, l'as insulté et l'as même menacé de divorce. Il n'a pas répondu, maudit soit le fait qu'il ne te l'ait pas aussi reproché des choses à corps et à cris car tu as cru comprendre à travers son silence qu'il ne souhaitait pas le divorce, et qu'au fond tu étais peut-être toujours la femme de sa vie et que l'autre histoire n'était qu'une aventure passagère. Finalement, tout a continué de mal en pis, tu te rongeais de chagrin sans t'en rendre compte. Le prêtre te consolait : « Tu dois vivre ces épreuves, ma fille, souviens-toi de la mère de Saint-Augustin qui a tant souffert de la conversion de son fils et n'a jamais baissé les bras, donc prie-toi aussi pour que son cœur s'adoucisse et qu'il revienne au bercail. » Tu l'écoutais croyante et à la fois rebelle : « Jusqu'à quand, mon Père, jusqu'a quand ! » Ton inconditionnel fervent catholicisme te reprochait cette étrange greffe d'optimisme et de fatalisme. Ah, mais c'était pire quand tu allais te confesser ! Après le « Mon Père, bénissez-moi car j'ai péché », les confidences s'échappaient précipitamment, tu révélais tous tes désirs réprimés ainsi que ton désir de vengeance qui te rongeait. Lui, il se scandalisait pour la forme et te recommandait de sa voix grave l'observance de ta mission : « Les femmes se soumettent à leurs maris comme au Seigneur, parce que le mari est à la tête de sa femme comme le Christ est à la tête de l'Eglise. » Ses conseils se terminaient par cette sentence implacable qui stimulait ta résignation pendant quelques heures : « C'est pourquoi l'homme abandonnera son père et sa mère et s'unira à sa femme, et ils ne formeront plus qu'un. Ainsi ils ne sont plus deux mais ne forme qu'un seul corps. Donc, ce que Dieu a uni, personne ne peut le séparer. »

Au bout de treize mois tu as cessé de penser au divorce, condamnation éternelle, barrière infranchissable entre toi et les sacrements. Tu rêvais donc qu'il reviendrait repenti, à la suite de mille guitares plaintives qui égratigneraient les pénombres, à la pleine lune dans la courette parfumée par les jasmins, costume vaporeux qui laisseraient deviner tes gestes alanguis :

« Pardonne-moi, ma belle, pardonne-moi, j'ai été une canaille, nous allons commencer une nouvelle vie. » A ce moment précis, vous pleuriez ensemble main dans la main jusqu'à ce qu'une douce passion vous pousse dans votre lit. Tu nourrissais ta solitude pleine de culpabilité en rêvant et en te masturbant et à l'aide de rosaires et de prières qui te distrayaient mais n'arrivaient pas à te faire oublier.

Ton histoire sur les lignées sur les armoiries corses et catalanes est restée à l'état de projet. Ceci t'aurait peut-être sauvée de cette inertie qui t'engloutissait, de cette indifférence monastique qui menaçait de te transformer en un autre cierge supplémentaire. À trente-sept ans, tu te voyais achevée, c'est pourquoi lorsque ce maître d'école rurale s'est intéressé à toi, tu étais si troublée. Assez audacieux, lui, il a osé s'asseoir à tes côtés lors de cette réunion du district scolaire pour entamer une conversation d'une heure. Il s'est tu seulement lorsque le superintendant a commencé son sermon. Tu l'as alors examiné en détail et il t'a semblée moche, ne le nie pas, même s'il avait un je ne sais quoi d'attirant, peut-être son regard provocateur ou bien l'aplomb odieux de ses gestes. Tu es restée subjuguée, surtout, quand au milieu de la réunion son commentaire a même laissé bouche bée le superintendant : « Il n'y a pas d'instruction programmée qui ne tienne, ce qu'il faut c'est plus de livres et moins de leurres. » Après la réunion, il t'a proposé de te raccompagner chez toi. Et ainsi sont les choses de la vie, tu n'as pas eu d'autre choix que de lui offrir une tasse de café, évidemment, la chose la plus naturelle qu'il soit et ne soit pas censurable. Il est resté à tes côtés deux heures de plus et tu ne sais vraiment plus de quoi vous avez parlé, ou plutôt tu ne te rappelles plus de quoi il a parlé, puisque ses gestes et sa voix ont tout accaparé. A partir de là, il passait soi-disant par hasard et entrait pour bavarder : « Mais enfin Elisa, vous ne pouvez pas vivre enfermée comme ça, de la maison au travail et du travail à la maison, vous êtes jeune et . . . » Tu devenais alors mélancolique, tu détournais le regard et répondais avec un arrière-goût sentencieux : « Que faire ? Cher ami, c'est mon destin, souffrir en silence, un jour j'aurai ma récompense, il faut se résigner et prier. » Alors il se mettait en colère et il lâchait à bout portant : « Continuez, continuez à manger de vos saints pendant que d'autres en profitent. » Il connaissait ta situation, il te faisait des blagues qui te blessaient. Et un beau jour l'inévitable est arrivé : vous vous êtes retrouvés au Casino lors de la célébration des fêtes patronales, et quand une fête était organisée par les Filles de Marie, elle connaissait un grand succès vu que la moitié du village s'entassait dans cette salle.

Tu ne sais pas comment il t'a obligée à sortir du Casino, ni comment tu es arrivée sur la place presque déserte à cause de la fête, et encore moins pourquoi tu as accepté de t'asseoir sur ce banc. « Tu ne peux pas continuer comme ça, divorce et marions- nous, tu es une femme responsable. » Tu as failli t'évanouir (après on croit qu'on exagère dans les feuilletons). Tu avais la gorge nouée, tu as gémi deux petits non : « Je ne peux pas divorcer parce que je ne crois pas au divorce. » Ce à quoi il a riposté de manière tranchante : « Arrête tes sornettes, tu peux divorcer en un clin d'œil, ce type ne t'aime pas, tu le sais très bien, il t'a abandonnée, il y a un motif contre lui qui ne pardonne pas, celui de l'abandon du foyer. » Tu aurais voulu que ce moment se prolonge, tu vivais sans doute de nouvelles minutes passionnantes et c'est pourquoi tu as eu l'air si fausse avec ton commentaire : « Je suis catholique et je ne crois pas au divorce, et même si les liens civils sont rompus, je serai toujours mariée avec lui, toi, tu ne comprends pas parce que tu ne crois pas en Dieu, le mariage à travers l'église est indissoluble, ce que Dieu a uni l'homme ne peut pas le séparer. »

Vers minuit, cachés dans un recoin de la cour, ta foi flanchait face à l'exhortation de ses arguments. Tes nons étaient à chaque fois plus faibles et il était presque le maître de ta volonté. Quand il t'a dit au revoir, il te voyait déjà divorcée. Tandis que toi, tu restais stupéfaite. Jusqu'à il y a peu de temps, tu ne t'es pas rendue compte des conséquences de ton geste.

C'est curieux que pour la première fois tu te justifies pleinement : il a raison, je ne suis pas celle qui a abandonné son foyer, j'ai toujours été fidèle, pourquoi dois-je souffrir si je suis innocente ? N'ai-je pas le droit d'être heureuse ? Tu as livré ces réflexions à ton directeur spirituel dès que ce fut possible. Tu les avais apprises par cœur, de manière à pouvoir parler sans hésitations plus de quinze minutes. Il t'a écouté paternellement, mais soudain, il a suffi d'un regard foudroyant pour interrompre ton verbiage enthousiaste. Et quelques phrases orageuses ont réussi à t'enfoncer dans une profonde angoisse : « Bon, si tu le fais tu ne pourras pas te marier à l'église et seras séparée pour toujours des sacrements, rappelle-toi que devant Dieu tu as un seul époux. »

Ensuite tes châteaux se sont transformés en sel puis en eau, tu n'as plus eu de repos, seulement des remords et du chagrin. Tu t'es renfermée dans un mutisme, si bien que même le Père s'en est rendu compte et t'a obligée à participer à une retraite spirituelle à San Juan pour illuminer ton âme confuse. Apparemment tu en es rentrée plus forte et tes non ont retrouvé leur aigreur tranchante. Un beau jour tu n'as plus eu de nouvelles de ton amoureux, indubitablement lassé d'insister.

Quelquefois tu te posais des questions sur le cours de ces dix dernières années parmi tes cruels souvenirs et tes douces récriminations, sur ton histoire résumée par un boléro cadencé : « ce qui aurait pu être et ne le fut pas . . . » De temps en temps tu avais l'impression d'être une grande martyre ; une femme victime et patiente déjà libérée de ses péchés grâce au renoncement des plaisirs de ce monde.

Tu te dis quelle idiote j'ai été ! avec une telle conviction qu'une vague de mépris t'oblige à canaliser ton indignation justifiée en donnant des coups de pieds sur le très coûteux tapis à arabesques indéchiffrables de ton espèce d'hôtel quatre étoiles. Pour toi cette sublimation n'est pas suffisante et tu cherches frénétiquement où décharger ta colère contenue. Tu attrapes avec force ton bouc émissaire le plus proche : un taureau brillant en porcelaine qui sert de base à la lampe de chevet. Tu t'apprêtes à le jeter contre les tapisseries pleines de scènes bucoliques avec la présence de boucs et des nymphes bien en chair au teint rose, lorsque tu tombes subitement sur le regard extasié d'un bon Berger, captivé, lui, par toutes ces merveilles champêtres, et au contact de son regard ton bras baisse vertigineusement, épuisé par autant d'efforts inutiles. Quand s'achèvera ton clavaire ? Ah, on te punit peut-être pour avoir osé t'échapper de ta prison provinciale ? Ce voyage en Europe constitue ta seule incartade, tu aurais mieux fait de te couper une jambe le jour où tu as pris cette décision. Le coupable, une fois de plus, ton directeur spirituel : « Tu dois franchir le pas, tu le mérites vraiment. L'Espagne est le paradis sur terre, tu vas voir beaucoup de musées et de cathédrales, ma fille, et en plus l'excursion inclue une visite à Lourdes en France. » Et te voici ici, obéissante toujours à ses sages conseils, et tu comptes bien respecter l'itinéraire, soumise, qui n'a pas beaucoup d'importance à tes yeux. C'est pourquoi tu te dis que tout ce qui t'est arrivé est bien fait pour toi, tu es née soumise, trop bonne, donc tu ne peux pas te plaindre des conséquences.

Oui, tu te dis, ce qui est fait est fait, le monde continue à tourner, à quelque chose malheur est bon, tout finit par s'arranger. Tu dois te pomponner, estomper tes cernes, ramasser et ranger ces malheureuses revues, au bout du compte, elles ne sont pas responsables de ton obéissance aveugle et de ton catholicisme quatre étoiles. Mais avoue-le, ça te fait mal de voir encore cette jolie chanteuse rousse qui sourit en couverture de *Semana*, respirant le bonheur sous ses tulles blancs, si romantique avec sa couronne de boutons de fleurs jaunes... La larme que tu n'as pas voulu verser coule quand tu relis les gros titres : « Viviana se marie dans la même église dans laquelle elle s'était mariée pour la première fois. » Et avoue quand même que tu es masochiste vu que tu poursuis ta lecture : « Viviana nous a révélé que c'est le prêtre qui a béni ses premières noces qui a accepté de célébrer son deuxième mariage. » Ce titre accompagné de la photo de cette jolie mariée t'a déconcertée lorsque tu es tombée dessus en pleine *Puerta del Sol* alors que tu cherchais une lecture facile pour trouver le sommeil. Curieuse, tu as feuilleté la revue parce que tu pensais que cette Viviana, une pauvre veuve, s'était remariée. Comment pouvais-tu expliquer autrement le fait que ce même prêtre la remarie ?

Ça alors, tu as pensé que la chanteuse avait très mauvais goût de vouloir se marier dans la même église car cela attire la malchance, toi, tu n'aurais jamais accepté. Mais quand tu as achevé la lecture de l'article, tu n'en es pas revenue. Après avoir annulé son précédent mariage sans grandes difficultés, la chanteuse accélérait les préparatifs de son second mariage pendant l'été vu qu'en automne elle avait des engagements professionnels et . . . A partir de là, les descriptions des toilettes nuptiales ont commencé à défiler dans ta pauvre tête. Tu retenais juste la somme de quatre-vingt mille pesetas, calcul conservateur de l'auteure du reportage sur les frais d'annulation. A cet instant précis, tu as eu l'air d'une folle : tu as acheté toutes les revues féminines exposées dans le bureau de tabac et fébrilement tu t'es donné du mal pour les examiner une par une, ou mieux encore les disséquer avec une morbidité croissante.

Les exemplaires de *Semana, Hola et Lecturas* subissaient ton examen implacable et étaient témoins de ta petite colère qui t'étouffait au fur et à mesure des reportages qui démontraient ta bêtise. Tu as atteint le comble du paroxysme en voyant les photos du fameux mari de cette très charmante Marisol, cette fille qui faisait les délices des adolescentes de quinze ans dans le seul cinéma de Yauco, et là tu as presque hurlé de douleur, en apprenant qu'il n'était plus le mari de la charmante gamine, mais qu'il était devenu le mari flamboyant de je ne sais quelle petite marquise espagnole, bien entendu, après avoir obtenu l'annulation si attendue à . . . Non, il ne s'agissait pas d'une blague ou de commérages. Les photos des nouveaux époux en étaient la preuve, cérémonieusement amoureux face à un autre autel catholiquement correct.

Lorsque tu as terminé ta folle pérégrination au fil des pages, certaines informations t'ont provoqué une migraine : le taux maximum des démarches conduisant à une déclaration de mariage nul est de quarante milles pesetas au Tribunal Ecclésiastique de Barcelone, huit cents dollars ? Quarante mille pesetas, neuf cent cinquante dollars ? Tu as mémorisé le paragraphe qui résumait les motifs tolérés par ce tribunal : refuser de concevoir des enfants, avoir été infidèle, cruauté physique ou le reniement de l'indissolubilité orthodoxe du mariage.

Tu es restée un temps indéfini dans un état cataleptique. Tu t'es réveillée de ta torpeur profonde face à ton miroir dans ta chambre madrilène de quatre étoiles. Oui, comme ça hypnotisée, sans vraiment croire ce que tu avais lu, t'arrachant les cheveux secs, sans céder à la facilité de rejoindre ton lit accueillant. Et de toute façon, pourrais-tu dormir avec la lumière du jour qui filtre à travers les rideaux ?

Tu es surprise par l'aube, parmi tes revues et tes larmes, entre des conditionnels et des indicatifs, lointaine et sombre (comme dans un feuilleton de dix-huit heures), tu te contemples dans le miroir biseauté de ton hôtel quatre étoiles. Plus rien ne te surprend, même cette auréole ictérique si détestée et combattue pendant des années de lutte inutile, encore moins par ces cernes qui s'accentuent avec la lumière.

Mais soudain quelque chose éclate en toi : tu as envie de courir, de sortir le plus vite possible de ces quatre murs. Tu ne sais pas exactement d'où vient ce goût pour la vie. Peut-être la luminosité madrilène te trouble-t-elle à ce point ? Tu ouvres les rideaux en un clin d'œil et tu observes le spectacle matinal : des touristes affairés à chercher des pensions à prix modique, des bureaux de tabac qui s'apprêtent à recevoir leur marchandise quotidienne, des autobus Pullman-Tours avec leur joyeux chargement habituel, de joyeux collégiens qui bavassent et gesticulent en cacophonie.

« Ah ! », tu respires profondément, quelle agréable matinée ! que les autres continuent à voir leurs musées et leurs vieilles pierres, pourquoi ne pas faire ce qui me plaît puisque c'est ma journée ? C'est ma journée à moi ! Tu attrapes rapidement ton sac à main vu que rien ne pourra t'arrêter, même ta sale tête. Mais le téléphone sonne et tu réponds automatiquement pour entendre la diction très espagnole de ton guide, cette diction exotique t'intimide, et t'oblige même à adopter sur le champ ton ancienne expression, tu es surprise, admets-le par ton faible « bonjour, ça va ? », rendu au centuple par le verbiage insoutenable du cicérone, qui de sa parfaite articulation t'ordonne d'être prête à dix heures pour partir direction Tolède, oui, vers la ville de Greco, ma petite dame, où aura lieu une messe chantée en l'honneur du groupe de touristes caribéens . . . En notre honneur ? Tu balbuties, ça alors, quelle amabilité ! C'est d'accord, ma très chère dame ? Tu sens poindre sur le bout de tes lèvres le sifflant ouiiii sans difficulté, il te chatouille le bout de la langue, il s'enroule et se déroule sans se fatiguer, cette étrange lutte de la consonne vipérine avec la timide voyelle te met mal à l'aise face à la demande impérieuse du guide très catalan. « C'est bon ? », répète encore le guide, surpris par mon silence inespéré. Mais tu ne peux pas articuler la monosyllabe soumise parce qu'une chose étrange commence à monter en toi, tu la sens venir, une minuscule boule poilue qui grandit au fil de sa progression, eh oui, elle envahit ta trachée en gonflant toujours sans que tu puisses l'éviter : tu dois vomir rapidement cette intruse créature, sinon tu étoufferas, tu mourras, oui, avec cet autre avortement qui déchireras ta gorge. La peur contracte toutes tes tripes qui poussent en vue de cet accouchement libérateur: instant solennel pendant lequel la sphère parfaite de ce NON réprimé éclate pour voir son premier jour. Stupéfaite, tu reposes le combiné à sa place, pendant que tu répètes avec une frénésie crescendo l'indicatif jouissif de la négation absolue . . .

TRANSLATED BY AURELIE TESSIER

KID BURURÚ Y LOS CANÍBALES

Mirta Yáñez (1947–)

Para Sergio Baroni

Empecé a cumplir los cuarenta años apenas unos segundos después de las doce, con el sonido peculiar de la tecla de la grabadora. Muy bajo, para que los niños no se despertaran, se escuchó "Strawberry Fields Forever" que inundaba la habitación, las sábanas y todos los recovecos que tiene uno por dentro.

—Éste es el primero de mis regalos—dijo Marcelo.

En la madrugada me despertó otro ruido conocido. Marcelo estaba fajándose con el automóvil, tratando de echarlo a andar. La ventana abierta me permitía ver, desde la cama, cómo se manchaba la inmaculada bata con la grasa sucia del motor. A esa visión descorazonadora, se superponía la de los niños, de pie en mi puerta, con una rígidez artificial y cómica, cantando "Las mañanitas".

—Toda la tropa de pie y en guagua hoy—gritó Marcelo, al tiempo que pasaba como una tromba marina por el pasillo. Se detuvo un momento y preguntó:

—Me llevo a los niños, ¿y tú qué vas a hacer con el día libre?

Me rompí el cerebro pensando.

—Entrevistar a una tribu de caníbales, componer una oda, viajar hasta Marte—contesté finalmente.

Marcelo movió la cabeza de izquierda a derecha con aire incrédulo y dijo:

—Bueno, pero regresa temprano.

Cuando se fueron, recogí las colillas que se habían acumulado en el cenicero durante la noche y las eché al cesto, tendí la cama y luego me puse un pulóver y un *blue jean* que daban la impresión de haber resistido, por lo menos, desde la primera Guerra Mundial. Me asomé a mirar la calle. Vi un sol flojo y unas nubes que transitaban con aspecto ocioso y dulce, así que lo medité un poco y decidí hacer un recorrido especial: de arriba abajo, desde el paradero hasta su terminal, la ruta completa de la guagua *diecinueve*. Todos los años de estudiante, el primer amor, las visitas a la abuela en la calle Reina, la Cinemateca, el matrimonio con Enriquito, la carrera, el trabajo en el hospital, mi vieja vida subiendo y bajando de la guagua *diecinueve*.

Hasta la primera parada fue una buena caminata. La había hecho otras veces. Uf, hoy me acompañaban veintidós rayitas alrededor de los ojos (patas de gallina en lenguaje franco), que en aquel entonces no tenía. El inventario se completa con unas libras de más y varias caries. Pero lo inquietante era la falta de aire. Así que ésa fue la pregunta formal número uno que me hice, mientras esperaba la llegada de la guagua: ¿cuánto cambia uno a la vuelta de algunos años? La vez que murió el gato Robin pensé que había tenido conciencia del día exacto en que terminó mi juventud. Me empezaba ya a preocupar cómo descubrir a tiempo la primera jornada de la vejez.

La guagua también había cambiado lo suyo. Ahora era un carro azul, recién pintado y con los guardafangos relucientes. Tenía un aire resistente, aunque confieso que prefería las otras, aquellos cacharros que parecía que se iban a desarmar de un momento a otro, con las ventanillas rotas, goteras y un ruido pavoroso que escapaba de sus entrañas. Las antiguas *diecinueves* de mi adolescencia tenían algo vivo. Cuando asomaban la parte delantera por la calle Zapata, siempre se me figuraba el hocico cauteloso de un animal antediluviano. Quizás, como ellos, hayan ido a parar a algún osario secreto después de tanto zarandear por las calles de La Habana.

Me senté junto a la ventanilla de la derecha, en la última fila. Tuve algunas dudas, mas por fin me incliné por la derecha. Ya se verá por qué. Después que sale del paradero, lo primero que llama la atención es la Ciudad Deportiva y la Fuente Luminosa. Me quedaron a la izquierda, y por eso tuve que estirar un poco el cuello para ver a los muchachos, con sus *shorts* y los monos azules de entrenamiento, corriendo por la pista y, más allá, a la parejita que enamoraba en el *Bidel de Paulina*. Ya ni me acuerdo de quién habrá sido Paulina, pero me imagino que haya tenido un trasero lo suficientemente meritorio como para que la fuente se ganara ese apodo. Son cerca de las once de la mañana y tuve que reprimir el deseo de encender un cigarro que me llegó con la primera avalancha de recuerdos. Tal vez fuera por la quietud y el frescor del aire que me acordé de las madrugadas preparando los exámenes de la carrera, con toneladas de café, cigarros y galletas con mantequilla. Anoté mentalmente que no velaba una madrugada con el intelecto funcionando a millón. Otro mal síntoma, me dije.

Los viajeros de este primer trayecto suelen ser muy tranquilos. Les observé las caras y me puse a jugar a las adivinanzas: deportistas, enfermos que regresan de la consulta en el Hospital Clínico Quirúrgico, viejitas en sus visitas de rutina al cementerio. Llena o vacía, la guagua *diecinueve* va silenciosa hasta que desemboca en el Zoológico El parque me queda, por suerte, a mi mano derecha y puedo verlo a mi antojo, a pesar de la cerca y la vegetación. Claro, desde la calle no alcanza la vista hasta la jaula de los leones, pero si me pongo dichosa pudiera distinguir algún ruido sobre el runrún del transito. Embúllate, leoncito, que hoy es mi cumpleaños. La guagua disminuyó la velocidad y frenó por fin en la parada del parque. Sólo entonces me llegó el inconfundible sonido del ronquido desvelado, peligroso. Dejé que me asustara un poco, como en aquella noche iniciática que dormí con Pavel y los leones nos despertaron antes del amanecer.

A partir de ahí, la *diecinueve* se llenó de niños y también de una muchacha joven que iba camino de la Universidad. Un grupo de cinco o seis tomó cuenta de mi *blue jean* desteñido y rió por lo bajo. ¡A esa edad se sienten tan lejanos los cuarenta años! Creo que debían haber comentado el traje que seleccioné para escaparme del asilo de ancianos.

El tramo de Nuevo Vedado se reducía a un tiempo muy corto, pero refrescante, mientras dura la Avenida Veintiséis tan ancha y con esas curvas de montaña rusa. Uno de los muchachos encendió un radio portátil: entran los acordes de la trompeta (o acaso el saxo), después de los *Oh oh* alargados, hasta que irrumpe la voz del Benny que dice *Vida, si pudieras* (pausa) *vivir la feliz emoción.* ¿Me hace esa pregunta a mí? ¿Será capaz el corazoncito todavía de latir con fuerza? Lo oigo, siento que me va a rajar el pecho, trago seis veces seguidas para no hacer un papelazo. Menos mal, menos mal.

Después, la guagua cogió la calle Zapata por todo el costado del cementerio.

Miré para adentro y allí me vi, en el entierro de la abuela o las tardes que iba a estudiar con Pavel en los bancos sombreados. Fulanito, Zutano, Melgarejo, leo las lápidas aprisa y casi sin advertir que repetía la costumbre de tantos años atrás.

Cerca de la esquina de 23 y 12 se apean las viejitas, y sube un montón de pasajeros muy variados. Es casi mediodía, y éstos son los que van corriendo para almorzar en la casa y regresar en dos minutos al trabajo. Allí empieza un murmullo distinto que va creciendo según la guagua atraviesa El Vedado. Éste fue siempre el barrio que más me gustaba, sobre todo los domingos, que toma un color diferente al resto de la semana. Antes de salir del Vedado, la *diecinueve* pasa por los hospitales. Poco a poco, la guagua se ha ido rellenando de calor y de gente. El viaje iba dejando de ser un paseo. Noté un cambio en los rostros. Ensimismados o con preocupación que en parte podía suponer, mostraban cierta fiebre interior que yo había olvidado. ¿Cómo es posible que uno pierda todas las cosas que aprende cuando todavía es joven? Encerrada en el laboratorio, en la casa. ¿En cuál gaveta habré traspapelado la sensibilidad? Me condeno a unos cuantos latigazos en la psiquis por haber descuidado el recuerdo de que una vez yo estuve ahí, apretujada, con tres paquetes en cada mano, tratando de llegar a la puerta de atrás, angustiada porque se me pasaba la hora de entrada al hospital.

Inesperadamente, en la parada de G y Boyeros, se subieron dos conocidos. Hacía un milenio que no los veía, pero seguían igualitos: Víctor y Enriquito. Tuve una corazonada y me refugié detrás de los espejuelos oscuros. Por nada del mundo quería que me descubrieran, A Víctor lo conocía bien porque fuimos vecinos desde chiquitos. Sólo se le apunta una hazaña: cuando estudiábamos en segundo año, Víctor salió con una tijera para cortarles el pelo a los pepillos en la Rampa. No tengo que añadir ningún adjetivo a la historia. El propio Víctor contaba cómo le torció el brazo a un muchachito mientras lo pelaba al rape. "Es que no se quería dejar," explicaba siempre, ésa fue la primera y la última bronca que tuvimos. Después él abandonó los estudios y se mudó. No puedo dejar de acordarme de todo eso ahora, cuando veo su larga melena rubia, que el viento le bate un poco.

A Enriquito lo conozco mejor. Estuvimos casados siete años. Iba muy elegante, de cuello y corbata, aunque fueran las doce del día y el sol rajara los adoquines. Genio y figura. Enriquito es lo que se dice un tipazo de hombre.

Siempre ha tenido ese cuerpo de luchador y la cara, ni hablar. Su voz se imponía sobre la escandalera que había por el momento en la guagua. Quise mucho a Enriquito, pero fue un matrimonio sin fortuna de principio a fin. Yo sabía sus correrías y se las pasaba. Era su única manera de ganar confianza, aparentar que me engañaba con veinte a la vez. Lo que resultaba molesto es que a veces aquellas muchachas comentaban que Enriquito era grande por gusto. Por alguna razón que desconozco, no podía funcionar. Casi nunca. Su agresividad, el desfile inútil de los médicos, sus aventuras decepcionantes. Sufría mucho, y yo me sentía infeliz. Sin embargo, la crisis vino por otra cosa. Esa vez que me escogieron para trabajar dos años en Tanzania, Enriquito mostró una cara en la calle, la de Don Juan comprensivo y moderno, y otra en la casa: "No me da la gana de dejarte ir, aquí el que manda soy yo, el marido." Cuando regresé del viaje, Enriquito había terminado las gestiones del divorcio. A pesar de todo, lloramos mucho los dos.

La guagua frenó ruidosamente enfrente de la Escuela de Veterinaria y subieron dos jovencitas con un perro *poodle*. El primero en atacar fue Enriquito. Con rapidez sacó el pecho de atleta y tomó en sus brazos al perro. Parecía una galantería inocente. Víctor, un poco más rezagado en el pasillo, se abrió paso con los codos hasta quedar en mejor posición. Ninguno de los dos había cambiado mucho. Los unía una de esas amistades que se basan en el recelo. Víctor sentía hacia Enriquito una envidia bastante común, aquella que provoca alguien en quien se reconocen los propios defectos, pero que ha navegado dentro de la vida con mejor suerte. Enriquito, por su lado, con un título, una especialidad, un buen sueldo, sentía una fea pasioncilla ante el éxito conyugal de Víctor.

A la altura de Reina y Lealtad, se subió un hombre. Un negro flaco en extremo, que se movía con gestos desarticulados, esquivos. Usaba una camisa de algodón limpia y muy usada; el pantalón de batahola tenía un mapa de zurcidos en su parte posterior; los zapatos habían sufrido el peor destino, pues estaban rotos y polvorientos. Llevaba bajo el brazo uno de esos cartuchos misteriosos que nunca se sabe a derechas qué contienen, junto con un manojo de periódicos amarillentos. Cuando me encuentro con un negro de pelo tan canoso, a lo mínimo le echo doscientos años. No obstante, lo más curioso que tenía era la cara, enjuta, chupadas las mejillas, los ojos estriados de sangre, la nariz aplanada de manera brutal y una boca que daba la rara impresión de estar en carne viva. No voy a olvidar nunca aquella boca, desparramada, lo más visible en el rostro del negro porque no paraba de temblar o de abrirse. Cuando lo hacía, dejaba ver unas encías peladas y tristes.

La subida del negro fue un acontecimiento, aunque no pude precisar en ese momento de qué tipo. La primera voz que se oyó fue la del chofer. Parecía no hablar con nadie en particular. En realidad se estaba dirigiendo al negro:

—Los boxeadores son todos unos sinvergüenzas.

La reacción del negro fue instantánea. Saltó como un resorte:

—Así mismo es—chilló con un tono agudo, precipitado.

Hubo una risa general que me sorprendió. Yo también sonreí. Pensé que estaba siendo testigo de una broma mil veces repetida. No podía sospechar todavía lo que vendría más tarde.

Otro hombre intervino:

—Kid Gavilán te noqueó.

El negro empezó a mover los brazos en un espasmo y una especie de chillido salió de aquella boca:

—No es verdad.

De repente, reconocí la voz de Víctor:

—Déjate de cuentos. Kid Gavilán por poquito te mata—y soltó una carcajada áspera, dirigida con carácter especial a las jovencitas del perro *poodle*.

El negro parecía a punto de echarse a llorar:

—¡Mentira! A Kid Gavilán lo noqueé yo.

Víctor volvió a la carga:

—No metas paquetes, Kid Bururú. Los muertos no hablan.

El negro a quien Víctor había llamado Kid Bururú hizo un amago de pelea, y el regocijo de la guagua aumentó. Miré a mi alrededor con extrañeza: ¿nadie iba a parar aquello?

Atravesamos la calle Galiano y el apelotonamiento era tremendo. El sudor y el hollín habían terminado por despintar las caras de los pasajeros, apurados, intranquilos, que viajaban en la *diecinueve*. Desde la acera alguien vociferó un saludo, el perro *poodle* se puso sorpresivamente a ladrar, una sirena se dejó escuchar a lo lejos. Hubo un instante de ruido intenso y, al mismo tiempo, de calma. Kid Bururú logró sentarse en el asiento de la rueda trasera. Tenía la cabeza metida entre las rodillas, y todo su aspecto era el del boxeador que espera en su esquina el toque de la campana.

Fue entonces que oí la voz de Enriquito que decía:

—Kid Gavilán te quitó la mujer.

Kid Bururú fue sacudido por un rayo. Abandonó su puesto y trató de avanzar por el pasillo. La traza de los viajeros ya no se mostraba tan risueña. La cosa estaba yendo demasiado lejos. Hubo un murmullo de desaprobación. Aunque ya nada podía detener a Enriquito que, desde su asiento, repetía como un sonsonete: "Kid Gavilán te quitó la mujer." Y después remató:

—Kid Bururú, tú no eres hombre.

El negro se abalanzó sobre Enriquito y le tiró a la mandíbula un *jab* de izquierda que fue a desperdiciarse en el vació. Las muchachas del perrito *poodle* soltaron unos gritos con coquetería. Víctor intervino, y después de este conato de bronca bajaron de la guagua, a la fuerza, a Kid Bururú, en la parada del Parque de la Fraternidad. Allí se quedó, moviendo uno de sus puños lamentables, en tanto el otro se mantenía defensivo a nivel de la cadera, con una posición que debía recordarle sus viejas glorias en el *ring*.

Cerré los ojos porque pensé que me iba a dar un soponcio. Me reproché mi pasividad, mi silencio. Y aquí me hice otra pregunta formal: ¿Acaso es inevitable que el tiempo termine por achantarnos? Levanté la vista, ya Víctor y Enriquito se apeaban de la guagua, junto con las jovencitas y el perro *poodle*. Todavía se iban riendo.

La *diecinueve* dobló hacia la Avenida del Puerto y empezó a vaciarse. Cuando menos lo esperaba, sentí el olor a petróleo y a maderas podridas, y escuché el *chas chas* del mar que golpeaba contra el muro del Malecón. La bahía me quedaba a la derecha, y fue por eso que preferí este asiento. Conocí a Marcelo en Casablanca y también nos montamos en una guagua *diecinueve*. Pero ni siquiera este recuerdo, el mejor de la lista, podía borrar la imagen de Kid Bururú.

Esa tarde hubo una fiesta en mi casa. Los invitados fueron Marcelo y los niños. Después de la comelata y el *cake*, Marcelo me preguntó:

—¿Y por fin pudiste empatarte hoy con los caníbales?

Me rasqué la nariz para darme tiempo y dije:

—Sí. Por lo menos con dos. También viajé mucho, más lejos que a Marte. Y compuse una oda a Kid Bururú.

—¿A quién?

—A Kid Bururú. Tienes que montar en guagua si quieres conocerlo.

KID BURURÚ AND ‿ THE CANNIBALS

Mirta Yáñez (1947–)

For Sergio Baroni

My fortieth birthday celebrations began shortly after midnight with the unmistakable sound of the tape recorder button. Very softly, so as not to wake up the children, "Strawberry Fields Forever" was playing. I listened as it filled the room, the sheets and every nook and cranny of my entire being.

"This is my first gift," said Marcelo.

Another familiar sound awakened me early that morning. Marcelo was working relentlessly on the car in a desperate attempt to get it to start. The window was open and as I lay in bed I could see him soiling the lily-white bathrobe with the dirty engine oil. Though disheartening, this image was not as bad as that of the children standing stiffly in the doorway singing "Happy Birthday", all with a ridiculous air about them.

"Get ready everybody, we are going to take the bus," shouted Marcelo as he whizzed past in the corridor. He stopped for a second and asked, "I'm taking the kids out. What are you going to do with the day all to yourself?"

I racked my brain trying to find an answer.

"Interview a tribe of cannibals, compose an ode and make a trip to Mars," I finally responded.

Marcelo shook his head from side to side in disbelief and said, "Okay, but just be back early."

When they left I collected the cigarette butts that had piled up in the ash-tray during the night, threw them in the wastebasket, made the bed and then put on a pullover and a pair of jeans that looked like they had been around at least since World War I. I looked outside. There was barely any sunshine and a few fluffy clouds floated by lazily so I decided to take a special route: the entire line of the number nineteen bus, from start to finish, from the bus stop all the way to the terminus. All those years at university, the first love affair, visits to grandma on Queen Street, the film library, the marriage to Enriquito, the career, the job at the hospital, my old life spent getting on and off the number nineteen bus.

It was quite a long walk to the nearest station. I had done it many times before. Uf, today I had twenty-two fine lines around my eyes to accompany me (crow's feet to put it bluntly) that I didn't have back then. A few extra pounds and some cavities topped it all off. What worried me though was the breathlessness. And so, the first real question I asked myself while waiting for the bus was this, "How much can one person change in a few short years?" When Robin the cat died I think I became aware of the exact day my youth ended. I had already started to worry about how to recognize early on the first day of one's old age.

The bus had changed as well. It was now blue, freshly painted and with shiny new fenders. It looked sturdy though I will admit that I preferred the others, those old pieces of junk with their broken windows and leaks. They made a frightening sound that seemed to come from their very bowels and looked like they were going to fall apart at any given moment. The old number nineteens from back when I was a teenager had something lifelike about them. Whenever I saw the front part coming onto Zapata Street it would always make me think of some antediluvian animal cautiously sticking out its nose. Maybe they too had gone to rest in some secret ossuary after having shaken so vigorously through the streets of Havana.

I sat in the right window seat, in the back row. I had a few doubts but finally I decided on the right-hand side. You'll soon see why. After leaving the bus stop the first thing that catches the eye is the Sports Centre and the Fuente Luminosa. They were over to my left so I had to strain my neck a little to see the guys running on the field in their shorts and the blue overalls used for training as well as the couple making out in the in the B de P further on.

I don't remember who Paulina was but she must have had quite a rear end for the fountain to be named after her. It was almost eleven in the morning and ever since the first wave of memories hit me I've had to suppress the desire to light up a cigarette. Perhaps it was the stillness and the fresh air that reminded me of those mornings spent preparing for exams with tons of coffee, cigarettes and buttered biscuits. I made a mental note of the fact that I could no longer work late into the wee hours of the morning without my brain starting to shut down. Another bad sign, I said to myself.

The passengers on this first part of the route are usually very quiet. I looked at their faces and tried to guess: athletes, nurses coming back from their shift at the Surgical Clinic, old ladies going on their routine visits to the cemetery. Whether full or empty, the number nineteen would roll along silently until it got to the Zoo. Luckily, the park is to my right and I can see it clearly in spite of the fence and the trees. Obviously I can't see the lions' cage from the street but if I'm lucky I can just hear their roars above the sound of the traffic. Make some noise mister lion, today's my birthday. The bus slowed down and then finally came to a halt at the bus stop by the park. It was only then that I could hear the unmistakable sound of the lions roaring loudly and threateningly. I let myself get a bit alarmed, a little like that first special night when I slept with Pavel and the lions woke us up just before dawn.

From that point on the number nineteen filled with children and a young girl on her way to the university. A group of about five or six of them noticed my faded jeans and snickered under their breath. At that age, forty seems such a long way off. I think they must have told themselves that that was the outfit which I had chosen to run away from the old people's home.

The Nuevo Vedado stretch was very short but pleasant while Twenty-sixth Avenue was long and wide with bends going up and down like a roller coaster. One of the boys put on a portable radio: there goes the trumpet (or maybe the sax), the drawn out "*Oh, oh*" until Benny's voice bursts in singing, "*Life, if you could just feel that happy feeling.*" Was he asking me this question? Will my poor heart still be able to go on beating strongly? I hear it, I feel as though it's going to burst out of my chest, I swallow six times in a row so as not to have a heart attack. That's better, easy does it, easy there.

The bus then went down Zapata Street straight alongside the cemetery. I looked in and there I was at my grandma's funeral or sitting on the shady benches with Pavel when I'd go to study with him on afternoons. Fulanito, Zutano, Melgarejo, I read the headstones quickly, almost without realizing that I was reliving an old habit from so many years ago.

The old women got off near the corner of Twenty-third and Twelfth and a very mixed bunch of passengers get on. It's almost midday and these are the ones that run off to have lunch at home before having to rush back to work soon after. This is when a distinct sort of murmur starts and as the bus goes along El Vedado, it grows louder. This has always been my favourite neighbourhood, especially on Sundays when it takes on a whole different face from during the week. Before leaving El Vedado the number nineteen goes by the hospitals. Little by little, the bus gets hotter and fuller. The trip becomes less and less enjoyable. I noticed a change in the passengers' faces. They seemed worried or lost in thought, displaying all the while, a kind of inner fever that I had long forgotten. How can one possibly lose all the things learned in one's youth? Locked away in the lab, in the house. In which drawer was sensitivity misplaced? I curse myself mentally for not having safeguarded the memory that I was once here, on this bus, sandwiched between two passengers, with three parcels in each hand, trying to get to the back door, worried because visitors' hour at the hospital would soon be over.

Suddenly, at the bus stop on G and Boyeros, two people I know got on. I hadn't seen them in ages but they were still exactly the same. Víctor and Enriquito. I acted on a hunch and hid behind my shades. I didn't want them to see me for anything in the world. I knew Víctor well because we'd been neighbours since childhood. He had one claim to fame. When we were in our second year at university Víctor took a pair of scissors and went out and cut off the hair of the little rich kids in la Rampa. I don't need to say anything more. Víctor himself tells the story of how he twisted one boy's arm as he gave him a crew cut. "He wouldn't sit still," he always explains. That was our first and last fight. He then dropped out of school and moved away. I can't help but remember all this now, as I look at his long dark hair blowing gently in the wind.

I know Enriquito better. We were married for seven years. He was dressed very elegantly in a suit and tie even though it was noon and the sun was beating down mercilessly. Brains and beauty. Enriquito is what you would call a hunk. He had always had the body of a wrestler and as for his face, don't even mention it. His voice could be heard above the noise in the bus. I had loved Enriquito dearly but it was one misfortune after another from start to finish. I knew about his affairs but I turned a blind eye. Pretending that he was cheating on me with twenty women at a time was the only thing that gave him a bit of self-confidence. The annoying part was that sometimes those girls would make comments about how well-endowed he was. For some reason unknown to me he couldn't perform. Almost never. His aggressive nature, his endless visits to doctors, his unfulfilling affairs. He suffered a lot and I was unhappy. However, the crisis came from elsewhere. When I was chosen to go to Tanzania to work for two years Enriquito showed one face in public and when we were at home he declared, "I don't feel like letting you go. I'm the boss here, I'm the man of the house." When I got back from the trip Enriquito had filed for a divorce. In spite of everything we both wept.

The bus stopped noisily in front of the veterinary school and two young women got on with a *poodle*. Enriquito was the first to attack. He quickly stuck out his broad, athletic chest and took the dog in his arms. It looked like innocent chivalry. Víctor, who was further down the corridor, elbowed his way through until he found a better spot. Neither of them had changed very much. Theirs was one of those friendships based on mistrust. Víctor had a sort of everyday jealousy towards Enriquito, one brought on when you see someone with your very own shortcomings who is more fortunate in life. As for Enriquito, with a degree, a career and a good salary, he had an unhealthy admiration for the success of Víctor's marriage.

Around Reina and Lealtad a man got on; a very skinny black man whose movements were disjointed and evasive. He was wearing a clean but very worn cotton shirt, his tattered pants were patched up at the back and his shoes, dusty with holes, were in the worst state of all. He was carrying one of those mysterious paper bags – the ones you never quite seem to know exactly what is in them – under his arm, together with a handful of yellowish magazines. Whenever I see a black man with such grey hair I think he's at least two hundred years old. Nevertheless, the most curious thing about him was his face, lean, drawn cheeks, bloodshot eyes, a remarkably broad nose and a mouth that seemed to be set in raw flesh. I'll never forget that mouth, wide, the most noticeable part of his face because it kept trembling and opening incessantly. When it did so, you could see his sad, bare gums.

When the black man got on, there was quite a stir, although I can't really say why right now. The first voice I heard was the driver's. He didn't seem to be talking to anyone in particular but really and truly, he was talking to the black man.

"All boxers are good-for-nothings."

The man reacted instantly. He sprung up violently.

"That's right," he screamed sharply, hastily.

There was general laughter, which surprised me. I smiled as well. I thought I was witnessing an old joke played out a thousand times before. I still had no idea what was going to happen.

Another man interjected saying: "Kid Gavilán knocked you out."

The man started to jerk his arms about wildly and a strange sort of scream escaped his even stranger mouth.

"That's a lie."

Suddenly, I recognized Víctor's voice saying, "Stop your lies. Kid Gavilán nearly killed you." He guffawed loudly while looking at the young girls with the poodle.

The man seemed to be on the verge of tears.

"Liar! I was the one who knocked out Kid Gavilán."

Víctor took up where Enriquito left off.

"Don't overdo it Kid Bururú. The dead can't talk."

The black man who Víctor had called Kid Bururú pretended to start a fight and the atmosphere in the bus got even more charged. I looked around in amazement. Wasn't anyone going to stop this?

We crossed Galiano Street and the crowd was unbelievable. The sweat and exhaust fumes had managed to rumple the faces of the rushed, restless passengers on the number nineteen. Someone shouted a greeting from the pavement, the poodle suddenly started to bark, a siren could be heard in the distance. There was a moment of intense noise and yet of silence. Kid Bururú managed to sit at the back. He held his head between his knees and everything about him looked like that of a boxer waiting in his corner for the sound of the bell.

That was when I heard Enriquito's voice saying, "Kid Gavilán took away your wife."

Kid Bururú was as if struck by lightning. He left his spot and moved up the aisle. The passengers didn't seem so cheerful anymore. Things were going too far. There was a disapproving murmur though no one could stop Enriquito who was repeating from his seat in a singsong manner, "Kid Gavilán took away your wife." He then ended by saying, "Kid Bururú, you're not a man."

The black man pounced on Enriquito and aimed at his jaw with a left jab that went flying. The girls with the poodle let out a few coquettish shouts. Víctor jumped in and after this attempt at a fight Kid Bururú was thrown off the bus at the Parque de la Fraternidad bus stop. He stayed right there shaking one of his sorry fists while the other remained guarding his hip in a position that was reminiscent of his glory days in the ring.

I closed my eyes because I thought I was going to have a heart attack. I reproached myself my passivity, my silence. And this was when I officially asked myself another question. Is it inevitable that time eventually beats us down? I looked up and Víctor and Enriquito were already getting off the bus, together with the young girls and the poodle. They were all still laughing.

The number nineteen turned onto Avenida del Puerto and its passengers started to get off. When I least expected it, I got an odour of petrol and rotten wood and I heard the splash of the waves against the seawall of the Malecón. The bay was to my right and that's why I preferred this seat. I had met Marcelo in Casablanca and we also used to take a number nineteen bus. But not even this memory, the best of the lot, could erase the image of Kid Bururú.

There was a party at my house that evening. The guests were Marcelo and the children. After the ice cream and cake, Marcelo asked me, "So were you able to get in touch with the cannibals today after all?"

I scratched my nose to buy a little time and replied, "Yes. At least two of them. I also travelled very far, much further than Mars. And I composed an ode to Kid Bururú."

"To whom?"

"To Kid Bururú. You have to take the bus if you want to meet him."

TRANSLATED BY NATASHA CALLENDER

KID BURURÚ ET 🙂

LES CANNIBALES

Mirta Yáñez (1947–)

À Sergio Baroni

J'ai eu quarante ans quelques secondes après minuit, au son particulier du magnétophone. Le volume très bas, afin que les enfants ne se réveillent pas, on a écouté « Strawberry Fields Forever » qui emplissait la chambre, les draps et tous nos recoins et replis.

— Ça c'est le premier de mes cadeaux, a dit Marcelo.

À l'aube, j'ai été réveillée par un autre bruit familier. Marcelo était en train de se battre avec la voiture pour essayer de la démarrer. Par la fenêtre ouverte, je pouvais voir, depuis mon lit, comment son immaculée robe de chambre était en train de se tâcher avec la graisse du moteur. A cette scène décourageante se superposait celle des enfants, debout à ma porte, pleins de rigidité artificielle et comique à la fois, qui chantaient « Las mañanitas ».

— Allez tout le monde debout et nous prenons l'autobus aujourd'hui, a crié Marcelo au moment où il passait en trombe dans le couloir. Il s'arrêta un instant et demanda :

— J'emmène les enfants, que vas-tu faire de ta journée libre ?

Je me suis cassée la tête pour y penser.

— Interroger une tribu de cannibales, composer une ode, voyager sur Mars, j'ai finalement répondu.

Marcelo a secoué la tête, incrédule, et a ajouté :

— D'accord, mais rentre tôt.

Quand ils sont partis, j'ai ramassé les mégots qui s'étaient accumulés dans le cendrier et les ai jetés à la poubelle, j'ai fait le lit et je me suis mise en suite un pull et un blue jean qui donnaient l'impression d'avoir résisté, au moins, à la première Guerre Mondiale. Je suis sortie voir dans la rue. J'ai vu un soleil timide et des nuages qui se déplaçaient lentement et doucement, si bien que j'y ai réfléchi à deux fois et puis j'ai décidé de faire un trajet spécial : du début à la fin, de l'arrêt d'autobus jusqu'à la fin du trajet, la ligne complète de l'autobus *diecinueve*. J'avais passé ma vie antérieure à monter et à descendre de l'autobus *diecinueve* pendant toutes mes années d'étudiante : mon premier amour, mes visites à ma grand-mère dans la rue Reina, la Cinémathèque, mon mariage avec Enriquito, mes études, mon travail à l'hôpital.

Ça a fait une trotte pour arriver au premier arrêt. Je l'avais déjà fait. Oh là là ! Aujourd'hui, j'étais accompagnée de vingt-deux rides autour des yeux (des pattes d'oie pour parler franchement), qu'à l'époque je n'avais pas. On continue l'inventaire avec quelques kilos en plus et quelques caries. Mais le plus inquiétant c'était le manque de respiration. Combien change-t-on au fil des années ? Celle-là fut donc la première question sérieuse que je me suis posée en attendant l'autobus. J'ai pensé que j'avais pris conscience de la fin de ma jeunesse le jour précis où mon chat Robin est mort. Je commençais déjà à m'inquiéter de découvrir à temps le premier jour de ma vieillesse.

L'autobus aussi avait changé. Maintenant, il était bleu, juste repeint, les garde-boues reluisants. Il paraissait résistant, même si je dois avouer que je préférais les autres, ces guimbardes qui on aurait dit aller se déglinguer à n'importe quel moment, avec leurs vitres cassées, leurs gouttières et ce bruit effrayant qui s'échappait de leurs entrailles. Les antiques *diecinueve* de mon adolescence avaient quelque chose de vivant.

Quand on découvrait le bout de leur pare-chocs dans la rue Zapata, j'imaginais toujours voir la gueule prudente d'un animal antédiluvien. Peut-être que comme eux, ils sont allés se réfugier dans un ossuaire secret après avoir tant écumé les rues de La Havane. Je me suis assise à la fenêtre de droite, au dernier rang. J'ai hésité, puis finalement j'ai penché pour la droite. On verra pourquoi. Ce qui attire l'attention après l'arrêt d'autobus c'est la Ciudad Deportiva et la Fuente Luminosa. Je les ai laissées sur ma gauche, et c'est pourquoi j'ai dû tendre un peu le cou pour voir les jeunes, avec leurs *shorts* et leurs T-shirts bleus d'entraînement, courir sur la piste et, plus loin, un jeune couple qui tombait amoureux dans le *Bidel de Paulina*. Je ne me souviens plus qui était Paulina, mais j'imagine qu'elle avait un derrière suffisamment notoire pour qu'on l'affuble de ce surnom. Il est environ onze heures du matin, et j'ai dû me retenir d'allumer une cigarette, envie provoquée par la première avalanche de souvenirs. C'est peut-être à cause de la douceur et de la fraicheur de l'air que je me suis souvenue des matins où je préparais mes examens à l'aide de tonnes de café, de cigarettes et de biscuits au beurre. Je me suis faite la réflexion que je ne pouvais plus faire de nuit blanche avec le cerveau fonctionnant à plein. Et voilà un autre symptôme qui ne vaille rien de bon.

Les voyageurs de ce premier trajet sont normalement très calmes. J'ai observé leurs visages et j'ai joué aux devinettes : des sportifs, des malades qui rentrent de consultation de l'hôpital Clinique Chirurgien, des petites vieilles de retour de leurs visites de routine au cimetière. Plein ou vide, l'autobus *diecinueve* est silencieux jusqu'au Zoo. Heureusement, le zoo est sur ma droite et je peux le voir à mon goût, malgré la clôture et la végétation. Bien sûr, depuis la rue je ne distingue pas la cage aux lions ; si j'ai de la chance, je pourrais peut-être entendre un rugissement couvrant le bruit de la circulation.

Allez, petit lion, réveille-toi car aujourd'hui c'est mon anniversaire. L'autobus a réduit sa vitesse et a enfin freiné au niveau de l'arrêt d'autobus du zoo. J'ai alors entendu le grondement dangereux reconnaissable entre tous. Je me suis un peu laissée effrayer, comme cette nuit initiatique passée avec Pavel où les lions nous ont réveillés avant l'aube. A partir d'ici, le *diecinueve* s'est rempli d'enfants et d'une jeune fille qui se rendait à l'Université. Un groupe de cinq ou six a vu mon *blue jean* déteint et a ri sous cape. A cet âge, ils sont si loin de leur quarante ans ! Je pense qu'ils ont fait des commentaires sur la tenue que j'ai choisie pour m'échapper de la maison de retraite. Le tronçon de Nuevo Vedado était très rapide, mais rafraichissant, alors que l'Avenida Veintiséis était longue, large et avait des virages de montagne russe. Un des jeunes a allumé une radio portative : on entend les accords d'une trompette (ou peut-être d'un saxo), puis des Oh, oh ! prolongés, jusqu'à l'irruption de la voix de Benny qui dit « *Mon amour, si tu pouvais* (pause) *sentir l'émotion heureuse* ». Il me pose cette question à moi ? Mon cœur est-il encore capable de battre avec force ? Je l'entends, je sens que ma poitrine va éclater et je prends mon inspiration six fois de suite pour ne pas faire de malaise. Heureusement, heureusement.

Après, l'autobus a pris la rue Zapata en longeant le cimetière. J'ai regardé à l'intérieur et je me suis revue à l'enterrement de ma grand-mère ou bien les après-midi où j'y étudiais avec Pavel sur les bancs ombragés. Machin, Truc, Bidule, je lis les pierres tombales à toute vitesse sans me rendre compte que je reprends mes vieilles habitudes.

Au coin des rues 23 et 12, des petites vieilles descendent, et un tas de voyageurs très différents monte. Il est presque midi, et ceux-là rentrent à toute vitesse pour déjeuner chez eux et retourner en deux minutes au travail. Commence maintenant un murmure différent qui va en augmentant pendant que l'autobus traverse El Velado. Ça a toujours été un de mes quartiers préférés, surtout le dimanche, car il prend un air différent à celui de la semaine. Avant de quitter El Velado, le *diecinueve* passe par les hôpitaux. Au fur et à mesure, l'autobus se remplit de chaleur et de personnes. Le voyage a cessé d'être une promenade. J'ai observé un changement sur les visages. Les passagers renfermés sur eux-mêmes ou inquiets ce que je pouvais deviner en partie, démontraient une certaine agitation interne que j'avais oubliée. Comment est-il possible qu'on oublie toutes les choses apprises étant jeune ? Renfermée dans son laboratoire, dans sa maison. Dans quel tiroir ai-je égaré la sensibilité ? Je me condamne à quelques coups de fouets psychiques pour avoir oublié que moi aussi j'ai été là serrée, avec trois paquets dans chaque main, essayant d'atteindre la porte arrière et stressée parce que j'allais arriver en retard à l'hôpital.

A l'arrêt de G et Boyeros, deux personnes connues sont montés subitement. Ça faisait un bail que je ne les voyais pas, mais ils étaient identiques : Victor et Enriquito. J'ai eu un pincement au cœur et je me suis réfugiée derrière mes lunettes noires. Pour rien au monde je ne voulais qu'ils ne me découvrent. Je connaissais bien Victor puisque nous avions été voisins d'enfance. On lui attribue un seul exploit : quand nous étions en deuxième année, Victor est venu avec des ciseaux pour couper les cheveux des petits riches à la Rampa. Je n'ai rien à ajouter à l'histoire. Victor lui-même racontait comment il a tordu le bras à un petit garçon pendant qu'il lui coupait les cheveux à ras. « C'est qu'il ne voulait pas se laisser faire », expliquait-il toujours, Ce fut notre première et dernière dispute. Il a ensuite abandonné ses études et a déménagé. Je ne peux pas m'empêcher de penser à tout ça maintenant, quand je vois sa longue crinière blonde, que le vent soulève légèrement.

Je connais mieux Enriquito. Nous avons été mariés pendant sept ans. Il était très élégant, en costume-cravate, même s'il était midi et que le soleil rasait les rues. Un génie et une silhouette. Enriquito est ce qu'on appelle un sacré type. Il a toujours eu ce corps de lutteur et que dire de son visage. Sa voix couvrait le vacarme de l'autobus. J'ai beaucoup aimé Enriquito, mais ce fut un mariage malheureux du début à la fin. J'étais au courant de ses aventures et je les lui pardonnais. C'était son seul moyen d'avoir confiance en lui, me faire croire qu'il me trompait avec vingt à la fois. Parfois ces filles disaient qu'Enriquito était grand juste pour le plaisir ce qui en était gênant. Pour une raison qui m'ait inconnue, Enriquito ne pouvait pas fonctionner. Presque jamais. Son agressivité, son défilé inutile chez les médecins, ses aventures décevantes. Il souffrait beaucoup et j'étais malheureuse. Cependant, la crise se produisit à cause d'un autre événement. La fois où j'ai été sélectionnée pour travailler deux ans en Tanzanie, Enriquito montra un visage en public, celui de Monsieur compréhensif et moderne, mais un autre à la maison : « Je n'ai pas envie de te laisser partir, c'est moi qui commande ici, je suis ton mari. » Quand je suis rentrée de voyage, Enriquito avait terminé la procédure de divorce. Malgré tout, nous avons beaucoup pleuré tous les deux.

L'autobus a freiné bruyamment face à l'Ecole Vétérinaire et deux jeunes filles sont montées avec un poodle. Enriquito attaqua le premier. Il montra rapidement son torse d'athlète et prit dans ses bras le chien. On aurait dit une galanterie innocente. Victor, plus en arrière dans l'allée, se fraya un passage avec ses coudes afin d'avoir une meilleure position. Aucun des deux n'avait beaucoup changé. Leur amitié se basait sur la méfiance. Victor ressentait envers Enriquito une jalousie commune, celle provoquée par quelqu'un chez qui on reconnaît ses propres défauts, mais qui a eu plus de chance dans la vie. Enriquito, de son côté, avait un titre universitaire, une spécialité, un bon salaire mais en revanche ressentait une envie malsaine face au succès conjugal de Victor.

A la hauteur de Reina y Lealtad, un homme est monté. Un noir d'une extrême maigreur, qui se déplaçait avec des gestes désarticulés, farouches. Il portait une chemise propre en coton mais très usée ; son pantalon large avait beaucoup de reprises sur sa partie postérieure ; et ce sont ses pauvres chaussures qui avaient souffert le plus, elles étaient craquées et poussiéreuses. Il portait sous le bras un de ces sacs au contenu mystérieux ainsi qu'un paquet de journaux jaunis. Quand je tombe sur un noir aux cheveux blancs, je lui donne au minimum deux cents ans.

Néanmoins, son visage était ce qu'il avait de plus surprenant, décharné, les joues creuses, les yeux striés de sang, le nez aplati de manière brutale et sa bouche donnait l'étrange impression d'être en chair vive. Je n'oublierai jamais cette bouche, bée, partie la plus visible sur ce visage du noir vu qu'elle n'arrêtait pas de trembler et de s'ouvrir. Quand ça se produisait, on voyait ses gencives édentées et tristes.

La montée du noir fut un événement, même si à cet instant je n'ai pas pu en préciser la nature. La première voix qu'on entendit fut celle du conducteur. Il semblait parler à personne en particulier. Il s'adressait en fait au noir :

— Tous les boxeurs sont des voyous.

La réaction du noir fut instantanée. Il s'agita :

— C'est bien vrai, cria-t-il d'une voix aigue et saccadée.

Il y eut un rire général qui me surprit. J'ai aussi souri. Je pensais être le témoin d'une blague mille fois répétées. Je ne suspectais pas encore ce qui arriverait plus tard.

Un autre homme intervint :

— Kid Gavilán t'a mis KO.

L'homme a commencé à remuer les bras de manière spasmodique et un drôle de cri est sorti de cette bouche :

— Ce n'est pas vrai.

J'ai soudain reconnu la voix de Victor :

Arrête tes histoires. Kid Gavilán a failli te tuer.

Et il a éclaté d'un rire gras, spécialement dirigé aux jeunes filles avec le poodle.

Le noir semblait sur le point de pleurer :

— Ce n'est pas vrai ! C'est moi qui ai mis KO Kid Gavilán.

Victor revint à la charge :

— Arrête de trop en faire, Kid Bururú. Les morts sont silencieux.

Le noir que Victor avait appelé Kid Bururú a fait mine de se battre et l'excitation dans l'autobus battait son plein. J'ai regardé autour de moi avec étonnement : personne n'allait arrêter ce jeu ?

Nous avons traversé la rue Galiano et l'attroupement était terrible. La sueur et la suie avaient fini par délaver les visages des passagers, pressés, énervés, qui voyageaient dans le *diecinueve*. Sur le trottoir quelqu'un salua en vociférant, le poodle se mit à aboyer par surprise et on a entendu une sirène au loin. Il y a eu un instant de brouhaha et silencieux en même temps. Kid Bururú réussit à s'asseoir sur le siège de la roue arrière. Il avait la tête entre les jambes et il avait l'air du boxeur qui attend au coin du ring le sifflet de l'arbitre. J'ai alors entendu la voix d'Enrique qui disait :

— Kid Gavilán t'a pris ta femme.

Kid Bururú fut transpercé par un éclair. Il a abandonné son siège et a essayé d'avancer dans le couloir. L'expression des voyageurs n'était plus aussi amusée. Ça allait trop loin. Il y eut un murmure de désapprobation. Rien maintenant ne pouvait arrêter Enriquito, qui, depuis son siège, répétait comme une rengaine :

Kid Gavilán t'a pris ta femme. Et il en a rajouté une couche :

— Kid Bururú, tu n'es qu'une chiffe molle.

Le noir s'est jeté sur Enriquito et lui a balancé un *jab* gauche qui s'est perdu dans le vide. Les jeunes filles au poodle ont jeté avec coquetterie quelques cris. Victor est intervenu, et après cette tentative de bagarre, ils ont forcé Kid Bururú à descendre de l'autobus, à l'arrêt du Parc de la Fraternité. Il en est resté là, en menaçant avec un de ses pauvres poings, tandis que l'autre restait sur la défensive au niveau des hanches, cette position devait lui rappeler ses vieilles gloires sur le ring.

J'ai fermé les yeux parce que ça m'avait fichu un coup. Je me suis reprochée ma passivité, mon silence. Et je me suis posée une autre question sérieuse : est-ce possible que le temps finisse par nous dégonfler ? J'ai levé les yeux, Victor et Enriquito descendaient déjà de l'autobus accompagnés des jeunes filles et de leur poodle. Ils s'en allaient tous le rire aux lèvres.

Le *diecinueve* a tourné dans l'Avenida del puerto et il a commencé à se vider. Au moment où je m'y attendais le moins, j'ai senti l'odeur du pétrole et de bois pourris, et j'ai entendu le *chas chas* de la mer qui venait frapper le mur du malecón. La baie était sur ma droite et c'est pour cela que j'ai choisi ce siège. J'ai rencontré Marcelo à Casablanca et nous avons aussi pris l'autobus *diecinueve*. Mais même ce souvenir, le meilleur de tous, ne pouvait effacer l'image de Kid Bururú.

Cet après-midi il y a eu une fête chez moi. Mes invités furent Marcelo et les enfants. Après un bon repas et le *cake*, Marcelo m'a demandé :

— Alors tu as pu tomber sur des cannibales aujourd'hui ?

Je me suis grattée le nez pour prendre mon temps et j'ai dit :

— Oui. Au moins deux. J'ai beaucoup voyagé, au-delà de Mars. Et j'ai composé une ode pour Kid Bururú.

— Pour qui ?

— Pour Kid Bururú. Tu dois prendre le bus si tu veux le connaître.

TRANSLATED BY AURELIE TESSIER

CONTRIBUTORS/COLABORADORES/ CONTRIBUTEURS

THE AUTHORS

Yanick Lahens was born in Haiti in 1953 and left for France to attend high school and university. As a literary critic she has published numerous articles on Faulkner and Haitian writer Marie Chauvet. She is the author of the short-story anthologies *Tante Résia et les dieux*, *La petite corruption* and *La Folie était venue avec la pluie*, and the novels *Dans la maison du père* and *La Couleur de l'aube*. She lives in Port-au-Prince where she spends her time writing, teaching and actively participating in the cultural life of the island.

Nacida en Haití en 1953, **Yanick Lahens** viajó a Francia en donde cursó la escuela secundaria y la universidad. Como crítica literaria, ha publicado numerosos artículos sobre Faulkner y la escritora haitiana Marie Chauvet. Es autora de las antologías de cuentos *Tante Résia et les dieux*, *La petite corruption* y *La Folie était venue avec la pluie*, las dos novelas *Dans la maison du père*, y *La Couleur de l'aube*. Lahens vive en Puerto Príncipe donde pasa su tiempo escribiendo, enseñando y participando activamente en la vida cultural de la isla.

Née en Haïti en 1953, **Yanick Lahens** est partie en France pour poursuivre des études secondaires et universitaires. En tant que critique littéraire elle a publié de nombreux articles sur Faulkner et l'auteure haïtienne Marie Chauvet. Elle est auteure des recueils de nouvelles *Tante Résia et les dieux*, *La petite* *corruption* et *La Folie était venue avec la pluie,* et des deux romans *Dans la maison du père* et *La Couleur de l'aube.* Lahens vit à Port-au-Prince où elle écrit, enseigne et participe activement à la vie culturelle de l'île.

Carmen Lugo Filippi was born in Ponce, Puerto Rico, in 1940. She is a professor of French and literature and most recently occupies a professorial post at the Sacred Heart University (USC) in Puerto Rico. With Ana Lydia Vega, she is the co-author of *Vírgenes y Mártires*, the text in which the story, "Entre condicionales y subjuntivos" appears, and she is the author of the novel *Narromaniando con Mirta o No me platiques más.*

Carmen Lugo Filippi nació en Ponce, Puerto Rico, en 1940. Es profesora de francés y literatura y más recientemente profesora catedrática de la Universidad del Sagrado Corazón en Puerto Rico. Al lado de Ana Lydia Vega, es coautora de *Vírgenes y Mártires* el texto en que aparece el cuento, "Entre condicionales y subjuntivos" y ella es autora de la novela *Narromaniando con Mirta o No me platiques más.*

Carmen Lugo Filippi est née à Ponce (Porto Rico) en 1940. Elle est professeur de français et de littérature et depuis très récemment occupe un post de titulaire de chaire à Sacred Heart University (USC) à Porto Rico. Avec Ana Lydia Vega, elle est co- auteure de *Vírgenes y Mártires* dont est tiré la nouvelle « Entre condicionales y subjuntivos ». Lugo Filippi a aussi publié le roman *Narromaniando con Mirta o No me platiques más.*

Shani Mootoo was born in Ireland in 1958 and raised in Trinidad. She moved to Canada at the age of nineteen where she began a career as a visual artist. In 1991 she wrote and directed *English Lesson* and *Wild Woman of the Woods* in 1993. Mootoo's first book of short stories, *Out on Main Street*, was published in 1993. Since then she has written several novels, including *Cereus Blooms at Night, The Predicament of Or, He Drown She in the Sea,* and *Valmiki's Daughter.*

Nacida en Irlanda en el 1958 y criada en Trinidad, **Shani Mootoo** se trasladó al Canadá a la edad de 19 años donde empezó su carrera como artista visual. En el 1991 escribió y dirigió "English Lesson" y "Wild Woman of the Woods" en el 1993. Su primera antología de cuentos, *Out on Main Street*, fue publicada en el 1993. Desde aquel entonces ha escrito varias novelas que incluyen *Cereus Blooms at Night*, *The Predicament of Or*, *He Drown She in the Sea* y *Valmiki's Daughter*.

Née en Irlande en 1958 et élevée à la Trinité, **Shani Mootoo** est allée vivre au Canada à l'âge de 19 ans où elle a commencé une carrière d'artiste graphique. Elle a écrit et réalisé « English Lesson » en 1991 et « Wild Woman of the Woods » en 1993. Le premier recueil de nouvelles de Mootoo, *Out on Main Street*, a été publié en 1993. Elle a depuis écrit plusieurs romans dont *Cereus Blooms at Night*, *The Predicament of Or*, *He Drown She in the Sea* et *Valmiki's Daughter*.

Gisèle Pineau was born in 1956 Paris to Guadeloupean parents. She became a psychiatric nurse in 1979, got married and returned to Guadeloupe, where she worked in the Centre Hospitalier Psychiatre in Saint-Claude. In 2000 she returned to Paris to pursue both her writing and nursing career. Pineau has written several novels, including *La Grande Drives des esprits*, for which she won the Grand Prix des lectrices d'*Elle* and the Prix Carbet de la Caraïbe, *L'E-spérance-Macadam*, awarded the Prix RFO, *L'Exil selon Julia*, *L'Âme prêtée aux oiseaux*, *Chair piment*, *Fleur de barbarie*, and *Morne câpresse*. She has also written several novels for young adults.

Gisèle Pineau nació en el Paris de 1956 de padres de Guadalupe. Se hizo enfermera siquiátrica en 1979, se casó y volvió a Guadalupe donde trabajó en el psiquiátrico, Centre Hospitalier Psychiatre, en Saint-Claude. En el 2000 volvió a Paris para seguir la carrera de escritura y de enfermería. Pineau ha escrito varias novelas, incluyendo *La Grande Drives des esprits* por la cual ganó los premios Grand Prix des lectrices d'*Elle* y Prix Carbet de la Caraïbe, *L'Espérance-Macadam* por la cual ganó el Prix RFO, *L'Exil selon Julia*, *L'Âme prêtée aux oiseaux*, *Chair piment*, *Fleur de barbarie* y *Morne câpresse*. También es escritora de varias novelas para jóvenes.

Gisèle Pineau est née en 1956 à Paris de parents guadeloupéens. Elle est devenue infirmière psychiatrique en 1979, s'est mariée et est allé vivre en Guadeloupe où elle a travaillé au Centre hospitalier psychiatrique à Saint-Claude. En 2000 elle est revenue à Paris pour poursuivre à la fois son métier d'écrivain et sa carrière d'infirmière. Pineau a écrit plusieurs romans, dont *La Grande Drives des esprits* pour lequel elle a reçu le Grand Prix des lectrices d'*Elle* et le Prix Carbet de la Caraïbe, *L'Espérance-Macadam*, qui a reçu le Prix RFO, *L'Exil selon Julia*, *L'Âme prêtée aux oiseaux*, *Chair piment*, *Fleur de barbarie* (2005) et *Morne câpresse*. Elle a également écrit plusieurs romans pour la jeunesse.

Olive Senior was born in Trelawny, Jamaica, in 1941. She is a poet and short-story writer. She has served as editor of the journal *Social and Economic Studies* and *Jamaica Journal*. Her publications include works in social and cultural history, the poetry anthologies *Talking of Trees*, *Gardening in the Tropics*, *Over the Roofs of the World* and *Shells*, and the short-story anthologies *Summer Lightning*, which won the Commonwealth Writers Prize, *Arrival of the Snake Woman*, and *Discerner of Hearts*. Senior now lives in Canada and returns to Jamaica frequently.

Olive Senior nació en Trelawny, Jamaica en 1941. Es poeta y cuentista. Ha sido editora de las revistas *Social and Economic Studies* así como *Jamaica Journal*. Sus publicaciones incluyen textos sobre la historia social y cultural, las antologías de poesía *Talking of Trees*, *Gardening in the Tropics*, *Over the Roofs of the World* y *Shells* y las antologías de cuentos *Summer Lightning*, que ganó el premio de escritores de la mancomunidad (Commonwealth Writers Prize), *Arrival of the Snake Woman*, y *Discerner of Hearts*. Actualmente Senior vive en el Canadá y vuelve con frecuencia a Jamaica.

Olive Senior est née à Trelawny (Jamaïque) en 1941. Elle est poète et nouvelliste. Elle a travaillé comme éditrice du journal *Social and Economic Studies* et du *Jamaica Journal*. Les publications de Senior comprennent des articles sur l'histoire sociale et culturelle, les recueils de poèmes *Talking of Trees*, *Gardening in the Tropics*, *Over the Roofs of the World* et *Shells* et les recueils de nouvelles *Summer Lightning*, qui a remporté le Prix des écrivains du Commonwealth, *Arrival of the Snake Woman* et *Discerner of Hearts*. Senior vit maintenant au Canada et revient fréquemment à la Jamaïque.

Mirta Yáñez was born in the capital city of La Habana, Cuba, in 1947. A former professor at the University of La Habana, Yáñez is a novelist, poet, essayist and short-story writer. Her works of short fiction include: *Todos los negros tomamos café*, *La Habana es una ciudad bien grande*, *El diablo son las cosas*, *Todos los negros tomamos café y otros cuentos*, *Narraciones desordenadas e incompletas*, *Falsos documentos*, *La fiesta de los caballitos*, *Serafín y las aventuras del Reino de los Comejenes*, and *El búfalo ciego y otros cuentos*.

Mirta Yáñez nació en la ciudad de La Habana, capital de Cuba, en 1947. Es profesora jubilada de la Universidad de La Habana y es novelista, poeta, ensayista y cuentista. Sus obras de ficción corta incluyen: *Todos los negros tomamos café*, *La Habana es una ciudad bien grande*, *El diablo son las cosas*, *Todos los negros tomamos café y otros cuentos*, *Narraciones desordenadas e incompletas*, *Falsos documentos*, *La fiesta de los caballitos*, *Serafín y las aventuras del Reino de los Comejenes*, y *El búfalo ciego y otros cuentos*.

Mirta Yáñez est née à La Havane (Cuba) en 1947. Elle est ancienne professeur de l'Université de La Havane. Yáñez est romancière, poète, essayiste et nouvelliste. Ses nouvelles comprennent : *Todos los negros tomamos café*, *La Habana es una ciudad bien grande*, *El diablo son las cosas*, *Todos los negros tomamos café y otros cuentos* et *Narraciones desordenadas e incompletas*, *Falsos documentos*, *La fiesta de los caballitos*, *Serafín y las aventuras del Reino de los Comejenes*, et *El búfalo ciego y otros cuentos*.

THE EDITORS

Nicole Roberts is a lecturer of Hispanic literature at the University of the West Indies, St Augustine, Trinidad and Tobago. She is the author of a number of articles on Afro-Hispanic culture and poetry and the book *Main Themes in Twentieth-Century Afro-Hispanic Caribbean Poetry: A Literary Sociology*. She lectures on women, ethnicity and race relations in the Hispanic Caribbean and in Hispanic literature and is also a translator.

Nicole Roberts es profesora de literatura hispánica en la Universidad de las Antillas, San Agustín, Trinidad. Es autora de numerosos artículos sobre la cultura y la poesía afro-hispánicas y el libro *Main Themes in Twentieth-Century Afro-Hispanic Caribbean Poetry: A Literary Sociology*. Ella imparte clases sobre la mujer, la raza y la etnicidad en el Caribe hispánico y en la literatura hispánica y también es traductora.

Nicole Roberts est maître de conférences en littérature hispanique à l'Université des Indes occidentales, campus de St Augustine (Trinité-et-Tobago). Elle a publié plusieurs articles sur la culture et la poésie afro-hispanique et le livre *Main Themes in Twentieth-Century Afro-Hispanic Caribbean Poetry: A Literary Sociology*. Elle donne des cours sur les femmes, l'ethnicité et les relations entre les races dans la Caraïbe et la littérature hispaniques et est également traductrice.

Elizabeth Walcott-Hackshaw is a senior lecturer of francophone Caribbean literature and nineteenth-century French poetry at the University of the West Indies, St Augustine, Trinidad and Tobago. She is co-editor, with Martin Munro, of two collections of essays on Haiti: *Reinterpreting the Haitian Revolution and Its Cultural Aftershocks* and *Echoes of the Haitian Revolution*. Her short stories have appeared in a number of journals, and her first collection is *Four Taxis Facing North*.

Elizabeth Walcott-Hackshaw es profesora catedrática de la Universidad de las Antillas, San Agustín donde enseña la literatura francófona caribeña y poesía francesa del siglo diecinueve. Es co-editora, con Martin Munro, dos antologías de ensayos sobre Haití tituladas: *Reinterpreting the Haitian Revolution and Its Cultural Aftershocks* y *Echoes of the Haitian Revolution*. Sus cuentos han aparecido en varias revistas y su primera antología de cuentos es titulado *Four Taxis Facing North*.

Elizabeth Walcott-Hackshaw est titulaire de chaire de littérature francophone de la Caraïbe et de poésie française du, dix-neuvième siècle à l'Université des Indes occidentales, campus de St Augustine (Trinité-et-Tobago). Elle a co-édité, avec Martin Munro, deux recueils d'essais au sujet d'Haïti intitulés

Reinterpreting the Haitian Revolution and Its Cultural aftershocks et *Echoes of the Haitian Revolution*. En tant qu'auteure de nouvelles, ses histoires ont étés publiées dans plusieurs journaux, son premier recueil de nouvelles est intitulé *Four Taxis Facing North*.

THE TRANSLATORS

Natasha Callender is an honour's graduate of the University of the West Indies in French and Spanish and has taught as a language instructor in French and Spanish.

Natasha Callender se graduó con honores de los programas de Español y Francés de la Universidad de las Antillas y se ha desempeñado como docente de ambas lenguas.

Titulaire d'une licence de français et d'espagnol avec mention de l'Université des Indes occidentales, **Natasha Callender** a enseigné le français et l'espagnol.

Randolph Hezekiah is a retired lecturer in French from the University of the West Indies. He has been involved in the field of translation and interpreting since the mid-1970s.

Randolph Hezekiah es profesor jubilado de francés de la Universidad de las Antillas. Ha trabajado en el campo de la traducción e interpretación desde mediados de los años 70.

Randolph Hezekiah a pris sa retraite de maître de conférences en français à l'Université des Indes occidentales. Il est également traducteur et interprète depuis le milieu des années 70.

Esperanza Luengo-Cervera is a senior instructor at the University of Trinidad and Tobago and the author of a series of five books (*Preparados, Listos, Ya!*) on primary Spanish for the Caribbean.

Esperanza Luengo-Cervera se desempeña como docente de tiempo completo en la Universidad de Trinidad y Tobago y es autora de una serie de cinco libros de texto (*Preparados, Listos, Ya!*) para la enseñanza de español para estudiantes de primaria en el Caribe.

Esperanza Luengo-Cervera est Instructrice en chef à l'Université de Trinité-et-Tobago. Elle a publié une série de cinq livres (*Preparados, Listos, Ya!*) sur l'espagnol au primaire dans la Caraïbe.

Eric Maitrejean is a lecturer in French at the University of the West Indies, St Augustine, Trinidad and Tobago. He coordinates the university's post-graduate diploma in interpreting as well as the services of the Caribbean Interpreting and Translation Bureau.

Eric Maitrejean es profesor de francés de la Universidad de las Antillas, campus de San Agustín, Trinidad y Tobago. Igualmente se desempeña como coordinador del programa del diploma de posgrado de interpretación y la Oficina Caribeña de Interpretación y Traducción (CITB por sus siglas en inglés).

Eric Maitrejean est maître de conférences en français de l'Université des Indes occidentales, campus de St Augustine, Trinité-et-Tobago. Il coordonne le diplôme d'Interprétation de l'Université des Indes occidentales ainsi que les activités du Bureau d'Interprétation et de Traduction de la Caraïbe (CITB).

Resel Melville is as a bilingual administrative officer at the CARICOM Secretariat, in Georgetown, Guyana.

Resel Melville trabaja como asistente administrativa bilingüe en la secretaría de CARICOM en Georgetown, Guyana

Resel Melville travaille comme fonctionnaire administratif bilingue au Secrétariat de la CARICOM à Georgetown, Guyana.

Diego Mideros Camargo is a foreign language instructor in Spanish at the University of the West Indies, St Augustine, Trinidad and Tobago.

Diego Mideros Camargo se desempeña como instructor de lengua extranjera en español en la Universidad de las Antillas, San Augustín, Trinidad y Tobago.

Diego Mideros Camargo est instructeur en langues étrangères à l'Université des Indes occidentales, campus de St Augustine.

Teresa Navarro Martí is a visiting lecturer in Spanish (AECID) at the University of the West Indies, St Augustine, Trinidad and Tobago.

Teresa Navarro Martí es lectora de la Agencia Española de Cooperación Internacional para el Desarrollo (AECID) en la Universidad de las Antillas, San Agustín, Trinidad y Tobago.

Teresa Navarro Martí est lectrice à l'Université des Indes occidentales, campus de St Augustine (Trinité-et-Tobago) où elle enseigne la langue espagnole dans le cadre d'un programme de développement en collaboration avec l'Agence espagnole de Coopération internationale (AECID).

Laura Serrano García is a visiting lecturer at the University of the West Indies, St Augustine, Trinidad and Tobago, where she teaches Spanish language, as part of a developmental programme in collaboration with the Agencia Española de Cooperación Internacional (AECID).

Laura Serrano García es lectora de la Agencia Española de Cooperación Internacional para el Desarrollo (AECID) en la Universidad de las Antillas, San Agustín, Trinidad y Tobago donde imparte clases de lengua española.

Laura Serrano García elle est lectrice à l'Université des Indes occidentales, campus de St Augustine (Trinité-et-Tobago) où elle enseigne la langue espagnole dans le cadre d'un programme de développement en collaboration avec l'Agence espagnole de Coopération internationale (AECID).

Aurélie Tessier teaches French as a foreign language with the Alliance Française, Port of Spain, as well as the Centre for Language Learning at the University of the West Indies, St Augustine, Trinidad and Tobago. She is also an interpreter and translator French–Spanish.

Aurélie Tessier enseña francés como lengua extranjera en la *Alliance Française* (Alianza Francesa), en Puerto España y en el Centro de Aprendizaje de Lenguas de la Universidad de las Antillas, San Agustín, Trinidad y Tobago. También es intérprete y traductora francés–español.

Aurélie Tessier enseigne le français langue étrangère à l'Alliance Française de Port-of-Spain ainsi qu'au Centre d'Apprentissage des Langues (Centre for Language Learning) de l'Université des Indes occidentales à St Augustine. Elle est également interprète et traductrice espagnol-français.

CPSIA information can be obtained at www.ICGtesting.com
Printed in the USA
BVOW070334290313

316784BV00001B/3/P